上海合作组织环保合作法律问题研究

SHANGHAI HEZUO ZUZHI HUANBAO HEZUO FALÜ WENTI YANJIU

刘恩媛◎著

中国政法大学出版社

2024·北京

图书在版编目（ＣＩＰ）数据

上海合作组织环保合作法律问题研究/刘恩媛著. —北京：中国政法大学出版社，2024.6
ISBN 978-7-5764-1504-9

Ⅰ.①上… Ⅱ.①刘… Ⅲ.①上海合作组织－环境保护－国际合作－国际环境法学－研究　Ⅳ.①D996.9

中国国家版本馆 CIP 数据核字(2024)第 108198 号

出　版　者	中国政法大学出版社
地　　　址	北京市海淀区西土城路 25 号
邮寄地址	北京 100088 信箱 8034 分箱　邮编 100088
网　　　址	http://www.cuplpress.com (网络实名：中国政法大学出版社)
电　　　话	010-58908285(总编室) 58908433 (编辑部) 58908334(邮购部)
承　　　印	固安华明印业有限公司
开　　　本	720mm×960mm　1/16
印　　　张	13.5
字　　　数	220 千字
版　　　次	2024 年 6 月第 1 版
印　　　次	2024 年 6 月第 1 次印刷
定　　　价	65.00 元

上海政法学院学术著作编审委员会

总 序 / FOREWORD

　　四秩芳华，似锦繁花。幸蒙改革开放的春风，上海政法学院与时代同进步，与法治同发展。如今，这所佘山北麓的高等政法学府正以稳健铿锵的步伐在新时代新征程上砥砺奋进。建校40年来，学校始终坚持"立足政法、服务上海、面向全国、放眼世界"的办学理念，秉承"刻苦求实、开拓创新"的校训精神，走"以需育特、以特促强"的创新发展之路，努力培养德法兼修、全面发展，具有宽厚基础、实践能力、创新思维和全球视野的高素质复合型应用型人才。四十载初心如磐，奋楫笃行，上海政法学院在中国特色社会主义法治建设的征程中书写了浓墨重彩的一笔。

　　上政之四十载，是蓬勃发展之四十载。全体上政人同心同德，上下协力，实现了办学规模、办学层次和办学水平的飞跃。步入新时代，实现新突破，上政始终以敢于争先的勇气奋力向前，学校不仅是全国为数不多获批教育部、司法部法律硕士（涉外律师）培养项目和法律硕士（国际仲裁）培养项目的高校之一；法学学科亦在"2022软科中国最好学科排名"中跻身全国前列（前9%）；监狱学、社区矫正专业更是在"2023软科中国大学专业排名"中获评A+，位居全国第一。

　　上政之四十载，是立德树人之四十载。四十年春风化雨、桃李芬芳。莘莘学子在上政校园勤学苦读，修身博识，尽显青春风采。走出上政校门，他们用出色的表现展示上政形象，和千千万万普通劳动者一起，绘就了社会主义现代化国家建设新征程上的绚丽风景。须臾之间，日积月累，学校的办学成效赢得了上政学子的认同。根据2023软科中国大学生满意度调查结果，在本科生关注前20的项目上，上政9次上榜，位居全国同类高校首位。

　　上政之四十载，是胸怀家国之四十载。学校始终坚持以服务国家和社会需要为己任，锐意进取，勇担使命。我们不会忘记，2013 年 9 月 13 日，习近平主席在上海合作组织比什凯克峰会上宣布，"中方将在上海政法学院设立中国-上海合作组织国际司法交流合作培训基地，愿意利用这一平台为其他成员国培训司法人才。" 十余年间，学校依托中国-上合基地，推动上合组织国家司法、执法和人文交流，为服务国家安全和外交战略、维护地区和平稳定作出上政贡献，为推进国家治理体系和治理能力现代化提供上政智慧。

历经四十载开拓奋进，学校学科门类从单一性向多元化发展，形成了以法学为主干，多学科协调发展之学科体系，学科布局日益完善，学科交叉日趋合理。历史坚定信仰，岁月见证初心。建校四十周年系列丛书的出版，不仅是上政教师展现其学术风采、阐述其学术思想的集体亮相，更是彰显上政四十年发展历程的学术标识。

著名教育家梅贻琦先生曾言，"所谓大学者，有大师之谓也，非谓有大楼之谓也。" 在过去的四十年里，一代代上政人勤学不辍、笃行不息，传递教书育人、著书立说的接力棒。讲台上，他们是传道授业解惑的师者；书桌前，他们是理论研究创新的学者。《礼记·大学》曰："古之欲明明德于天下者，先治其国"。本系列丛书充分体现了上政学人想国家之所想的高度责任心与使命感，体现了上政学人把自己植根于国家、把事业做到人民心中、把论文写在祖国大地上的学术品格。激扬文字间，不同的观点和理论如繁星、似皓月，各自独立，又相互辉映，形成了一幅波澜壮阔的学术画卷。

吾辈之源，无悠长之水；校园之草，亦仅绿数十载。然四十载青葱岁月光阴荏苒。其间，上政人品尝过成功的甘甜，也品味过挫折的苦涩。展望未来，如何把握历史机遇，实现新的跨越，将上海政法学院建成具有鲜明政法特色的一流应用型大学，为国家的法治建设和繁荣富强作出新的贡献，是所有上政人努力的目标和方向。

四十年，上政人竖起了一方里程碑。未来的事业，依然任重道远。今天，借建校四十周年之际，将著书立说作为上政一个阶段之学术结晶，是为了激励上政学人在学术追求上续写新的篇章，亦是为了激励全体上政人为学校的发展事业共创新的辉煌。

党委书记　葛卫华教授

校　　长　刘晓红教授

2024 年 1 月 16 日

近年全球气候异常，酷热、干旱、洪水等极端天气频繁出现，人类的生存环境面临威胁。为保护地球生态环境，促进人类实现可持续发展，中国政府积极采取措施应对气候变化，努力推进国际环境保护合作，引领世界经济绿色发展。上海合作组织（以下简称上合组织）地区与中国地理相邻，生态环境相互依赖程度高，中国政府从上合组织建立以来，积极推进上合组织框架下的环境保护合作。中国政府始终坚持"上海精神"，维护上合组织地区的生态安全，希望通过环保合作改善上合组织地区的生态环境，促进本地区的经济、社会的平衡发展，实现上合组织地区的长治久安。

中国积极推进上合组织地区的环境保护合作符合中国的切身利益。第一，上合组织地区环境的改善有利维护中国的非传统安全。上合组织地区国家与中国地理相邻，上合组织地区环境持续恶化将加深该地区的贫困和"三股势力"在该地区的影响。第二，上合组织地区环境的改善也有利于我国西部地区的生态环境。第三，体现中国领导世界应对气候变化的决心和能力。第四，推动中国环保技术的发展。第五，促进中国环保产品和服务的出口。中国从2013年起推出的"一带一路"倡议将上合组织列为重要的依托组织，上合组织成员国均是"一带一路"共建国家，因此，"一带一路"倡议为上合组织的环境合作提供了有力的支持。

本书结合上合组织地区地缘政治的现状，对上合组织地区现有的环境合作机制进行了梳理和分析，为在上合组织地区开展务实环境保护合作，建议从以下方面采取措施推进环保合作：一是上合组织成立专门的协调成员国政府间环保合作的机构。由于上合组织环保合作一直是采取"大会议、小机构"

的模式，导致上合组织框架下的环保合作一直处于一个低层次状态，与成员国间日益紧密的经贸合作不相匹配。在设立新机构困难较大的情况下，可以增加上合组织秘书处的职能，由组织秘书处负责协调成员国的环保合作。在时机成熟时，在上合组织内部增设"生态合作委员会"，负责促进和协调成员国间的环保合作。二是优化上合组织环保信息共享平台，将市场主体列为主要服务对象，通过为市场主体和社会公众提供环保信息服务，引导资金流向社会友好型技术和行业。三是积极推进环境保护、贸易和投资一体发展。通过"一带一路"倡议支撑上合组织的环保合作激励措施，通过成员国间的绿色贸易与绿色投资等实务合作逐步构建起环保合作机制，推动上合组织地区生态友好型技术和产品的普及和应用，促进上合组织地区的可持续发展。四是妥善解决上合组织区域内的各类环境争端。妥善解决环境争端是上合组织环保合作机制中重要的组成部分，受议事规则的限制，上合组织建立专门性争端解决机制的可能性较小。出于成本效率原则考虑，上合组织区域内的环境争端通过投资仲裁机制解决符合国际政治的现实，在依托上合组织区域内有影响的金融机构（如亚洲基础设施投资银行，以下简称亚投行）设立争端解决机构具有可行性，中国通过双边条约设立调解仲裁委员会也具有一定的可行性，扩大国际商事法庭的管辖权有助于推动上合组织地区的环保项目合作。

本书共五章。第一章论述上海合作组织环保合作的法理基础。本章主要探讨为促进上合组织地区环境保护合作应该遵循的理论。考虑到各大国和中亚国家对地缘安全的焦虑，上合组织成员国经济发展的迫切期望，国际法人本主义的发展趋势，上合组织地区环境保护合作应该遵循地缘政治理论、环境主权理论、全球治理理论、国家可持续发展理论等。

第二章探讨上海合作组织区域现有环保合作机制的得失。本部分介绍上合组织的概况、合作机制总体情况，梳理区域内现有的多边环境合作机制和成员国间的双边环境合作，并对这些机制特点与得失进行评析。

第三章分析上海合作组织环保合作形势。本章总结成员国对环境问题的关注和立场，分析影响上海合作组织框架下开展环境合作的因素，归纳上海合作组织框架内环境合作存在的问题，重点总结上合组织水资源保护与利用合作机制的得失。上合组织成员国关注的侧重点虽然有所不同，但都非常关切实现可持续发展。虽然对上合组织框架下的环境合作的立场不同，但都有开展环保合作的愿望。虽然上合组织在环境合作领域面临其他合作机制的竞争，但其作为"一带一路"依托的重要的区域组织，上合组织框架下的环保合作具有明显的优势，即中国推进上合组织框架下环境合作的意愿和提供资金、技术和经验的能力。

第四章提出上海合作组织框架下的环保合作机制的完善建议。上合组织成员国虽不多，但成员国在宗教、文化及社会制度等方面存在巨大差异，特别是经历过一次扩员之后，成员国间的合作还需要磨合。因此，上合组织的环保合作不可能采用欧盟或北美自贸区模式。上合组织区域环保合作，应关注成员国对生态安全的焦虑，尊重环境主权，以实现成员国可持续发展为目标，遵循共商共建共享的新全球治理观，通过"一带一路"倡议支撑上合组织环境激励措施，以环境激励为主推动环境治理，逐渐开展上合组织区域多边合作。"一带一路"倡议配合上合组织的环境激励机制应以市场激励和赋能激励为主，中国作为"一带一路"倡议的出资国，应当发挥经济体量大的优势，引导激励机制的发展与制度化。成员国间的绿色贸易合作与绿色投资合作也应纳入环境激励机制，同时考虑亚投行对项目投资的引领作用，及中国资金的辅助作用（如"中国气候变化南南合作基金"和"应对气候变化南南合作'十百千'项目"）。赋能激励主要是帮助成员国加强能力建设，如中国建立了上合组织环保信息平台，承诺提供人员培训、环保法律人才培养、帮助成员国建设数据收集和系统观测的网站或组织等。

第五章努力构建上海合作组织环境争端解决机制。争端解决机制是上合组织合作机制中重要的组成部分，也是环境合作走向务实的标志。本部分将从制度和程序两个方面提出上合组织框架内多边争端解决机制的构建设想。当前实际情况是，上合组织没能建立专门的争端解决机制，上合组织框架内的争端解决机制不成体系，环境争端大都是通过其他争端解决机制解决。其实，上合组织成员国对国际上重要的国际争端解决机制参与程度都比较低，因此环境争端通过争端解决平台解决的情况非常少见。实践中，上合组织区域内的环境争端主要依靠当事方政治谈判和协商解决，效率不高，效果欠佳。在当前形势下，出于成本效率原则考虑，上合组织的环境争端通过投资仲裁机制解决符合国际政治的现实。另外，中国应该努力提高单边解决环境争端的可能性，努力推动双边解决机制的建设，将建立多边独立的争端解决机制设为长期努力的目标。上合组织争端解决机制建设的最终目标是，成员国签订多边条约，建立多边争端解决机制。现阶段的多边争端解决机制可附设于重要的区域金融机制，成为金融机构的组成部分，更具有可操作性。

本研究获得中国—上海合作组织国际司法交流合作培训基地基金支持，获得中国法学 2022 年度部级课题立项，在此深表感谢。

上合组织环境保护合作还在不断深入，环保合作一直是上合组织元首会议重点关切的合作领域之一，殷切希望本书的出版能够引起该领域的相关人员注意，若能为上合组织的环保合作尽绵薄之力，作者深感欣慰。鉴于上合组织环保合作不断向前发展，本书研究的问题仍有待进一步深化和扩展，作者能力和精力都有限，书中难免有不妥之处，敬请不吝赐教。

最后，特别感谢中国政法大学出版社的编辑魏星。本书的编辑和审稿人逐字逐句地校对书稿，指出书稿中的多处错误。感谢他们严谨的工作态度和科研精神，不仅提高了书稿的规范性，也确保了书稿的准确性。感谢出版社为本书出版所做的工作。

目　录 CONTENTS

绪　论

一、研究意义与价值

由于历史与自然条件及不合理开发等原因，上海合作组织（以下简称上合组织）地区的环境一直处于退化过程，中亚成为全球生态环境恶化最严重的地区。上合组织成员国中，四个中亚国家一直处于水危机之中，两个南亚国家一直为水资源不断爆发冲突，中国与俄罗斯也面临着发展与环保的矛盾。环境质量关系到成员国能否实现可持续发展，为防止环境进一步恶化，环境合作成为上合组织重要合作领域之一。《上海合作组织宪章》规定上合组织的宗旨和任务是："开展……环保……领域的有效区域合作……促进地区经济、社会、文化的全面均衡发展，不断提高各成员国人民的生活水平。"[1]因此，上合组织成员国之间开展了包括跨界水体保护、生物多样性保护、环保教育宣传、环境监测及影响评价等方面的环保合作。

环境问题不是单纯的环境退化或恶化的问题，其根本上是国家的发展问题。上合组织成员国整体发展水平不高，对经济腾飞的渴望及人口的急剧膨胀导致生态环境不断退化。成员国由于地理相邻，环境相互影响，相互依存度很高，上合组织早在成立之初就认识到环保合作是解决环境问题的最佳选择，但多年来环保合作的效果并不理想。从中国提出"共商共建共享"的新全球治理观以来，中国一直积极行为，不仅要成为应对气候变化的参与者，还努力争取成为应对气候变化的领导者和贡献者。从共商共建共享理论出发，研究该理论在上合组织环保合作领域的内涵、价值、适用等有助于加强全球

---

〔1〕《上海合作组织宪章》第1条。

治理中国方案、中国智慧的理论支撑，深化国际法治合作理论的研究，实现中国参与全球治理体系改革的多视角、多向度的研究。"一带一路"倡议是中国向全球提供的公共产品，对于全球经济复苏具有重要意义，上合组织作为支撑"一带一路"倡议重要的区域组织，探索其环境合作机制化和务实化的法治路径、对策，有助于提升中国在应对气候变化中的话语权，亦是中国有能力领导全球应对气候变化的表现。

中国政府倡导共商共建共享的新全球治理理论，推动上合组织成员国走向务实合作，促进上合组织地区经济与环境的协调发展，为国际环境法律体系进步与完善提供中国方案，不能仅依靠理论，还需要大量的国家实践作为支撑。上合组织峰会不断地发表呼吁环境合作的宣言和声明，各国也积极地开展了一些双边合作，但上合组织框架内的区域环境合作推进十分缓慢。上合组织早在 2005 年就设立了环保部门专家会议机制，但各国分歧严重，中间曾一度中断，经过不断协调努力，成员国同意将水资源问题排除在外后，最终于 2018 年通过《上合组织成员国环保合作构想》，但构想没有配套资金也没有执行机制。由于环保与国家国土安全、能源安全、反恐、经济发展及就业等问题交织在一起，上合组织经过十多年的努力，区域环保合作进展不大，《上合组织成员国环保合作构想》将水资源问题排除在外，至今没有达到具有法律拘束力的环境保护合作的多边条约。上合组织峰会的顶层设计与环保合作实践存在巨大落差，该落差的解决需要从具体实践中寻找原因。本书对上合组织环保合作的实证研究，将为我国政府的决策提供科学依据和参考，具有现实的策论意义。

二、国内外研究现状

（一）国外研究现状

国外论著中研究上合组织合作问题的多集中在国家安全、反恐及经济合作等方面，如 David Ward 著 "The Shanghai Cooperation Organization's Bid to Transform International Law"（2015）讨论上合组织在维护地区安全、打击三股势力和经济发展方面的运行机制；Zhenis Kembayev 著 "The Silk Road Economic Belt And The Shanghai Cooperation Organization"（2015）阐述上合组织在"一带一路"倡议中依然是维护地区安全和促进地区经济发展的重要载体；Stephen

Grainger 著 "The Shanghai Cooperation Organization（SCO）：Challenges Ahead and Potential Solutions"（2012）讨论上合组织从政治组织向综合性组织发展的可能性和面临的问题。国外研究上合组织环保合作的论著不多，但讨论上合组织地区水资源利用与保护的论著非常多。主要有 Erika Weinthal 著 "State Making and Environmental Cooperation：Linking Domestic and International Politics in Central Asia"（2002）研究中亚国家在后苏联时代在咸海盆地的非预期性合作和共享水管理的制度化，讨论中亚在可持续性和制度创新方面的得失和效果；A. Sorg et al. 著 "Coping with Changing Water Resources：The Case of the Syr Darya River Basin in Cerntral Asia"（2014）对比苏联时期和后苏联时期锡尔河水利用和分配所面临的问题；Christine Bichsel 著 "Liquid Challenges：Contested Water in Central Asia"（2011）在评估了现有的合作机制后，提出中亚水资源分配不仅是一个技术问题，还涉及政治、经济和社会各个方面，认为中亚的水冲突不是国家间不合作而是各国内的行为体在利益驱动下导致的；Anatole Boute 著 "The Water-Energy-Climate Nexus Under International Law：a Central A-sian Perspective"（2016）建议实现水、能源和应对气候变化措施的一体化管理，制定跨国资源国际法，实现三者关系的互动，以避免水、能源和气候变化三个领域国际法的碎片化和效率低的缺点；萨曼·M. A. 萨曼、基肖尔·于普勒蒂著《南亚国际河流的冲突与合作：法律的视角》从国际水法角度分析南亚河流合作条约机制的得失。另外，联合国开发计划署、世界银行、粮农组织等国际组织针对中亚的气候变化、能源、水安全等问题发布了多个研究报告，例如，联合亚洲及太平洋经济社会委员会发布的 "Water Security in Central Asia and the Caucasus-A Key to Peace and Sustainable Development"（2018）、联合国开发计划署发布的 "Publication in support of the Millennium Development Goals Goals 7：Ensure environmental sustainability, Tashkent 2007"（2007）、世界银行发布的 "Central Asia Energy Water Development Program：promoting path-ways to energy and water security-impact report 2009-2017"（2017）等，就中亚的水安全状况表示担忧，并提出许多具有建设性的解决方案。总之，国外研究的主张主要有：第一，上合组织地区的水资源非常丰富，但分布非常不平衡，需要外部法律机制协调跨境合作。第二，水、能源和气候治理的分散性对能源和水资源可持续发展提出挑战，一个领域的监管选择可能会破坏其他领域所追求的政策目标。因此，要采用一种综合的水资源-能源-气候管理方法，以便相互促进实现水资源-能源-气候安全。第三，水资源问题影响着中亚的地区安全、民主制度、人权保护及区域稳定等重大问题的决策，苏联时期和后苏联时期的西方援助并没有改善中亚的政治和生态环境。第四，对中亚和南亚重要的河流和湖泊，如第聂伯河、锡尔河、阿姆河、里海、咸海、印度河等，水资源的分配、利用和保护等的理论和实践研究。有的学者主张应当由流域国家自行谈判解决，有的学者主张需要区域外的国家和机构参与协调。第五，国外论著对中亚和南亚生态环境的保护更多倾向于通过欧洲安全与合作组织（以下简称欧安组织）、独立国家联合体（以下简称独联体）、世界银行等组织实现区域治理，认为上合组织在中亚表现得有些怯懦，而且具有高度的决策不透明性。总的来说，国外论著对上合组织在中亚和南亚的地位没有给予足够的肯定，研究的重点集中在水资源、能源的开发和利用方面。

（二）国内研究现状

国内研究上合组织的论著很多，全面研究上合组织法律问题的主要论著有刘再辉著《上海合作组织法律问题研究》（2009），讨论了上合组织的组织结构、法律人格及合作等方面所涉及的法律问题。经贸、反恐、能源合作是学者重点研究上合组织合作的领域，主要有徐雅雯著《上海合作组织贸易投资便利化问题研究》（2015）；简基松著《完善上海合作组织反恐法律机制之建言》（2008）；赵秉志、杜邈等著《俄罗斯与中亚诸国反恐怖主义法述评》（2007）；岳树梅著《上海合作组织框架下的能源合作法律机制研究》（2011）；张耀著《中国能源安全与上海合作组织能源合作》（2015）等。研究上合组织环境保护的论著亦较为丰富，主要有吴玉萍、岳冠华著《区域经贸合作的环境影响 上海合作组织篇》（2007）；秦鹏著《上海合作组织区域环境保护合作机制的构建》（2008）和秦鹏、王芳著《中亚地区跨界环境污染法律问题研究》（2010）；王建雄著《丝绸之路经济带跨界水资源利用的国际合作研究——基于中亚区域国际水法理论实践困境的反思》（2015）；胡晓红著《俄白油气争端解决：权力导向还是规则导向——兼论上海合作组织框架下的环境资源争端解决机制》（2008）；陈剑平著《以中国和中亚国家为视角析各国环境保护责任之承担》（2007）和李菲、王玉娟、国冬梅著《新时代背景下上海合作组织环保合作形势与建议》（2018）等。中国-上海合作组织环境保护合作中心编著了多部有关上合组织内的区域环保合作和成员国环境保护法律的著作，例如《上海合作组织成员国环境保护研究》（2014）、《生态环境保护：印度重要环保法律法规》（2019）等。国内讨论中亚地区水资源合作的论著非常丰富，主要有赵敏著《国际法视角下中亚跨境水资源国际合作问题探析》（2009）；Mamedova Sabina 著《中亚水资源利用及其法律保障研究》（2016）；朱新光、朱雅宾著《国际法视域下中亚水合作机制评析》（2020）；白明华著《印度河水争端解决机制的启示——兼论我国大湄公河水争端的避免解决》（2012）等。总体而言，已有的研究以框建区域环保合作大框架为主；梳理上合组织环保合作的发展历程及发展趋势；或者介绍成员国的法律；借鉴其他地区的成功经验，研究解决上合组织成员国间水资源保护与利用及防治跨国河流污染等问题的对策。学者们对上合组织环保合作已有较为深入的研究，但研究多是以成员国间合作进展情况，如何构建上合组织环保合作框架下的多边规则等方面，少有论著讨论；现在研究认为上海合作组织框架下的环保合作向务实性发展，但如何实现向务实方向发展，亦少有论述。因此，本书将致力探索中国主导下的上合组织务实性环境合作规则和路径。

三、研究的框架与内容

（一）研究框架

本书拟解决的关键问题是，在结构松散的上合组织框架内，中国如何通过"一带一路"倡议支撑上合组织框架下的环境激励措施，构建上合组织环境合作机制，推动上合组织的环境合作走向务实。本书从上合组织环保合作的基本理论入手，分析上合组织环境合作表现欠佳的原因，梳理上合组织环保合作机制得失的基础上，提出以环境激励措施作为主要措施完善上合组织环保合作机制，建立有效的上合组织环境争端解决机制是促进上合组织环境合作向务实方向发展的必然要素。本书将分为五个部分：

第一部分 上合组织环保合作的法理基础。考虑到各大国和中亚国家对地缘安全的焦虑，上合组织成员国经济发展的迫切期望，结合国际环境法、国际经济法、人权法及国际关系理论，主张上合组织框架下环保合作应遵循以下理论：地缘政治理论、环境主权理论、全球治理理论、国家可持续发展理论等。

第二部分 上合组织区域现有环保合作机制。本部分介绍上合组织的概况、合作机制总体情况，梳理区域内现有的多边环境合作机制和成员国间的双边环境合作，并对这些机制特点与得失进行评析。

第三部分 上合组织环境合作形势。本部分总结成员国对环境问题的关注和立场，分析影响上合组织框架下开展环境合作的因素，归纳上合组织框架内环境合作存在的问题，重点总结上合组织水资源保护与利用合作机制的得失。上合组织成员国关注的侧重点虽然有所不同，但都非常关切实现可持续发展。虽然对上合组织框架下的环境合作的立场不同，但都有开展环保合作的愿望。虽然上合组织在环境合作领域面临其他合作机制的竞争，但其作为"一带一路"依托的重要的区域组织，上合组织框架下的环保合作具有明显的优势，即中国推进上合组织框架下环境合作的意愿和提供资金、技术和经验的能力。

第四部分 上合组织框架下环境合作机制的完善构想。上合组织成员国虽不多，但成员国在宗教、文化及社会制度等方面存在巨大差异，特别是经历过一次扩员之后，成员国间的合作还需要磨合。因此，上合组织的环保合作不可能采用欧盟或北美自贸区模式。上合组织区域环保合作，应关注成员国对生态安全的焦虑，尊重环境主权，以实现成员国可持续发展为目标，遵循共商共建共享的新全球治理观，通过"一带一路"倡议支撑上合组织环境激励措施，以环境激励为主推动环境治理，逐渐开展上合组织区域多边合作。"一带一路"倡议配合上合组织的环境激励机制应以市场激励和赋能激励为主，中国作为"一带一路"倡议的出资国，应当发挥经济体量大的优势，引导激励机制的发展与制度化。成员国间的绿色贸易合作与绿色投资合作也应纳入环境激励机制，同时考虑亚洲基础设施投资银行（以下简称亚投行）对项目投资的引领作用及中国资金的辅助作用（如"中国气候变化南南合作基金"和"应对气候变化南南合作'十百千'项目"）。赋能激励主要是帮助成员国加强能力建设，如中国建立了上合组织环保信息平台，承诺提供人员培训、环保法律人才培养、帮助成员国建设数据收集和系统观测的网站或组织等。

第五部分 上合组织环境争端解决机制构想。争端解决机制是上合组织合作机制中重要的组成部分，也是环境合作走向务实的标志。本部分将从制度和程序两个方面提出上合组织框架内多边争端解决机制的构建设想。当前实际情况是，上合组织没能建立专门争端解决机制，上合组织框架内的争端解决机制不成体系，环境争端大都是通过其他争端解决机制解决。其实，上合组织成员国对国际上重要的国际争端解决机制参与程度都比较低，因此环境争端通过争端解决平台解决的情况非常少见。实践中，上合组织区域内的环境争端主要依靠当事方政治谈判和协商解决，效率不高，效果欠佳。在当前形势下，出于成本效率原则考虑，上合组织的环境争端通过投资仲裁机制解决符合国际政治的现实。另外，中国应该努力提高单边解决环境争端的可能性，努力推动双边解决机制的建设，将建立多边独立的争端解决机制设为长期努力的目标。上合组织争端解决机制建设的最终目标是：成员国签订多边条约，建立多边争端解决机制。现阶段的多边争端解决机制可附设于重要的区域金融机制，成为金融机构的组成部分，更具有可操作性。

（二）研究的重点和难点

本书的重点是第四、第五部分，即上合组织框架下环保合作机制的框架设计与争端解决机制方面。第四部分将从地缘政治现实出发，考虑到区域外大国长期介入中亚地区事务的情况，接受环保合作属于环境安全的观点，完善上合组织环保合作的框架。考虑到上合组织区域范围内的合作一直都缺乏刚性法律规范的现实，重点分析如何通过挖掘上合组织现在的潜力和环境激励措施鼓励成员国参与环保合作。第五部分将从上合组织"大会议、小机构"的现实出发，结合中国建设"一带一路"争端解决机制的努力，从制度和程序两个方面构建上合组织环境争端解决机制。同时考虑到上合组织成员国建立争端解决机制的意愿不强烈的情况，提出中国应该努力采取单边措施解决日益增多的环境争端。

本书的难点有两个：第一，上合组织地区上已存在多个由西方国家主导的有丰富经验的水资源合作机制和争端解决机制，如何突破现有的环境合作机制模式和争端解决机制的理念与程序，系统、全面地论述共商共建共享、人类命运共同体理论对上合组织环境合作和争端解决机制的程序化和规范化的路径与对策的引领和落实、实现理论创新比较困难。第二，上合组织大量的外文参考文献是俄语文献，本书的研究人员的外语都是英语，存在语言障碍，影响对第一手资料的掌握。通过二手资料研究，对上合组织环境合作情势做出准确及时的追踪和研判比较困难。对于机制创新困难问题，课题组运用新理论（如共商共建共享新全球治理观）来指导构建上合组织地区的环境合作机制，采用规范分析方法评估上合组织成员国参加的多边环境公约和相互达成的软法文件，采用法律解释方法分析国际司法机构的相关案例，采用行为主义研究方法分析上合组织成员国的国际和国内实践，并对其相互比较，进而提出更合理确切的创新性结论。对于语言障碍影响研判的问题，课题组吸纳了本校上合组织成员国家的留学生，让留学生负责跟踪最新动态。同时为确认二手资料的准确性，课题组成员经常与从事"一带一路"业务的律师和上合组织培训基地的研究人员交流，确保资料的时效性。

（三）研究的观点及创新点

本书提出的主要观点：（1）气候变化是地缘政治的新驱动因子。上合组织的环保合作是地缘生态安全合作的组成部分，通过共商共建共享的区域治理，促进上合组织成员国实现国家可持续发展，才能保证区域安全。（2）在上合组织地区各种合作机制竞争激烈的情势下，不论是环保合作的激励机制还是争端解决机制，中国应当积极通过项目合作促进多边合作，高效的多边环保合作是上合组织努力的方向。作为过渡性机制，上合组织可依托有影响的国际金融机构，在国际金融机构资助的环境项目中实现合作的多边性和争端解决机制的多边化。（3）上合组织框架下环保合作方式实现多样化。不仅包括以环保为目的的合作，还包括致力于人类可持续发展的贸易措施和投资措施，即环保合作应该与绿色贸易和绿色投资一体化发展。由于环境问题涉及国家能源安全和粮食安全等重大问题，因此，环境保护应该与水资源、能源、粮食等问题综合处理，实现一揽子解决。（4）中亚国家深受伊斯兰文化影响，使"民主善治""去中心化"等西方治理水资源的模式在上合组织地区没有达到预期的效果。上合组织受组织运行机制的制约，在中亚水冲突解决中很难发挥主导作用。即使如此，出于地缘因素的考虑，中国依然要积极推进上合组织参与中亚水冲突解决进程，积极推动中亚国家实现水资源-能源-粮食一体化综合治理，在咸海危机无法发挥更大作用的情况下，为危机初现的里海治理提供长期的财政援助和技术援助，利用自身经验、制度及政治优势，与中亚国家共同实现综合协调治理。（5）上合组织的环保合作机构的建设，首先，应该整合现有的合作资源。其次，加强环境信息共享平台的建设，上合组织环境信息共享平台是环保合作的重要载体，但目前的建设处于停滞状态，上合组织应调整平台的服务目标与任务，将各类市场主体列为重点服务对象，实现上合组织环保信息平台与"一带一路"生态大数据信息平台异质化发展。最后，应该在上合组织机构框架内筹建"生态环保合作委员会"，为多边环保合作提供一个交流的场所。

　　本书的创新有两个方面：首先，在理论方面，本书主张地缘政治对上合组织环保合作的深度和广度有着重要影响，国家是实现可持续发展的最重要载体，共商共建共享的全球治理理论是上合组织环保合作机制的指导原则。其次，在学术观点方面：（1）上合组织地区的环境合作应该与投资、贸易，以及能源和粮食合作联系起来，实行联动合作方式。（2）环保合作分为直接环境合作和间接环境合作，为保护环境对贸易和投资行为的规制属于间接的国际环保合作，以贸易和投资方式表现的环保合作是上合组织环保合作的重要表现形式。（3）通过环境激励措施有助于提高上合组织成员参与环境合作的积极性，"一带一路"倡议可以发挥支撑上合组织实行环境激励措施的作用。（4）在上合组织成员国没有建立多边争端解决机制意愿的情势下，中国应该通过扩大国际商事法庭的管辖权，利用单边机制解决上合组织内的环境争端，通过与成员国间双边投资争端解决机制解决与环境有关的投资争端。建立多边争端解决机制是长期发展目标，为达成该目标，上合组织框架内的争端解决机制无论是制度层面还是程序层面都应该采取柔性做法。

上海合作组织环保合作的法理基础

《上海合作组织宪章》规定组织的宗旨和任务是，"开展……环保……领域的有效区域合作……促进地区经济、社会、文化的全面均衡发展，不断提高各成员国人民的生活水平"。[1]因此，上合组织自成立之初，就将环境保护列为重要的合作领域之一。受历史与自然条件及不合理开发等原因影响，中亚成为全球生态环境恶化最严重的地区，南亚环境也不容乐观。上合组织成员国以双边关系为基础，开展了包括跨界水体保护、生物多样性保护、环保教育宣传、环境监测及影响评价等方面的环保合作。环保合作越来越受到成员国的重视，上合组织在2005年就设立了环保部门专家会议机制，2018年通过了《上合组织成员国环保合作构想》，共同建立了上合组织环保信息共享共建机制。

中国作为上合组织的倡导国和重要成员，希望推动本地区经济平衡增长，维护地区安全，实现本地区的可持续发展，因此，积极推进上合组织框架下的环境保护合作。但由于上合组织内环境保护合作整体处于起步阶段，[2]环境保护合作机制尚未建立区域合作的法律框架，合作机制还待于进一步加强完善。上合组织的区域环保合作应在"维护和加强地区和平、安全与稳定，推动建立民主、公正、合理的国际政治经济新秩序"基础上构建。[3]因此，在构建上合组织的环境合作机制时，考虑地缘政治和地缘经济，尊重各国环境主权，努力实现区域治理，遵循成本—效益原则和公平合理原则，谋求区域经济的

---

[1]《上海合作组织宪章》第1条。

[2] 参见中国-上海合作组织环境保护合作中心编著：《上海合作组织成员国环境保护研究》，社会科学文献出版社2014年版，第1页。

[3]《上海合作组织宪章》第1条。

可持续发展。

第一节　地缘政治理论

一、气候变化是地缘政治的新驱动因子

地缘政治理论最早可追溯到亚里士多德，亚里士多德曾讨论海洋和气候对民族特征和人的才智的影响。孟德斯鸠等人提出了"地理环境决定论"，20世纪美国学者马汉提出"海权论"、英国学者麦金德提出"陆权论"、意大利学者杜黑提出"空权论"及美国学者斯皮克曼提出"边缘地区论"等，形成地缘政治学派。地缘的概念其实是指民族国家以国家领土作为地理含义上的竞争单位，[1]评估地理环境（气候、地理、自然资源）对国际关系的影响。地缘政治学是研究国家间、地区间或民族间基于地理区位、地理空间和历史地理等因素而形成的政治军事联合、结盟（政治和军事集团化）、政治对立乃至遏制或者战争的相互关系态势及演变过程。[2]传统的地缘政治关系关注的是国家空间安全，但自冷战结束后，随着科学技术进步和社会经济发展，自然和人文环境发生了显著的变化，尤其是信息技术的进步，使得空间结构和空间关系也发生了广泛而深刻的变化，国家的空间安全已不仅局限于军事安全和国土安全方面。首先，空间的概念发生了深刻的变化。高速运输工具的诞生和远程精确打击武器的出现，使得空间距离所产生的效应在降低，传统的地理空间关系和地域联系都发生了显著的改变；同时，随着信息技术的进步和互联网的发展，信息空间和互联网作为新的空间形态出现，并成为影响地缘政治格局演变的主要驱动因子。其次，借助于信息空间和互联网，个人和非政府组织等相对弱势的地缘政治博弈主体的地位和作用在上升。再次，碳排放权、自由民主与人权等相对虚化的权利发展成为新的地缘政治争夺对象，或者成为地缘争夺的手段和工具。最后，通过对传统地缘政治学的批判，地缘政治学将广泛的社会、文化、性别、情感等所谓的"低政治"问题作为

---

〔1〕　参见倪世雄等：《当代西方国际关系理论》，复旦大学出版社 2005 年版，第 402 页。

〔2〕　参见宋涛等：《近 20 年国际地缘政治学的研究进展》，载《地理学报》2016 年第 4 期，转引自陆大道、杜德斌：《关于加强地缘政治地缘经济研究的思考》，载《地理学报》2013 年第 6 期。

研究对象，地缘政治与地缘经济、地缘文化等交叉和融合成为趋势。[1]

地缘政治逻辑所关注的，是"具有明确的政权、领土和人口的国家"作为行为体，在国际事务或面对威胁时所做出的合乎理性的行为与反应，以及这些行为和反应相互之间博弈的最终效果，即国家的绝对或相对利益的最大化。地缘政治从地缘角度出发，强调国际政治中地理因素对国家间相互关系的影响。[2]全球变暖、酸雨、臭氧层破坏、土地荒漠化、极端灾害性天气频发、动植物种不断地灭绝、外来物种入侵等改变了一些国家的生存空间，环境变化进而影响到粮食生产、水资源的利用、工业生产和建设等，改变了一些国家的生存资源。生态环境的变化改变的不仅是人类生存资源，同时也改变了国家间的力量平衡，在某一地区乃至全球范围内导致新的不稳定，并诱发冲突甚至战争。比如全球变暖冰川融化，导致各国北冰洋航线控制权的争夺，同时也导致对南极资源的争夺加剧；不断膨胀的人口、土地不断荒漠化等引发多地环境移民潮，移民不但会影响接受国的国内秩序，还会影响到国际秩序的稳定；水资源一直是影响地区稳定的重要因素，无论何种因素导致的水资源量减少都会引发上下游国家间水资源分配冲突；因气候变化影响了粮食生产，粮食供应下降，引发粮食危机，导致城乡之间对立，特别是在发展中国家城乡间的冲突会更加明显；生态环境不断退化严重影响了粮食生产，使粮食供应日趋紧张，出口国有可能将食品作为武器，威胁和控制进口国。[3]因此，全球生态环境的不断退化导致国际社会的对立和冲突日益明显，同时也增加了其他冲突爆发的可能性，不断爆发的冲突导致国家的合作变得更为困难。

气候变化问题已演变成为国家生态安全问题，需要国际社会谈判解决。全球科学家们一致认为，全球气候变化90%的责任应由人类承担，人类的生产和消费模式破坏了地球生态圈，引发全球气候异常。因此，为应对气候变化，国际社会通过签订条约的方式限制国家的碳排放、大力提倡和开发低碳技术和新能源。然而，应对气候变化对一国的技术和资金都提出很高的要求，

---

[1] 参见王礼茂等：《地缘政治演变驱动力变化与地缘政治学研究新趋势》，载《地理研究》2016年第1期。

[2] 参见王文涛等：《全球气候变化与能源安全的地缘政治》，载《地理学报》2014年第9期。

[3] 参见李少军：《国际安全警示录：21世纪中国面临的安全挑战》，金城出版社1997年版，第169-170页。

应对气候变化亦存在国家间的竞争，导致国际社会力量对比关系发生变化，大国对中东、中亚、北极等重要地缘战略地区的争夺进一步加剧。因此，气候变化与地缘政治之间存在复杂多元的关系，气候变化时代的地缘政治已经影响到国家战略和外交关系。由于《联合国气候变化框架公约》等重要的国际条约都强调由主权国家来承担应对气候变化主要义务，因此，在讨论环境保护合作问题时，气候变化带来的利益关系和大国间博弈是必然要考虑的因素。

　　总之，从地缘政治学的发展进程来看，国家间争夺的目标在不断地更新，从最早的国土（土地资源），到后来能源矿产资源、水资源、空间资源、极地资源等，近年关注的是对自然资源有重大影响的新问题和新技术。气候变化、生态安全等问题由于对粮食、能源、产业布局等都有非常重要的影响，受到国际关系和地缘政治学者的关注。〔1〕特别是在进入 21 世纪以后，全球生态系统的不断退化，气候变化的政治化趋势更加明显。国际社会围绕气候变化问题，国际关系和外交策略进行大调整，气候变化问题从科学领域逐渐向政治、经济等渗透，各国都意识到气候变化因素对世界能源安全、水资源安全、粮食安全、国家风险、国际经济与贸易等问题的影响巨大，促使地缘政治争夺目标趋向多元化，催生出新的地缘政治工具。在气候变化的大背景下，驱动国际地缘政治格局演变的因素也发生了变化，与应对气候变化相关的新因素，例如，国家对碳排放空间的分配和争夺、低碳技术及新能源技术的竞争、低碳金融和碳市场体系、碳关税和低碳贸易壁垒等，显著地影响了当今的地缘政治格局。在国际政治的强力推动下，气候变化问题的利益冲突正在演变为激烈的国际竞争。〔2〕

二、地缘政治视角下的上海合作组织框架下的环境合作

　　上合组织成员中有四个成员国是中亚国家，中亚地区战略位置极其重要。从地缘政治来看，中亚位于亚欧大陆的连接地带，是亚欧大陆的接合部，地理位置十分重要；从经济上来看，中亚是古今"丝绸之路"的必经之地；从

---

〔1〕　参见王礼茂等：《气候变化对地缘政治格局的影响路径与效应》，载《地理学报》2012 年第 6 期。

〔2〕　参见王文涛等：《全球气候变化与能源安全的地缘政治》，载《地理学报》2014 年第 9 期。

自然资源来看，中亚地区蕴藏着丰富的能源；从国际安全局势来看，中亚国内和国际环境都比较差，内部有许多不稳定因素和地区"热点"。[1]地缘政治学家将中亚视为世界大棋局中的"支轴区域"，属于世界"心脏地带"。[2]因此，世界各大国都纷纷插手中亚事务，致使中亚国家环境保护合作的许多问题都受到地缘政治的影响。例如，能源一直是地缘政治争夺的对象，能源开发又与环境保护紧紧地联系在一起，合理开发能源谋求可持续发展是中亚国家环境保护所追求的目标；中亚地区的工业化程度较低，各国努力发展经济，但其工业现代化的过程受碳排放权的制约；同时工业现代化需要大量的水资源，水资源在中亚分配得极不平衡，水资源演变成了影响国家非传统安全的一个重要因素，水资源的利用与保护就成为国家博弈的工具。

在中亚地区存在多个环境合作机制，经常性的合作机构包括：独联体（CIS）框架下设有"独联体跨国生态委员会"[3]；欧亚经济联盟（EEU）框架下设有"环保合作委员会"[4]；亚洲开发银行框架下的"中亚区域经济合作机制"（CAREC）；联合国下的"中亚经济专门计划"（SPECA）；南亚区域合作联盟（SAARC）框架下设环境部长会议和环境技术委员会[5]两个专门的环境合作机构；南亚合作环境规划署（SACEP）等。这些机制都有大国的身影，如独联体受俄罗斯主导，中亚区域经济合作机制和中亚经济专门计划的资金多数来源于西方大国，这些机制相互竞争，作用相互重叠，但都收效甚微。

南亚作为麦金德"陆心说"中"世界岛"和斯皮克曼"陆缘说"中欧亚大陆边缘地带的重要组成部分，地处西亚、中亚和东南亚交接点，南濒印度洋，其地缘政治地位因印度作为重要大国的出现而上升到突出位置并成为独立的地缘政治区。[6]随着南亚国家人口的极速增长和工业化进程不断地加快，

---

〔1〕 参见安铁宝：《中亚战略地位的重要性》，载《新课程学习（上）》2013年第9期。

〔2〕 参见［美］兹比格纽·布热津斯基：《大棋局：美国的首要地位及其地缘战略》，中国国际问题研究所译，上海人民出版社1998年版，第49-54页。

〔3〕 参见中国-上海合作组织环境保护合作中心编著，《上海合作组织区域和国别环境保护研究（2015）》，社会科学文献出版社2016年版，第7页。

〔4〕 参见中国-上海合作组织环境保护合作中心编著，《上海合作组织区域和国别环境保护研究（2015）》社会科学文献出版社2016年版，第18页。

〔5〕 See "Environment Natural Disasters And Biotechnology" available at https://www.saarc-sec.org/index.php/areas-of-cooperation/environment-natural-disasters-biotechnology, last visited July 15, 2024.

〔6〕 参见熊琛然等：《印度领衔下的南亚地缘政治特点及其对中国的启示》，载《世界地理研究》2016年第6期。

南亚的自然环境不断退化。20 世纪 90 年代在南亚上空发现的"亚洲褐云"不断地在扩大范围，"亚洲褐云"厚达 3 公里，由空气颗粒和污染物构成。它阻碍了 10%～15% 的阳光照射，改变了南亚的气候，大气温度升高，地表温度下降，使喜马拉雅山的冰川融化加剧；它还减弱了亚洲夏季季风，改变了季风降雨的时间和地点，导致该地区气候异常，东北部洪涝，西北部干旱。[1] 又由于气候异常，洪涝灾害不断，工业用水增加和人口增加等，南亚水资源的争夺尤为激烈，严重恶化了印度和巴基斯坦两国的双边关系，水资源成了当前南亚关系紧张的催化剂。[2] 印度和巴基斯坦都是核国家，一直没有参加《不扩散核武器条约》，至今没有停止核试验，核试验对南亚的土地、大气和海洋都造成损害。印度作为经济高速发展的国家之一，其发展是发达国家与发展中国家"碳排放权"争执的焦点之一。因此，生态环境问题成为南亚地缘政治的焦点问题。

　　南亚地区对中国来说具有非常重要的战略意义。中国的地理环境受第一岛链和第二岛链所限，印度洋成为中国与欧美、中东、非洲、拉美的主要海上贸易航线。中国的对外贸易和能源进口很大程度上依赖于印度洋通道，它涉及中国的贸易通道、能源通道和战略通道安全等，印度洋-马六甲海峡-南海航线是中国海上贸易航线的咽喉，是我国经济发展的一条"生命线"。[3] 虽然中国近年的"绕开马六甲战略"取得一定的成效，但印度洋是中国非常重要的海上通路。南亚有多条河流发源于中国（这些河流被统称为"喜马拉雅水系"），印度等国一直担心中国会利用地理优势相要挟。印度通过各种手段抑制外部势力对南亚的渗透，大力反对中国在孟加拉国、斯里兰卡、马尔代夫和巴基斯坦等印度洋沿岸国的投资，不断干涉斯里兰卡、孟加拉国等国内政，促进这些国家不断地撕毁与中国企业签订的合同。[4] 印度是上合组织的成员国，其将南亚地区划为自己的"势力范围"，抑制外部国家与南亚国家的

　　〔1〕　参见王丹红：《美研究显示亚洲褐云加剧喜马拉雅山冰川融化》，载 https://discovery.cctv.com/20070803/110412.shtml，最后访问日期：2024 年 4 月 14 日。

　　〔2〕　参见刘锦前、李立凡：《南亚水环境治理困局及其化解》，载《国际安全研究》2015 年第 3 期。

　　〔3〕　参见楼春豪、张明明：《南亚的战略重要性与中国的南亚战略》，载《现代国际关系》2010 年第 2 期。

　　〔4〕　熊琛然等：《印度领衔下的南亚地缘政治特点及其对中国的启示》，载《世界地理研究》2016 年第 6 期。

合作的政策，将严重阻碍上合组织框架下的环境合作。

综上所述，地缘经济学追求的是"为本国的利益，国家要追求财富、权力、市场和工业机会"，[1]而环境保护政策也涉及自然资源、国家权利、市场和工业机会，国家环境合作是通过合作的方式来分配和协调自然资源、国家权利、市场。在上海合作组织区域内，水资源是影响各国生存和发展的重要因素，能源和生物资源是外部势力不断渗透的诱因，因此，上合组织框架下的环境合作深受国际政治的影响。尽管如此，但从国际法的发展前景来看，减少或逐步摆脱国际政治的束缚是其发展的必然趋势。[2]在上合组织框架下的环境合作必将挣脱国际政治的束缚，发展成由刚性条约构建的国际法律机制。

第二节　环境主权

一、环境主权的含义

随着科学技术的发展和人类认识的不断提高，国际社会就保护地球生态环境问题已达成共识，但对如何保护环境一直争吵不断，国际环境法的发展一直伴随着各种国际争论。各国家出于各种理由反对国际社会对环境的监管，如一些发展中国家认为环境问题是由发达国家引起的，环境监管是对其经济发展的限制。一些工业国家认为，环境监管可能会打击一些重要工业和国家的经济福祉，比如美国以减排可能对其经济造成损害为由拒绝参加《〈联合国气候变化框架公约〉京都议定书》（以下简称《京都议定书》）；国际环境保护规则甚至能够挑战文化和社会态度（例如国际社会禁止商业捕鲸，日本坚持食鲸是其文化的一部分），[3]持反对意见的国家都是基于国家经济主权，主张国家有权决定其环境政策。主权是国家独立自主地处理内外事务的权利，主权原则在国际环境法中表现为国家对其环境资源拥有永久主权。国家的经济主权，是在殖民地国家独立运动中，通过一系列决议确立起来的习惯法，其中最有名的文件是联合国大会 1962 年通过的《天然资源之永久主权》、

---

〔1〕 倪世雄等：《当代西方国际关系理论》，复旦大学出版社 2005 年版，第 403 页。

〔2〕 参见杨泽伟：《国际法析论》，中国人民大学出版社 2012 年版，第 27 页。

〔3〕 参见［美］巴里·E. 卡特、艾伦·S. 韦纳：《国际法（下）》，冯洁菡译，商务印书馆 2015 年版，第 1120 页。

1974 年通过的《建立新的国际经济秩序宣言》等决议宣布各国对其自然资源的永久主权。其后，通过的许多有影响的多边环境条约，如《控制危险废物越境转移及其处置巴塞尔公约》《联合国气候变化框架公约》等，都承认国家拥有开发自然资源的主权。

　　国际法承认国家享有环境主权，但是国际法不承认国家享有不受限制的绝对主权，国家主权的行使也要受到国际法的限制，国家有义务采取措施避免损害国外的环境，即"不损害外国环境原则"。国际环境法文件一直强调，承认国家的环境主权，同时也要国家承担不损害国外环境的义务，例如，1972 年的《联合国人类环境会议宣言》（以下简称《斯德哥尔摩宣言》）和 1992 年的《关于环境与发展的里约热内卢宣言》（以下简称《里约宣言》）等。《斯德哥尔摩宣言》原则 21 规定："按照联合国宪章和国际法原则，各国具有按照其环境政策开发其资源的主权权利，同时亦负有责任，确保在它管辖或控制范围内的活动，不致对其他国家的环境或其本国管辖范围以外地区的环境引起损害。"《里约宣言》原则 2 规定："根据《联合国宪章》和国际法原则，各国拥有按照本国的环境与发展政策开发本国自然资源的主权权利，并负有确保在其管辖范围内或在其控制下的活动不致损害其他国家或在各国管辖范围以外地区的环境的责任。"这两条规定都在强调国家对其自然资源享有主权，以及国家不应对他国环境造成损害。这两个文件的表述都在强调国家的主权和国家的责任。主权反映的是国家成为国际法主体必须具备的条件，强调国家责任则是表明国际环境法规范国家主权的行使。全球生态系统是一个循环，人类生活在一个相互依存的环境中，一国国内的行为不可避免地会对其他国家或全球公域的环境产生影响。《斯德哥尔摩宣言》原则 21 和《里约宣言》原则 2 要求各国在行使对自然资源的主权的同时，还有防止对其他国家或国家管辖范围以外地区的环境造成损害的责任，该项责任已发展成为一项国际习惯法。[1]

　　综上所述，环境主权是国家主权在环境保护领域中的体现，是国家对其国内环境事务的最高决策权和对国际环境保护事项的独立参与权。其权利内

---

[1]　See Jacqueline Peel, "Environmental Protection in the Twenty-First Century: The Role of Internatioanl Law", in Axelrod, R. et al. eds., *The Global Environment: Institutions, Law, and Policy*, Vol. Ⅲ, CQ Press, 2011, pp. 57-62.

容具体表现为，各国对其主权管辖范围内的环境资源享有开发、利用、保护和改善的权利，同时有义务保障在他们管辖或控制下的活动，不损害他国环境或国际管辖范围外的全球公域环境。[1]从环境主权的内容来看，其包括两层含义：第一层，国家对本国的生态环境及自然资源享有永久主权。国家对本国自然资源的开发和利用具有最终决定权，有权依据本国的发展计划制定相关的法律、法规和保护原则，制定本国的环境和自然资源的开发计划和环境标准，其他个人、组织及国家未经许可不得开发和利用该国的环境和自然资源。第二层，各国有义务确保在其管辖范围内的活动不损害到他国环境。国际条约和国际司法实践认定"不损害外国环境"是一项国家义务。该项义务强调，国家在行使自己的环境资源主权时，要实行合理的自我限制，对造成的跨国环境损害要承担相应的国家责任，且各国应在环境损害发生前就采取预防措施，以便控制、限制和制止在其管辖范围内发生跨境的环境损害。[2]

二、国际环保合作中的环境主权原则

当前国际社会处于"分而治之"的政治格局下，主权国家依然是至高无上的，享有对其领土范围内的人、物、事的最高权和处理与其他国际法律人格者关系的自主权。然而，"分而治之"的国际格局与全球生态环境的整体性间存在矛盾，主权与环境整体性间的矛盾随着科技的发展不断地被激化，这个矛盾如得不到解决，必将威胁到人类自身的生存。从国际环境法产生时起，国际社会就不断地在调和主权与环境的关系，努力让主权与环境的关系从矛盾走向统一。国际环境法经过多年的发展，确立"共同但有区别责任""可持续发展原则""不损害别国环境义务""国际环境合作"等一系列法律原则，都是对国家的主权进行限制。国际条约限制国家主权的任意行使不是抛弃了现代国际法的主权概念，而是在新的历史条件下和更高的层次上完善和提高了国家主权的概念，主权国家造成的全球环境问题还得靠主权国家自己解决。[3]

---

〔1〕 参见吉敏丽：《论国际环境法的发展与国家环境主权理念的确立》，载《甘肃政法学院学报》2003 年第 5 期。

〔2〕 参见刘恩媛：《跨境环境损害防治的国际法律问题研究》，知识产权出版社 2018 年版，第 26 页。

〔3〕 参见王曦：《主权与环境》，载《武汉大学学报（社会科学版）》2001 年第 1 期。

　　环境是无国界的，无论哪个国家发生的环境问题或多或少都会对其他国家带来影响，生态环境的好坏关系人类能否实现可持续发展，保护地球环境是人类"共同的责任"。"共同的责任"要求各国在开发本国资源时还要承担保护全球生态环境的责任，采取适当措施，防止造成环境损害，以保障人类共同的环境利益。因此，国家要妥善处理好国家主权的独立性和人类保护生态环境共同利益的整体性之间的关系，处理好这对关系的关键是各国必须进行国际环境合作。

　　国际合作原则被许多国际环境法文件规定为国际环境法基本原则，如《斯德哥尔摩宣言》原则 24 规定，"关于保护和改善环境的国际问题，应由所各国，不论大小，以平等地位本着合作精神来处理"，《内罗毕宣言》《世界自然宪章》《里约宣言》《21 世纪议程》《约翰内斯堡可持续发展声明》等都一再重申国际合作原则，呼吁各国加强和扩大在环境保护领域内的合作。虽然从法律性质上来讲，宣言、决议不具有法律拘束力，只是国际社会政治意愿的表达，但是，国际政治决定国际法的发展方向。"在概念和表达中，法律是政治的表述，并且，只有在政治的框架内才可以理解法律，法律是为促进政治价值和政治目的而制定"。[1]国际法委员会明确地要将国际环境合作的政治意愿转化为法律，《国际法未加禁止之行为引起有害后果之国际责任条款草案》第 6 条规定："有关国家应善意合作，并在必要时寻求任何国际组织的援助以预防重大跨界损害的风险和将其减至最低程度。如损害业已发生，则应合作，并在必要时寻求任何国际组织的援助以在受影响国和起源国将损害的影响减至最小程度。"不仅国际环境软法文件号召国际社会加强合作，许多国际环境条约也规定了国际合作条款，如《南极条约》《保护臭氧层维也纳公约》《控制危险废物越境转移及其处置巴塞尔公约》《生物多样性公约》《联合国气候变化框架公约》等都强调缔约方要开展广泛的国际合作。总之，不论从习惯法还是从条约法，国际社会都承认，要实现全球环境治理，阻止生态环境退化，必须开展国际合作。因此，国际合作是国际环境法的基本原则。[2]

---

　　〔1〕　［美］路易斯·亨金：《国际法：政治与价值》，张乃根等译，中国政法大学出版社 2005 年版，第 6 页。

　　〔2〕　参见刘恩媛：《跨境环境损害防治的国际法律问题研究》，知识产权出版社 2018 年版，第 61 页。

开展国际环境合作要求各国对主权进行自我限制，接受国际社会或国际组织对本国的环境保护的监督和管理，国家加入条约后，就必须承担条约上的义务与责任，如果国家不履行或不完全履行义务，应对其采取相应的惩罚措施，如在国际贸易中处于不利地位，不能获得国际援助等。不论是国际习惯法还是条约法都承认，为保护环境需要限制国家滥用权利。例如，"特雷尔冶炼厂案"最先提出国家负有"不损害别国环境"义务，《控制危险废物越境转移及其处置巴塞尔公约》明确规定保护环境是国家责任，禁止危险废物从经济一体化组织国家出口到非经济一体化组织国家，禁止任何缔约国向南极出口危险废物，禁止缔约国向任何非巴塞尔公约或其他类似条约缔约国的国家，或者出口到禁止危险废物进口的缔约国。[1]然而，国际环境法至今尚未形成一个协调统一的完整体系，现行的多边环境条约分别调整不同的环境领域，国际环境条约也是"分而治之"的状态。[2]众多的环境条约存在条约的内容与法律义务矛盾与交叉现象，给国际环境合作造成许多障碍。另外，条约的保留制度也影响国家间的合作。国际法院咨询意见提出，如果条约没有明确禁止保留，就应当允许国家提出保留。[3]虽然有些国际环境公约禁止保留，[4]但更多的国际环境条约并不禁止"保留"。由于环境条约一般是采取框架式结构，条约后面附加一系列议定书和附件，允许缔约国对附件中的义务作出保留。条约保留制度的存在使国家间的合作意愿大打折扣，国家的主权意思明显占据了主导地位。这是国际社会"分而治之"的政治格局与地球生态系统整体性矛盾难以化解的表现，也是国际社会都接受但同时国际合作实施效果不理想的深层次原因。[5]

由于全球环境合作的推进困难大，许多地区开展了区域环境合作。所面

---

〔1〕 参见《控制危险废物越境转移及其处置巴塞尔公约》序言、第4条。

〔2〕 参见刘恩媛：《跨境环境损害防治的国际法律问题研究》，知识产权出版社2018年版，第68页。

〔3〕 See Reservations to the Convention on genocide, I. C. J. , Advisory Opinion, 1951 I. C. J. 15.

〔4〕 例如：《保护臭氧层维也纳公约》第18条、《控制危险废物越境转移及其处置巴塞尔公约》第26条、《联合国气候变化框架公约》第24条、《生物多样性公约》第37条、《联合国关于在发生严重干旱和/或沙漠化的国家特别是在非洲防治沙漠化的公约》（以下简称《联合国防治荒漠化公约》）第37条都有"本公约禁止保留"的类似规定。

〔5〕 参见许健：《论国际合作原则在国际环境保护领域的拓展》，载《天津大学学报（社会科学版）》2010年第3期。

临的各类环境问题都已超越一个国家的边界，其环境影响甚至具有全球性，有些需要在国际层面上采取行动，但更多的是受影响的相邻国家间就该环境问题进行磋商或采取应对措施。因此，区域间的环境合作更为常见，国家更容易在区域环境合作作出妥协，主权做出让步。例如，上合组织的成员国间就跨国河流的水资源分配、咸海的拯救等方面近几年都达成有益的共识，向更好的方向发展。各成员国为了共同利益，本着合作的态度，对主权进行了自我限制。

第三节　全球环境治理

一、新全球治理观

"全球治理"的概念最先在国际政治中使用，是顺应世界多极化趋势而提出的旨在对全球政治事务进行共同管理的理论。冷战结束后，国际社会面临许多新问题，如贫困、恐怖主义、环境及国际犯罪等，通过现有国际合作解决力有不逮，引发了国际社会对"治理"和"善治"的讨论。[1]在众多论著和报告中，最有影响的是国际发展委员会主席勃兰特发起的由28位国际知名人士一起成立的"全球治理委员会"于1995年发表的《我们的全球伙伴关系》的报告，它被翻译成15种文字，在世界范围内广为流传，该报告阐明了"全球治理"的概念和价值。全球治理委员会提出，治理即各种个人及私人机构和公共机构，对其辖区内的共同事务进行管理的方式的总和。治理是一个持续的过程，在这个过程中冲突的或多样的利益能够得以协调，合作行动能够被采取。它既包括有权采取执行行动的官方机构和机制，也包括个人、私营部门同意或认为符合他们利益的非官方安排和机制。参与全球治理的主体具有多元性，虽然承认国家、政府在全球治理中的重要作用，但否认其是权力核心，强调各类治理主体通过超国家的机构、区域的机构、跨国的机构和次国家的机构都在发挥作用。全球治理是由全球、国家、区域等不同层面的全球行为者协商与合作而形成的一种合作关系，并不是一种确定的组织形式。[2]

---

〔1〕　参见俞可平：《全球治理引论》，载《马克思主义与现实》2002年第1期。

〔2〕　See The Commission on Global Governance, *Our Global Neighborhood*：*The Report of the Commission on Global Governance*, Oxford University Press, 1994, Chapter I.

该报告强调，要通过"实践性、市民性、规范性"的全球治理，解决困惑人类的全球贫困和环境问题。[1]1999 年该委员会又发表了一份报告，进一步阐明公民社会和改善世界经济管理对于全球治理具有重要意义。

继全球治理委员会的报告之后，随着经济全球化进程的加深，西方学者对"全球治理"理论的价值、规则、主体、对象和可能带来的结果作了系统的论述，并且涉及全球化、国家地位与主权、国际秩序、国际组织、国际合作、国际干涉、跨国公司作用、非政府组织、建构主义、公民社会等十分广泛的议题。[2]英国学者詹姆斯·罗西瑙将全球治理称为"一体化和碎片化并存背景下的权威位置的迁移"，国际社会是一个"二分的世界"：一是国家和政府的传统的国家体系；二是多元体系，即由"规模大小不一、正式和非正式的、国家的和跨国的、国际的和次国家的、经济、社会、文化的各种实体，组成了一个高度复杂的全球治理体系。"[3]戴维·赫尔德认为，"参与全球政策制定的行为体不仅局限于国家，而且还包括全球、区域、区域间、国家、次国家甚至是个人层面的所有行为体，这些层次之间不是一种等级关系，而是一种协作关系，每个层次都形成一个以公民自我管理为主导的自治共同体。"[4]我国学者俞可平在《全球化：全球治理》中将全球治理定义为，通过具有约束力的国际规则解决全球性的冲突、生态、人权、移民、毒品、走私、传染病等问题，以维持正常的国际政治经济秩序。[5]

从 20 世纪 90 年代开始，随着经济全球化的加深，全球治理被认为是应对全球问题的最佳治理手段。全球治理理论强调，全球治理的实现依赖于各国政府间的合作、谈判与协调，主张以国际社会整体、共同利益为出发点，构建治理规则。[6]然而，近年在当前特殊的时代背景下，多边合作存在众多普遍问题，如激励不足、"搭便车"文化、制度非中性的程度进一步加剧等，

---

〔1〕 参见许健：《全球治理语境下国际环境法的拓展》，知识产权出版社 2013 年版，第 38 页。

〔2〕 参见吴兴唐：《众说纷纭的"全球治理"》，载《红旗文稿》2010 年第 16 期。

〔3〕 [英] 戴维·赫尔德、安东尼·麦克格鲁编：《治理全球化：权力、权威与全球治理》，曹荣湘等译，社会科学文献出版社 2004 年版，第 14 页。

〔4〕 李刚：《论戴维·赫尔德的全球治理思想》，载《东北大学学报（社会科学版）》2008 年第 3 期。

〔5〕 参见俞可平主编：《全球化：全球治理》，社会科学文献出版社 2003 年版，第 13 页。

〔6〕 参见许健：《全球治理语境下国际环境法的拓展》，知识产权出版社 2013 年版，第 40—49 页。

"治理失灵"成为普遍现象，导致出现逆全球化思潮。[1]在新时代下，国际社会需要更新全球治理理论，应对无政府状态下出现的"治理失灵"和世界上与日俱增的不确定性因素。习近平主席在多个场合提到中国参与、改革和促进全球治理体系变革，提出以"构建人类命运共同体为目标，秉持共商共建共享的全球治理观，倡导国际关系民主化，国家不分大小、强弱、贫富，必须一律平等，支持联合国发挥积极作用，支持扩大发展中国家在国际事务中的代表性和发言权"为内容的新全球治理观。

新全球治理观认为，"没有哪个国家能够独自应对人类面临的各种挑战，也没有哪个国家能够退回到自我封闭的孤岛"，因此，实现全球治理应该不断完善多边主义合作，主张在互联互通的当今世界，通过各国携手合作来解决人类共同面临的问题。实现全球治理，不是只有少数国家制定规则，要求其他国家遵守执行，而应是秉持共商共建共享理念，世界各国都参与其中，世界命运应该由各国共同掌握，国际规则应该由各国共同书写，全球事务应该由各国共同治理，发展成果应该由各国共同分享。全球治理中国方案的基本点就是：各国携手建设相互尊重、公平正义、合作共赢的新型国际关系，共同构建人类命运共同体。[2]奉行人类命运共同体的理念，各国应该在追求本国利益时兼顾他国合理关切，在谋求本国发展中促进各国共同发展。[3]各国应"彼此以善邻之道，和睦相处"，"运用国际机构，以促成全球人民经济及社会之进展"。[4]

新全球治理观还倡导互联互通的区域合作。中国按照亲诚惠容理念和与邻为善、以邻为伴的周边外交方针深化与周边国家的关系。[5]中国主导的上合组织和提出"一带一路"倡议，都是在新全球治理观的指导下，以互联互通减少区域合作中的障碍为主要内容，形成了包括经济、政治、文化、社会、环境、安全等多层次的中国区域治理体系方案，为各国共同发展提供了新

---

〔1〕　参见任琳：《中国全球治理观：时代背景与挑战》，载《当代世界》2018年第4期。

〔2〕　参见苏长和：《为世界和平与发展作出新的重大贡献》，载《人民日报》2017年11月5日，第8版。

〔3〕　参见沈丁立：《中国方案与联合国宗旨相一致》，载《人民日报海外版》2017年9月25日，第1版。

〔4〕　参见《联合国宪章》序言。

〔5〕　参见苏长和：《为世界和平与发展作出新的重大贡献》，载《人民日报》2017年11月5日，第8版。

动力。

当然，中国提出的新全球治理观不是全盘否定已有全球治理体系，准备另起炉灶，而是在尊重现有国际治理规则的基础上，积极创设新的治理机制，目的是对全球治理产生重要增益效应。这主要表现在全球治理诸多议题领域中，例如，在应对气候变化方面，中国是在贯通比较各种合理方案基础上提出新方案。中国方案体现着稳妥审慎的国际政治智慧，有利于发达国家和发展中国达成合作共识，共同承担节能减排的责任，努力避免发展中国家与发达国家形成尖锐对立。

二、全球环境治理

环境问题一直伴随着人类工业化进程，全球环境质量下降与全球气候变化影响的不是某一国家或地区的问题，其对全人类的生命和健康都产生有害的影响。然而，环境问题的产生与发展与国际政治、经济及文化等问题都有深刻的联系。环境资源具有稀缺性，又具有公共性，在"分而治之"的国际政治格局下，各主权国家为追求利益最大化，不可避免地会对自然资源进行过度开发，同时也使"搭便车"现象成为必然。虽然国际环境法从20世纪初发端，到20世纪中后期，全球环境保护的公约、条约、软法都有大幅的增长，调整的范围涉及水资源、海洋、外空、南北极、气候变化、生物多样性等几乎人类所能涉及的所有环境领域。国际社会对保护环境形成广泛共识，促使国际环境法——国际法的一个新分支迅猛建立和发展起来。然而，全球环境状况并没有随着国际环境法的蓬勃发展而有明显改善，各类环境问题依然严峻。传统国际法的调整方式是通过主权国家谈判缔结国际环境条约来解决环境问题，主权国家间的谈判常常要花费几年甚至几十年的时间。即便如此，条约生效还会等很长时间，如联合国《国际水道非航行使用法公约》1997年通过，直到2014年才生效；有的条约可能永远不会生效，如《1962年核动力船舶经营人责任公约》至今仍没生效。总之，传统的国际法造法程序可能导致对环境保护的轻视，即便环境条约生效，已有的国际环境法执行力也比较差。[1]因此，全球环境问题的解决需要新的思路，全球环境治理被许

---

〔1〕 参见许健：《全球治理语境下国际环境法的拓展》，知识产权出版社2013年版，第27-32页。

多学者认为是应对全球环境问题的一种新模式。[1]随着全球化的不断深入，环境污染等许多社会问题都具有明显的全球性冲突的特点，通过具有约束力的国际规则解决全球性的冲突，以维持正常的国际政治经济秩序，是为全球治理。[2]所谓"全球环境治理"，其实质是将全球治理的特点移植到全球环境问题的领域中来，以多元化的治理主体、多层次的治理维度、依靠多种性质的权威，在一定的治理框架内应对全球环境问题的理论与实践范式。[3]

全球环境治理理论认为，生态环境灾难等公共危机不断发生是现在"以国家为中心"国际法体制造成的。解决环境危机，就必须先解决生态环境保护与人类政治组织形式间的冲突，各国应当坚持以全人类利益为出发点，遵循整体利益大于局部利益、局部利益让位于整体利益原则，限制各国的国家主权，在相互尊重对方利益的基础上开展合作。全球环境治理是去中心化、多层次进行的治理，各类治理主体通过官方、非官方的和国家间的、次国家的机制发挥作用。由于主体的多元性，国家不再是环境治理的权力中心，而要与其他主体一起通过参与、谈判、协商和协调的方式一同应对环境问题。

"保护人类共同利益"是国际环境治理的终极目的，也是全球治理产生的基础和价值追求。"共同利益"即是国际社会为维护人类的生存与发展，在和平谈判过程所形成的共识。亚利山大·基斯教授认为，"共同利益"首先是人类包括当代和后代人的生存，也是组成生物圈的个人和民族可以在尊严和自由中过一种物质上满足的生活。[4]国际环境法是为了人类共同利益而制订的规则，这体现在许多国际条约和文件中。《斯德哥尔摩宣言》原则2申明"地球上的自然资源，包括空气、水、土地和动植物，尤其是自然生态系统的代表样品，必须为今代和后世的利益，酌量情形，通过仔细的设计或管理，加以保护"[5]。《保护野生动物迁徙物种公约》序言提出"承认种类繁多的野生动物是地球自然系统中无可代替的一部分，为了全人类的利益，必须加以保护"。《联合国关于在发生严重干旱和/或沙漠化的国家特别是在非洲防治沙

---

〔1〕 参见［英］帕特莎·波尼、埃伦·波义尔：《国际法与环境》，那力等译，高等教育出版社2007年版，第33-36页。

〔2〕 参见俞可平主编：《全球化：全球治理》，社会科学文献出版社2003年版，第13页。

〔3〕 参见杨晨曦：《全球环境治理的结构与过程研究》，吉林大学2013年博士学位论文。

〔4〕 参见［法］亚历山大·基斯：《国际环境法》，张若思编译，法律出版社2000年版，第1页。

〔5〕 RECOGNIZING that wild animals in their innumerable forms are an irreplaceable part of the Earth's natural system which must be conserved for the good of mankind.

漠化的公约》（以下简称《联合国防治荒漠化公约》）序言中提出"为今世后代的利益采取适当行动"。《生物多样性公约》序言中确认"生物多样性的保护是全人类的共同关切事项"。《联合国气候变化框架公约》第 3 条第 1 款规定"……为人类当代和后代的利益保护气候系统"。此外，国际组织通过签订条约、发表宣言、拟定行动纲领与计划、制定指南等方式，表达共同关切，敦促缔约方采取行动保护环境。普遍性国际组织建立的宗旨往往都是为了维护人类整体利益，例如，《联合国宪章》所维护的"和平""安全""人权""发展""秩序"等宗旨即是保护人类共同利益。"基本人权""社会进步及改善之民生"包括环境权、生态环境的安全与改善等。因此，保护"人类共同利益"是全球环境治理的核心内容。

环境治理的主体是全球环境治理理念的倡导者，也是环境治理规则的制定者、实施者。在全球化背景下，国家不是管理、规制环境的唯一的行为主体，国际组织和非国家行为主体越来越多地参与到环境治理的行动中来，治理主体的多元化是全球化的结果。罗西瑙认为世界是由"权威空间"组成的，这一权威空间并不一定与根据领土划分的空间相一致，因此，"当代社会的政治性治理再也不能只包括外部的政府控制，而是出现了治理行为体的多样化"。[1]虽然当今世界不存在最高权威即世界政府的国际社会，但国际社会仍然是由主权国家组成的社会，所以国家当然地成为全球环境治理的核心主体，[2]没有任何新的主体能取代主权国家成为国际关系的主要角色。[3]国际组织是多边主义发展的需求和产物，是国际多边合作的法律形式的制度载体。国际组织的创立目的本身就包含着通过多边合作形式促进国际法实施的作用。[4]在全球环境治理中发挥着战略导向性作用，成为全球环境治理交流与合作的一个平台。冷战结束后，雅尔塔体制解体，使世界政治动荡，多个国家分裂。一方面，国家的分裂增加了国家的数目，国家间的谈判与协调变得更加艰难。另一方面，全球化和科技进步为非政府组织与个人参与立法过程

---

〔1〕 [美] 詹姆斯·罗西瑙：《面向本体论的全球治理》，载俞可平主编：《全球化：全球治理》，社会科学文献出版社 2003 年版，第 64 页。

〔2〕 参见许健：《全球治理语境下国际环境法的拓展》，知识产权出版社 2013 年版，第 138 页。

〔3〕 参见孙凤蕾：《全球环境治理的主体问题研究》，山东大学 2007 年博士学位论文。

〔4〕 参见饶戈平主编：《国际组织与国际法实施机制的发展》，北京大学出版社 2013 年版，第 10-11 页。

铺平了道路，个人在国际法庭提起诉讼亦不是个案。虽有学者主张，国家和国际组织是国际环境法的基本主体，非政府组织与个人不是国际环境法的主体，只是在一定程度上间接地对有关利用、保护和改善环境的国际关系发生影响。[1]但国际环境法的主体不等于全球治理的主体，所有参加环境规则制订与实施的实体都应该是全球环境治理的主体。经济全球化使跨国公司拥有了巨大的影响力，跨国公司有着解决和治理环境问题的独特优势：诸如它的跨国性，它在从事环境外交方面的财力和技术优势等，跨国公司应该成为全球环境治理的一支重要的力量。非政府组织是公民社会的自愿组织，它与政府有合作，也有抗争，它帮助政府实施合理的与其目标、理念一致的项目。它从政府和私人经济部门手中争取民间社会的各种权利，以民间各种利益为活动宗旨，履行着全球治理和发展的重要职能，其作用是其他部门的机构无法取代的。[2]因此，全球环境治理是一种多元主体参与的治理，是多元主体追求公共利益，形成良性互动和谐关系的过程。全球环境治理主体包括主权国家、政府间国际组织、跨国公司和以非政府组织为代表的公民社会及运动。[3]由于主体的多元化，主体间相互制约、相互作用、相互联系、相互依存，从而结成了相对稳定的、动态的全球环境治理的体系结构。

全球环境治理主体的多元化，也代表了全球治理的民主化。所谓全球治理民主化，就是国际社会各治理主体将民主的原则与机制在全球层面加以运用，在应对全球问题、管理全球公共事务中贯彻民主的原则，以建立民主的治理机制、形成民主治理体系的过程。[4]全球环境治理被称为"没有政府的治理"，国际社会不存在自上而下的统治权威机构，治理过程是通过包括主权国家在内的各种治理主体以民主的方式，经过平等协商、讨价还价等非强制程序建立起规则与秩序，所以，全球治理强调的是多元参与，在协商谈判的基础上达成共识。特别是环境非政府组织积极参与环境治理是全球环境治理民主化的重要标志。环保非政府组织打破了主权国家对全球环境治理的垄断，也使全球环境治理规则的制定、制度的实施更加透明和民主，使治理由传统的自上而下向自上而下与自下而上相结合方式转变。非政府组织是自愿性、

---

〔1〕　参见王曦编著：《国际环境法》，法律出版社2005年版，第75页。

〔2〕　参见许健：《全球治理语境下国际环境法的拓展》，知识产权出版社2013年版，第161页。

〔3〕　参见孙凤蕾：《全球环境治理的主体问题研究》，山东大学2007年博士学位论文。

〔4〕　参见段小平：《全球治理民主化研究》，中共中央党校2008年博士学位论文。

非营利性的组织机构，且具有很大程度上的自主性，参与全球环境治理的形式相当广泛，有很多相关领域的专业人士和知识精英，熟知该环境领域的治理之道，因而一定程度上弥补了政府或市场机制的不足，成为全球资源合理配置的补充形式。总之，非政治组织的积极参与既有利于提高解决环境问题的效益，同时又由于决策过程的多元化与透明化，有力地促进了全球治理的民主化进程。[1]

全球环境治理实现的途径是各国一秉善意开展国际合作。国际合作是指各国为谋求共同利益，实现保护全球环境的目的，本着全球伙伴和协作精神采取共同行动。实现全球环境治理，推行治理民主化都建立在各国合作基础之上。没有国际合作，全球环境治理的目标都是不可能实现的。首先，国际环境问题全球性、区域性和超越国界的特点决定了各国必须合作。只有各国通力合作，协调行动，才能真正实现全球治理。其次，国际社会"分而治之"的现实和环境资源的稀缺性决定各国必须合作。最后，全球环境治理的过程要求各国必须进行合作。全球环境治理中各种环境条约和制度的实施，需要各国配合才能得以实现。因此，当前国际环境法总体向国际合作体制发展，全球环境治理的实现严重依赖多边的、组织化的合作机制。

中国作为负责的大国，一直积极参与全球环境治理。国际环境问题是全球性的，在全球范围内具有共性的特征，各国在环境治理中可以互相借鉴经验。中国在全球环境治理中不仅强调全球协作，更重要的是身体力行，不断开拓新实践。[2]习近平主席多次呼吁各国要重视全球环境治理，树立全球环境治理意识，通力合作，参与全球环境治理实践，应对全球环境治理的挑战，解决全球环境治理的难题。党的十九大报告提出，"构建政府为主导、企业为主体、社会组织和公众共同参与的环境治理体系。积极参与全球环境治理，落实减排承诺"，体现中国坚持全球环境治理主体的多元化。习近平主席强调，"要着力推进国土绿化、建设美丽中国，还要通过'一带一路'建设等多边合作机制，互助合作开展造林绿化，共同改善环境，积极应对气候变化等全球性生态挑战，为维护全球生态安全作出应有贡献。"[3]表明中国一贯坚持

---

〔1〕 参见段小平：《全球治理民主化研究》，中共中央党校 2008 年博士学位论文。

〔2〕 参见李敏：《新时代：全球环境治理中的中国实践》，载《人民周刊》2018 年第 13 期。

〔3〕 参见《习近平等党和国家领导人参加首都义务植树活动》，载 http://china.cnr.cn/news/201 60406/t20160406_521799105.shtml，最后访问日期：2019 年 4 月 16 日。

通过国际合作实现全球环境治理。中国在海洋环境治理、应对气候变化、保护生物多样性、荒漠化治理等诸多方面的全球治理机制发挥了重要作用，作出了一个大国应作的贡献。

中国不仅积极参与全球环境的治理，还特别关注本地区的环境治理，上合组织地区的环境安全是上合组织合作的重点领域，上合组织地区存在多种环境治理机制，但运行效果都不理想，上合组织地区的环境治理需要适用新治理理论。中国政府提出的"共商共建共享"全球治理观在上合组织地区的环保合作具有指导意义。共商是合作的前提，上合组织虽然地域广阔，但成员国只有9个，每个成员国都有自己的利益诉求，共商原则尊重所有国家的利益诉求，集思广益，平衡地反映所有成员国的意愿和利益，由所有成员一起商量和制定合作规则，合作机制更加公平合理，有助于合作的顺利开展。受雅尔塔体制影响，西方一直把持着国际法制的话语权，上合组织成员都是发展中国家，在国际环境法制订过程中的参与程度不高。因此，在上合组织地区创设共建机制，让成员国由被动接受转为主动参与制订规则，使全体成员国都参与各尽所能，发挥自身优势和潜能并持续推进建设。共建的环保合作法制让每个成员国都体现了"存在感"，使各国自愿遵守原则，营造共享氛围，让环保合作的成果惠及所有的成员国。[1]在当前成员国经贸往来不断增多的背景下，成员国利益交织在一起，共同利益增多，但也使环境损害的影响跨越了边界，所以成员国在追求本国利益的同时，也要兼顾他国利益，共享可持续发展的成果。共商共建共享区域环境治理尊重各国的环境主权，实现成员国互利共赢，倡导人们超越国家制度，从人类共同利益出发思考区域环保合作的必要性和重要性，引导成员谋求共同发展，共享可持续发展的成果。中国倡导的"共商共建共享"新全球治理观，以"一带一路"倡议为主要实践场所，通过与周边国家的经济合作，扩大中资企业在投资和贸易中的影响，通过中资企业绿色投资和绿色贸易推动私主体在"一带一路"区域内践行新全球环境治理观。

---

〔1〕　参见丁菱：《全球治理理论失灵与全球共商共建共享治理新理念的提出》，载《中国冶金教育》2015 年第 6 期。

第四节　实现可持续发展

一、可持续发展的含义

可持续发展的概念在反殖民化时期就已经出现了，反殖民运动的基本诉求是要求对国际经济秩序进行改革，其中包含改善人民福祉的内容。1962 年联合国大会通过了《天然资源之永久主权》，宣布各国对其自然资源享有永久主权，该权利必须为了各自国家的发展和有关人民的福利而行使。[1] 在 1974年又通过了《各国经济权利和义务宪章》和《建立新的国际经济秩序宣言》，这两个文件强调各国为了经济发展的需要有选择实现发展目标方式的权利。[2]在《各国经济权利和义务宪章》中联合国明确表达了既要发展也要保护环境的愿意，如在《各国经济权利和义务宪章》的序言中将"保护、维护和改善环境"列为发展目标之一，第 3 条规定各国在资源开发前要通知有关国家，并与之协商，以达到对"资源作最适当的利用，而不损及其他国家的合法利益"。1986 年联合国《发展权利宣言》规定发展包含在"利益的公平分配的基础上，不断改善全体人民和所有个人的福利"。虽然有学者认为，《各国经济权利和义务宪章》关于合理利用资源的目标仅是为了不损害其他国家的利益，并未实现发展与环境利益的融合。[3]但这些联合国大会的宣言表明，国际社会已经注意到经济发展与环境的关系问题。

真正让国际社会注意到经济发展与环境关系问题的文件是，1987 年世界环境与发展委员会（又称布伦特兰委员会）发表的著名的题为《我们共同的未来》的研究报告。该报告于同年被第 42 届联合国大会所接受。在该报告中将"经济发展与环境保护的目标相融合"，发展的方式表达为"可持续发展"。该报告将"可持续发展"定义为"既满足当代人的需要，又不对后代

---

〔1〕　参见《天然资源之永久主权》第 1（1）条。

〔2〕　参见《各国经济权利和义务宪章》第 13 条、《建立新的国际经济秩序宣言》第 4 条。

〔3〕　参见［英］帕特莎·波尼、埃伦·波义尔：《国际法与环境》，那力等译，高等教育出版社2007 年版，第 39 页。

人满足其需要的能力构成危害的发展"的过程。[1]在《我们共同的未来》的呼吁下，经过多方协商，在 1992 年联合国召开了环境与发展会议（简称里约大会），通过了《里约宣言》、《21 世纪议程》、《联合国气候变化框架公约》、《生物多样性公约》及《关于所有类型森林管理、养护和可持续开发全球共识的无法律约束力权威性原则声明》。里约大会文件对"可持续发展"做了详细的阐述。里约会议后，学术界围绕可持续发展的概念展开争论，有些学者将可持续发展分为强可持续发展和弱可持续发展。强可持续发展更强调环境保护，而弱可持续发展则强调环境、社会和经济间的协调发展。[2]在里约会议期间，环境、社会和经济协调发展是可持续发展的内核的观点被各国接受。里约会议后，可持续发展被各国政府接受，将其规定在国内法中或将其作为一项政策实施；可持续发展原则还被众多国际组织及条约机构所重视，诸如国际法院在"盖巴斯科夫——拉基玛洛大坝案"中第一次提出"可持续发展概念恰当地表达了协调经济发展与环境保护的需要"；[3]联合国主持下签订的《执行 1982 年 12 月 10 日〈联合国海洋法公约〉有关养护和管理跨界鱼类种群和高度洄游鱼类种群的规定的协定》将实现鱼类的可持续发展视为协定的目标、一般原则和缔约的义务；[4]联合国粮农组织、国际海事组织、世界银行集团、世界贸易组织、欧洲原子能机构等国际组织的法律与政策都接受了该概念。

可持续发展原则虽然获得了国际社会的广泛接受，但《里约宣言》没有就可持续发展的性质作出明确的规定，即可持续发展是一项法律的基本原则还是一项国际义务。虽然有许多学者主张可持续发展是一项法律原则，[5]但如果将可持续发展视为一项原则，则必须赋予其相应的实体权利与义务，而

---

[1] 参见世界环境与发展委员会编著：《我们共同的未来》，国家环保局外事办公室译，世界知识出版社 1989 年版，第 19 页。

[2] Williams M., "In search of Global Standards; The Political Economy of Trade and the Environment", in Stevis, D., Assetto, V. eds., *The International Political Economy of the Environment*, Lynne Reinner Publisher, 2000. 转引自中国—瑞典"WTO 与环境保护能力建设项目"专家组主编：《WTO 与环境保护能力建设》，中国环境科学出版社 2007 年版，第 2 页。

[3] Case concerning the Gabčíkovo-Nagymaros Project (Hungary / Slovakia), Judgment of 25 September 1997.

[4] 参见该协定的序言、第 2 条、第 5 条、第 6 条及第 10 条。

[5] 参见徐祥民等：《国际环境法基本原则研究》，中国环境科学出版社 2008 年版，第 57-59 页。

国家不愿意承担过多的义务；如果将其视为一项义务，国家则可以根据本身的能力决定履行该项义务的程度。2002 年《约翰内斯堡可持续发展声明》[1]重申各国合作 "打击在全球范围内对我们人民的可持续发展构成严重威胁的各种状况"，"执行《可持续发展问题世界首脑会议执行计划》及加速实现其中所列规定时限的社会经济和环境指标"。《可持续发展问题世界首脑会议执行计划》[2] 则具体规定了各国要采取的行动。约翰内斯堡峰会的成果表明，国际实践更倾向于将可持续发展视为一项义务。目前的国际实践都是由各国政府在国内层面予以解释、适用和实施，因此实现人类与环境的可持续发展应该是国家所负担的一项义务。

可持续发展理论的内涵非常丰富，根据《里约宣言》，可持续发展包含了实体上的义务和程序上的义务。实体上的义务主要体现在《里约宣言》原则3 至原则 8 和原则 16，即自然资源的可持续利用；环境保护和经济发展的一体化；发展权；代内公平和代际公平；污染者付费原则等具体义务。程序上的义务体现在原则 10 和原则 17，即公众参与和环境影响评价制度等。

二、国家的可持续发展

国家的可持续发展大致可分为两个方面的可持续发展，即本国生态环境系统的持续支持力和国家可持续发展的能力建设（包括人力资源、科学技术、法治建设、组织调控和公众参与等方面的发展和增强）。国家的能力建设的可持续发展不是本书的研究对象，本节内容主要研究国家生态环境系统的可持续发展问题。环境资源是促进各国经济可持续发展的重要的物质保障，同时也是人类赖以生存的自然支持系统。然而，世界的生态环境系统处于不断退化之中，环境退化加剧了全球贫困，并伴有大量环境难民出现，导致社会动荡和政局不稳，引起国家间关系的紧张和贸易摩擦，还可能导致军事冲突，影响世界经济的繁荣与安全。因此，不断退化的生态环境系统是影响人类实现可持续发展的最现实威胁。全球环境具有相互依赖性，要实现本国生态环境系统的可持续发展需要通过全球环境治理才能实现，即要实现本国生态环境的可持续发展，还取决于国际环境合作与协调机制的建立。在世界各

---

[1] A/CONF. 199/20.

[2] A/CONF. 199/20.

国的社会、经济和文化联系日益密切的大背景下，世界经济正由国家经济走向全球经济，随之而来的是，各国间的依存关系越来越强，因此，一个国家的可持续发展必然要受其他国家发展的影响。

每个国家都拥有特定的领土，该国的生存与发展的物质基础都依赖于其领土的地理位置、国土面积及其所赋存的自然资源和生态环境功能。优越的地理位置和良好生态环境资源，通过合理的开发利用，是实现国家可持续发展的坚实基础和推动力。但如果长期不合理的开发利用，必然导致该国的发展具有不可持续性，还会影响到其他国家。由于地球人口的急剧膨胀，资源的稀缺性进一步加剧，再加上日益严重的环境污染、生态平衡的破坏对人类的可持续发展构成严重危害。例如，水资源紧缺已严重影响到许多国家可持续发展，世界上有将近一半的国家依靠跨边界的河流供水，有 200 多个国家共同分享 214 个国际河流和湖泊。伴随河流流域水资源危机而出现的"环境难民"，在 1998 年达到 2500 万人，第一次超过"战争难民"人数。[1]因此，目前无论是发达国家还是发展中国家，都面临着能否实现可持续发展的严峻考验。

亚洲是世界上生态环境恶化最严重的地区之一，而中亚地区又是亚洲生态环境恶化最严重的地区。脆弱的生态环境，急剧膨胀的人口，严重影响了中亚各国经济与社会的发展。上合组织的其他成员国，中国、俄罗斯和南亚两国也同样面临着人口、资源和环境污染等问题，严重地影响这些国家的经济与社会发展。因此，上合组织成员国都面临着实现国家可持续发展的严峻考验。

由于世界环境的整体性和全球化程度越来越深，每一个国家都不能独善其身，国家要实现可持续发展的四要素，实现代际公平、代内公平、资源的可持续利用和环境与发展一体化，[2]各国必须进行国际合作。从斯德哥尔摩会议后，国际合作原则和可持续发展原则都被接受为国际环境法的基本原则，几乎所有的国际环境法文件和条约都提到要加强国际合作，促进人类实现可持续发展，但"徒法不足以自行"，在国际法文件中对其作出规定只是实现国际合作的第一步，重要的是各国认真履行条约规定的法律义务。但从实际效果

---

〔1〕 参见傅先兰：《国家可持续发展与国际环境合作》，载《世界地理研究》2003 年第 1 期。

〔2〕 参见王曦：《论国际环境法的可持续发展原则》，载《法学评论》1998 年第 3 期。

看，还远远没有达到预期的目标。例如，《联合国气候变化框架公约》《生物多样性公约》等许多环境条约为帮助发展中国家实现可持续发展都规定了技术和资金援助制度，国际社会为此还成立了许多环境基金。目前主要的环境基金有联合国环境规划署环境基金[1]、保护世界文化与自然遗产基金[2]、湿地基金[3]、蒙特利尔议定书多边基金[4]、全球环境基金[5]等。虽然基金种类不少，资助的领域也很广泛，但由于基金主要的资金来源是自愿捐助，各基金的资助计划由捐款额决定，而不是根据实际需要，不能满足环境保护的现实需求。另外，《保护臭氧层维也纳公约》《生物多样性公约》《联合国气候变化框架公约》《京都议定书》等公约规定的发达国家向发展中国家转让环境技术和提供技术援助亦是自愿行为，不具有强制义务性。这些公约都强调技术转让要在对知识产权进行充分保护的前提下，"公平"地"共同商定"。而知识产权的权利主体往往是私人或独立的机构，保护知识产权就是要求发展中国家基于市场条件获取环保技术，即发展中国家需要支付昂贵的技术转让费，明显不符合公约所规定的技术转让援助。所以，发达国家对公约中做出的"援助"承诺的履行情况，令发展中国家非常不满。

由于环境条约关于国家环境保护义务的规定都是原则性的，没有强制执

〔1〕 环境基金（the UN Environment Fund）是国际环境活动的主要经费，主要来自成员国自愿认捐。主要用途是为该署提供正常预算外资金，用来支付联合国机构从事环境活动所需的全部或部分经费，以及与其他联合国机构、国际机构、各国政府和非政府组织进行合作的费用。联合国系统以外的非政府组织等机构，也可以接受基金的资助来完成某些项目，但基金不包揽所有国际各项环境保护活动所需的一切费用。

〔2〕 保护世界文化与自然遗产基金（World Heritage Fund）是根据《保护世界文化和自然遗产公约》第15条建立，资金来源于成员国捐款，列入世界遗产目标的财产。

〔3〕 湿地基金（the Small Grants Fund，SGF）是《国际湿地公约》成员国于1990年设立，目的是帮助发展中国家保护和合理利用湿地，实现可持续发展。资金来源于政府、个人的捐款。捐款既可以指定捐给某个国家的某个项目，也可以直接捐给基金。

〔4〕 蒙特利尔议定书多边基金（Multilateral Fund for the Implementation of the Montreal Protocol）成立于1991年，目的是帮助发展中国家履行《关于消耗臭氧层物质的蒙特利尔议定书》义务。由发达国家捐款，为发展中国家的淘汰活动提供资金、技术和管理的支持。

〔5〕 全球环境基金（Global Environment Facility，GEF）于1990年由世界银行设立，1994年成为一个独立的常设机构。全球环境基金管理着不同的信托基金，它们分别是全球环境基金信托基金（GEF）、最不发达国家信托基金（LDCF）、气候变化特别基金（SCCF）和名古屋议定书执行基金（NPIF）。全球环境基金还临时性承担适应基金秘书处的工作。为《生物多样性公约》《联合国气候变化框架公约》《关于持久性有机污染物的斯德哥尔摩公约》《联合国防治荒漠化公约》《关于汞的水俣公约》等条约提供资金机制。

行的效力，履行的情况取决于行为国的意愿。在履行条约时，不论是发展中国家还是发达国家缔约方，更多的是站在本国权利捍卫者的立场打折扣地履行，甚至不履行。"在没有一个真正的全球性中央权威的情况下，……尽管存在各种各样的环境合作体制，到目前为止美丽的修辞还是大大多于实际的行动。"[1]在这种主权国家依然是国际社会的主要主体背景下，要通过国际环境合作促进各国实现可持续发展，就必须对当前国际环境法体制进行调整。

首先，国际社会应不断加强合作，完善国际环境立法，努力使国家环境义务向强制性方向发展。国际社会不可能出现一个超国家的权威机构，国际事务依然需要由各国协商确定，协商的结果以国际法文件的形式确定下来。法律作为推进全球环境治理的一种有效手段，应对国家的主权进行适当限制，国家加入条约后，就必须承担条约上的义务与责任，如果国家不履行或不完全履行义务，应对其采取相应的惩罚措施，如在国际贸易中处于不利地位，不能获得国际援助等。其实国际环境法很早就开始尝试对国家主权进行适当的限制。1972年《斯德哥尔摩宣言》原则第22条规定："各国应进行合作，以进一步发展有关他们管辖或控制之内的活动对他们管辖以外的环境造成的污染和其他环境损害的受害者承担责任和赔偿问题的国际法。"1992年《里约宣言》原则2规定："根据《联合国宪章》和国际法原则，各国拥有按照其本国的环境与发展政策开发本国自然资源的主权权利，并负有确保在其管辖范围内或在其控制下的活动不致损害其他国家或在各国管辖范围以外地区的环境的责任。"国际环境法肯定各国对自然资源享有主权，同时又强调主权国家不致损害其他国家或各国管辖范围以外地区的环境的义务，即"不损害外国环境原则"。该原则经"特雷尔冶炼厂案"提出后，经过半个世纪的发展，成为公认的国际习惯法。各国都承认"不损害外国环境"是国家义务，并将其规定在国际条约中，例如，《控制危险废物越境转移及其处置巴塞尔公约》第4条明确禁止危险废物非法地越境转移和进出口，禁止向南极等国际公域转移危险废物。国家环境义务的法律发展虽然缓慢，但能够取得效果。

其次，加强国际环境法的编纂。第一，国际环境条约众多，且各条约相

---

[1] [美]康威·汉得森：《国际关系》，金帆译，海南出版社、三环出版社2004年版，第388页。

互独立，存在各条约的内容与法律义务矛盾与交叉现象，条约实施也存在很大差异，有的条约设立了条约机构，有的条约没有设立，或者委托其他国家机构代为监督实施。这种混乱的实施机制影响了国家环境保护义务的履行；第二，国家环境保护立法远远落后于科学技术的发展，影响了国家环境保护义务的履行。立法具有滞后性，国际立法尤甚。国际立法是以各国谈判协商达成条约的方式进行，而国家的谈判需要很长时间，条约生效等待的时间会更长。如经过 20 多年的酝酿，国际法委员会于 1997 年通过《国际水道非航行使用法公约》，该公约直到 2014 年才生效。整个过程花费了 30 多年的时间。但是，科学技术的发展确是日新月异的，人类认识自然的能力不断在增加，破坏自然的能力也在增加，这就需要法律来调整科学技术的发展方向，国际立法过程的缓慢限制了法律对社会的规范功能。虽然国际社会为解决条约谈判艰难的现象，大力推进国际环境"软法"，但"软法"无法律拘束力，让"软法"发展成习惯法同样需要漫长的时间。

再其次，可持续发展的国际立法应以"义务"本位促进国家发展，同时考虑发展中国家的特殊利益。国家的环境义务，既包括发达国家的环境义务，也包括发展中国家的环境义务。现在的环境条约与习惯法中，对国家程序性义务如通知、磋商等有明确的规定。国际司法机构亦有案例支持这些程序性的义务，如"拉努湖仲裁案"和"乌拉圭河纸浆厂案"，但对于国家实体性的义务，则规定很少。违反程序性义务的国家并不需要付出太多的代价，这种现象导致国家消极履行保护环境的义务。因此，今后的国际立法应该更多地放在实体性义务方面，推进跨境环境影响评价、制定环境标准等，推动国家间的合作向更深层次发展。推进国际环境保护法向义务性法律转变的同时，要特别考虑发展中国家的利益。发展中国家的科技和经济发展水平相对落后于发达国家，适用于发达国家的标准，有可能对发展中国家来说是沉重的负担。全球环境治理的最终目标是保护人类生存权和健康权，因此，可持续发展应与保护人权联系起来，要全面公平地解决环境问题，首先应该努力打破穷困、不发达和环境状况退化的恶性循环。发展中国家的环境问题主要是经济发展不足造成的，解决全球环境问题还必须和解决全球贫困问题联系起来，要对最不发达国家的特殊需要和问题给予特别的关注。总之，在分配国际环境合作义务时，应特别照顾发展中国家的特殊需要，应努力做到国家的环境开发主权与不给他国造成重大损害之间保持合理的平衡，这样才能使发展国家有动力履行义务。

最后，实现可持续发展的国际合作应当以区域合作为主。虽然人类面临的环境问题都已跨越国境，其环境影响甚至具有全球性，但实际上造成不良环境后果的原因都是国家内的人类活动。虽然我们经常称其为国际环境问题，有时确实需要在国际层面上采取行动，制订国际规则，但更多的则是相邻的受影响的国家间就该环境问题进行磋商或采取行为，因此，区域或次区域层面的制度安排，是国家承担环境义务的最直接体现。全球性条约的制定与执行存在着相当多的困难，与之相比，区域性条约的制定与执行相对容易。权利义务不对等的国际环境规则的确立，在区域组织层面更容易得到执行，因为环境权利义务的不对等性可以通过区域经济及贸易等方面制度安排获得补偿。[1]区域贸易往往在该地区国家的经济中占据重要地位，通过区域贸易制裁、税收安排等手段，保证区域各国能够认真履行环境义务。又由于区域国家数量少，有利于国家间的协商和妥协，特别在就某一项目的影响进行磋商时，区域国家间通过协商达成协议的可能性更大。上合组织作为一个区域组织，成员国只有9个，通过国际贸易安排和资金激励，刺激成员国向绿色发展演进，有利于实现地区的稳定与和平，进而帮助成员国向实现国家可持续发展方向演进。

---

〔1〕　See Peter H. Sand, "Lessons Learned in Global Environmental Governance", *Environmental Affairs*, Vol. 18, 1991.

上海合作组织区域现有环保合作机制

　　上合组织成员国虽然不多，但覆盖的地区十分辽阔，占据了欧亚大陆的四分之三，人口非常庞大，占全球人口的近一半。[1]由于人口过于庞大，环境的压力也非常沉重，中亚和南亚作为世界上环境问题最严重的区域之一。上合组织区域内既有严重原生环境问题或第一环境问题[2]，如中亚地区干旱少雨、水资源分配极度不均衡；又有严重的次生环境问题或第二环境问题[3]，如核污染、工业事故、水土流失、荒漠化、物种灭绝等问题。由于上合组织成员国间领土相邻，所有的成员国间都有共享的河流、湖泊和资源等，合作保护环境的愿望非常强烈。

　　上合组织一直致力于环境国际合作，并不断地为此而努力。在上合组织内既有多边环境合作，也有双边的环境合作，同时还存在其他区域组织内的环境合作。上合组织成员国共同参与许多全球性环境条约，[4]相互之间也开展了相应的合作。但各类环境合作组织相互重叠，效率不高，虽然个别国家（如中国的人工造林、退耕还林工程已获得一些成效）在环境保护方面有所发展外，多数成员国家的环境情况处于不断地退化状态，这表明当前的环境合

---

　　〔1〕 人民网："覆盖 31 亿人口！一图告诉你上合组织有多牛"，载 http://world. people. com. cn/ n1/2018/0607/c1002-30041865. html，最后访问日期：2019 年 5 月 23 日。

　　〔2〕 由自然原因引起的环境问题称为原生环境问题，包括旱灾、洪涝、海啸、地震、火山、泥石流、农业病虫害等。

　　〔3〕 由人为原因引起的环境问题称为次生环境问题，包括环境污染和生态破坏。

　　〔4〕 沿线国家几乎都加入了《保护世界文化和自然遗产公约》《联合国气候变化框架公约》《京都议定书》《生物多样性公约》《〈生物多样性公约〉卡塔赫纳生物安全议定书》《控制危险废物越境转移及其处置巴赛尔公约》《联合国防治荒漠化公约》《保护臭氧层维也纳公约》等。大部分国家都加入了《联合国海洋法公约》《国际湿地公约》等。

作还有待于向更务实的方向发展。

第一节　上海合作组织概况

一、上海合作组织概述

上合组织起源于 1996 年，为促进地区稳定和应对宗教激进主义者的活动，中国与俄罗斯、哈萨克斯坦、吉尔吉斯斯坦、塔吉克斯坦等五个国家由于定期召开元首会议，形成了"上海五国"机制，这是上合组织的雏形。2001 年在乌兹别克斯坦正式加入后，六国共同签署了《"上海合作组织"成立宣言》和《打击恐怖主义、分裂主义和极端主义上海公约》，上合组织正式成立，"上海五国"也由会晤机制发展成为一个永久性的政府间国际组织。上合组织的法律框架是由 2002 年通过的《上海合作组织宪章》、2003 年批准和签署的《上海合作组织成员国多边经贸合作纲要》与《关于技术性启动上海合作组织常设机构的备忘录》等三个文件确立。这三个文件明确规定了该组织的宗旨、原则、机构设置、运行规则、区域经济合作的发展步骤与发展目标等基本法律制度。2004 年 1 月，上合组织秘书处正式开始运作，标志着上合组织作为一个国际组织已经成型。上合组织成立至今，还经历过两次扩员。2017 年上合组织第十七次会议上接受了印度和巴基斯坦的加入，实现第一次扩员。2023 年上合组织第二十三次会议上接受伊朗成为正式成员国，实现第二次扩员。到目前为止，上合组织共有 9 个正式成员国（印度共和国、伊朗伊斯兰共和国、哈萨克斯坦共和国、中华人民共和国、吉尔吉斯共和国、巴基斯坦伊斯兰共和国、俄罗斯联邦、塔吉克斯坦共和国、乌兹别克斯坦共和国），3 个观察员国（阿富汗伊斯兰共和国、白俄罗斯共和国、蒙古国）和 14 个对话伙伴国（阿塞拜疆共和国、亚美尼亚共和国、巴林王国、阿拉伯埃及共和国、柬埔寨王国、卡塔尔国、科威特国、马尔代夫共和国、缅甸联邦共和国、尼泊尔联邦民主共和国、阿联酋、沙特阿拉伯王国、土耳其共和国、斯里兰卡民主社会主义共和国）。

上合组织的宗旨：加强各成员国之间的相互信任与睦邻友好，鼓励各成员国在政治、经贸、科技、文化、教育、能源、交通、环保及其他领域的有效合作；共同致力于维护和保障地区的和平、安全与稳定；建立民主、公正、合理的国际政治经济新秩序。[1]从其宗旨来看，上合组织的法律性质是一个区域性的一般政府间国际组织。[2]上合组织的成员都是主权国家，除俄罗斯外，都是亚洲国家，地理位置毗邻，以维护区域内和平与安全为主要宗旨，故上合组织是一个区域性政府间国际组织。从组织职能来看，上合组织的职能非常广泛，包括四大领域[3]。该组织成立之初，安全领域的合作被确定为上合组织的首要合作方向与重点工作，但随着边界问题的逐步解决，上合组织的合作从关注传统安全转向非传统安全。从2004年开始，上合组织的合作向多领域合作方向发展，将能源、环境安全等非传统安全也列为合作的重点领域，将合作领域从安全领域向区域经济、能源合作和人文领域的合作发展。因此，上合组织的活动范围包含了政治、军事、经济、文化和社会等各方面的活动，是一个综合性的组织。

上合组织从2001年成立开始，紧紧抓住成员国最关切的问题，将稳定与发展作为第一要务，努力维护区域安全和社会稳定、主权独立、经济发展与民生改善，提高各成员国对组织的认同，实践"上海精神"（互信、互利、平等、协商、尊重多样文明、谋求共同发展）和新经济合作观（互利双赢、尊重多样文明），《"上海合作组织"成立宣言》将安全合作、经济合作、国际事务合作都单列一条，2002年的《上海合作组织宪章》第3条中将人文合作提高到与安全合作和经济合作同等的地位，使上合组织在各方面的合作都取得长足发展。即上合组织正通过安全、经济、国际事务和人文合作四个轮子推动组织的合作运行，中国也正是在这四个方面加强与中亚国家的多边合作。[4]

二、上海合作组织区域合作机制现状

上合组织成员国合作的历史可以追溯到汉代兴起的"丝绸之路"时期，

---

[1] 参见《"上海合作组织"成立宣言》（二〇〇一年六月十五日）第2条。《上海合作组织宪章》第1条"宗旨和任务"列了10条，并且与宣言在措辞方面略有不同，上合组织官网上使用的是宣言的措辞，故本节使用了宣言中的措辞。

[2] 参见刘再辉：《上海合作组织法律问题研究》，西南政法大学2009年博士学位论文。

[3] 上合组织框架内合作的四个重点领域：（1）政治领域合作，维护地区和平，加强地区安全与信任；（2）安全领域合作，共同打击恐怖主义，就裁军和军控问题进行协商；（3）区域经济合作领域，支持和鼓励各种形式的区域经济合作；（4）人文领域的合作，保障合理利用自然资源，扩大科技、教育、卫生、文化、体育、环保及旅游的相互协作。

[4] 参见赵常庆：《中国与中亚国家合作析论》，社会科学文献出版社2012年版，第193页。

由长安（今西安市）向西经中亚连接西亚和地中海各国的古代陆上商旅之路，从中国经中南半岛和南海诸国到达印度洋、红海连接东非和欧洲的海上商旅之路，长期以来中国与中亚诸国和南亚诸国的贸易活动保留在上合组织各国人民的记忆中。"丝绸之路"不仅给中亚和南亚地区带去了中国的商品，还将中国的制纸、印刷、制陶等技术传到这些地区，促进了中国与中亚和南亚地区人民的文化交流，增进了彼此的了解。因此，中国与"丝绸之路"沿线各国在谈到"丝绸之路"时，都赋予了其积极的含义，中国的"一带一路"倡议就是以古"丝绸之路"为基础，为提振全球经济向世界提供的公共产品。习近平主席多次讲话中谈到"一带一路"倡议要依托现有的国际组织，因此，上合组织在"一带一路"倡议中发挥着重要作用。

上合组织成员国间从古代的商贸往来开始就一直保持合作关系，在苏联时期，新疆与中亚五国亦有贸易往来，在中苏友好时期，中国与苏联签订了协议，成立专门的贸易公司，统管新疆与苏联的哈萨克、吉尔吉斯和塔吉克三个共和国的边境贸易，对新疆和苏联中亚地区的经济建设起了很好的作用。[1]中苏关系缓和以来，新疆与中亚地区的贸易进一步扩大，哈萨克斯坦、吉尔吉斯斯坦、塔吉克斯坦、乌兹别克斯坦和土库曼斯坦五个共和国及毗邻的几个州都开展了经贸活动，还创办了许多合资企业。除经济合作，新疆维吾尔自治区还与中亚的共和国开展了具有政治色彩的互访活动。这一时期的合作为苏联解体后中国与中亚各国间发展关系奠定了良好的基础。[2]

上合组织成员国积极参与国际合作，主要是各国自身的国情和国际机制的优点决定的。中亚国家都是内陆国，被大国包围，本身自然资源丰富，但其经济状况总体不佳。中亚国家独立后面临的主要问题是尽快得到国际社会的承认，融入国际社会中去，中亚各国希望利用多边合作机制实现"多边制衡"，维护本国的独立主权，同时又希望通过发展经济和人文领域合作，吸引外国投资，以提高其竞争能力，改变落后的经济状况。上合组织经过 10 多年的发展，在政治、安全、安全和人文领域都制订了合作的规则和程序。在政治方面，为区域政治稳定签署了《上海合作组织成员国长期睦邻友好合作条约》。在司法合作方面，除印度外，中国与上合组织其他成员国都签订了双边

---

〔1〕　参见赵常庆：《中国与中亚国家合作析论》，社会科学文献出版社 2012 年版，第 36 页。

〔2〕　参见赵常庆：《中国与中亚国家合作析论》，社会科学文献出版社 2012 年版，第 37 页。

民事和刑事司法互助条约、引渡条约等司法协助条约。在经济方面，中国推进的"一带一路"倡议涵盖了上合组织所有成员国，各成员国间的投资和贸易额连年增加。上合组织在合作机制、合作形式和合作领域方面都形成了自己的特点，主要体现在三个方面[1]：（1）合作机制总体仍呈"大会议、小机构"的特点。上合组织的会议机制包括元首会议、总理会议、18 个部门的领导人会议以及专家小组会议四级会议机制，但是成员国一般参与会议谈判的机构与谈判的内容相比职权要小。（2）合作内容更加丰富。上合组织的合作领域从最初的安全与经济领域扩展到政治、安全、经济和人文四个方面，合作主体从各成员国官方合作扩展到民间合作与国际组织合作。（3）合作方式更加多元化。不仅双边合作和多边合作，还有大量的项目合作，项目合作部分与整体相结合、集体行动与个别行动相结合等。

三、上海合作组织合作机制的类型和内容

上合组织所覆盖的区域存在多种机制并存的现象，大大小小的合作机制有 20 多个。多种机制共存的现象使各国家相互靠拢，加快交流的频次，扩大了合作的范围，但各国由于民族、宗教及文化等原因彼此又相互排斥、相互竞争。虽然多机制并存导致各机制的合作内容重合，各机制间又存在彼此竞争关系，但多机制并存说明每个机制都有其自身的特点，都能以不同方式满足各成员国的需要。上合组织范围的多边机制按照不同的分类标准也可以分为不同类型。

按照发起人来分，可分为四类：第一类是独联体成员间的区域合作，主要有独联体、集体安全条约组织、欧亚经济共同体等。独联体是俄罗斯主导的区域一体化组织，发展比较缓慢。集体安全条约组织和欧亚经济共同体是机制化程序最高且成绩最多的合作机制，其实现了"统一关税税率表"，在基础设施、标准体系等方面的合作都取得了不错的成绩。[2]第二类是与周边大国建立的区域合作组织，主要有欧安组织、伊斯兰会议组织、上合组织、中

---

[1] 参见中国-上海合作组织环境保护合作中心编著：《上海合作组织成员国环境保护研究》，社会科学文献出版社 2014 年版，第 17-19 页。

[2] 参见吴宏伟主编：《中亚地区发展与国际合作机制》，社会科学文献出版社 2011 年版，第 132 页。

西亚经济合作组织、突厥语国家元首会议、北约"和平伙伴关系计划"、与欧盟的"合作伙伴关系"战略、美国的"大中亚计划"、南亚合作联盟等。这类合作机制都有周边大国参与，几乎都是由大国主导组织的发展，比如突厥语国家元首会议是由土耳其主导的，"和平伙伴关系计划"是由北约主导的，南亚合作联盟由印度主导。各大国为保持对中亚的影响，都提出了诱人的合作条件，维持其在中亚的影响力。同时也体现了中亚国家的"多边平衡外交政策"。第三类是由联合国机构发起的国际合作机制，主要有亚洲开发银行发起的"中亚区域经济合作计划"、联合国开发计划署发起的"丝绸之路项目"和联合国经社理事会发起的"中亚经济专门计划"等。这类组织不涉及政治和安全等敏感话题，主要开展经济和人文领域合作，改善区域经济和环境，消除贫困，促进成员国经济合作与发展。第四类是由中亚国家主导的合作，主要有哈萨克斯坦主导的"亚信会议"等。这类组织主要以维护中亚的稳定和互信、加强国家间的对话与合作为目标，以加强政治方面的合作为主。

按机制的表现形式来分，可分为四类，即国际会议、国际论坛、国际组织和国际协定。国际组织和国际论坛是最常见的国际合作形式，国际协定的拘束力最强，国际会议的机制化程度低，合作程度低。上合组织区域内的绝大部分合作机制都是在国际组织框架内运行或由国际组织主导，只有少数的合作机制采取论坛形式，如"亚信会议"和"突厥语国家元首会议"等。

按合作内容来分，可分为四类：即综合性职能机制、经济合作、安全合作和政治合作。在上合组织区域范围内，由于受到"颜色革命"的威胁，各国把加强政治领域的合作作为首要目标。安全与军事领域合作的目的在于维护区域稳定和成员国的国家安全，近年来非传统安全领域的合作也越来越多，特别是反恐和打击跨国犯罪活动是多个机制合作的重点内容。经济领域的合作也是该地区高度重视的合作内容，不论效率如何，几乎上合组织覆盖范围内所有的多边合作机制都有经济合作内容。人文合作对加强成员国间的了解和互信具有非常重要的意义，近来人文合作交流越来越多，涉及教育、科技、文化、卫生及生态环境保护等多方面内容。在上合组织地区范围内，独联体、上合组织、欧安组织、南亚合作联盟等组织都具有综合性的职能。联合国机构主导的组织一般只具有经济和人文职能。集体安全条约组织、北约"和平伙伴关系计划"等具有安全职能。"亚信会议"以政治职能为主。

上合组织是中国倡导的综合性区域组织，上合组织框架下的环境合作目前是官方合作为主，近年民间环境合作逐渐增多。上合组织框架下环境合作的顶层设计，主要是通过政府磋商谈判，形成政治性比较强的宣言、纲要等软法文件，确立组织环保合作的发展方向。受历史因素和地缘政治的影响，上合组织一直没有就环保合作达成多边协议，属于顶层设计软法文件也不是很多，并且内容都非常笼统和原则，目前上合组织框架下的合作主要是成员国间的双边合作。虽然组织框架下的多边合作规则达成困难，但不表示上合组织没有多边的环保合作。由于成员国已经就开展多边环保合作达成共识，并不断地为之努力，成员国持续开展了政府磋商和民间的专家磋商，尽管还没有达成协议草案，但磋商时讨论的一些合作措施被运用到实践中去，例如上合组织环境信息交换与分享问题经过了长时间的讨论和磋商，一直没有达成实质性协议，最后在中国的大力支持下，上合组织环境信息共享平台上线运行，该平台以成员国环境信息交换和共享为建设目标，其实际上是环保合作谈判推动下诞生的合作载体。

总之，在上合组织地区并存的多边机制范围重叠、职能重叠，由于主导的国家不同，使各机制间存在明显的竞争关系。上合组织要在该地区竞争中取得明显优势，需要中国更好地发挥机制主导国的作用。一般情况下，只要某个大国在合作机制中发挥核心作用、投入多、引导组织的发展方向，合作机制发展得就快一些。当前中国经济正处于上升期，推出的"一带一路"倡议保证了中国在区域内有足够的资金投入，支持上合组织成员及组织自身的发展。中国共产党领导的多党合作制在国家发展方面与西方国家相比，具有明显的优势，近年来中国的软实力不断提高，在发展模式和国家治理领域已形成"中国模式"，在文化方面中华文明从古至今长期处于世界先进行列，值得地区内其他国家学习和模仿。另外，中国是负责任的全球大国，在地区外也具有相当的影响力，有足够的能力与其他区域的主导国竞争。因此，中国应该充分发挥组织主导国家的带头作用，努力建设和完善上合组织的职能、规则和程序，让上合组织在地区事务中发挥更大的作用。

第二节　上海合作组织环保合作的可能性

随着上合组织地区范围环境不断恶化，已威胁到了各国的可持续发展，上合组织地区将环境合作列为合作的重点领域之一。在上合组织区域范围内已存在多环境机制，但效果差强人意，各国合作的动力并不强烈。在上合组织框架下开展高效的环境合作与其他合作机制相比，具有更大的优势。

一、环境资源的稀缺性和脆弱性

环境资源的稀缺性是指，一定社会经济条件下，由于资源量的有限性而使人类不能无限地占有和使用资源。资源稀缺分为绝对稀缺和相对稀缺。绝对稀缺是指，有限的资源与无限的需求之间的矛盾使资源更难以获得，这种稀缺无法调整，导致经济发展停滞。相对稀缺是指，环境恶化和资源消耗使资源开采的成本增加，通过市场、价格等经济手段调整。传统经济学者认为资源的稀缺性不是绝对稀缺，只是相对稀缺，对经济增长持乐观态度。由于世界各国工业经济的迅猛发展，污染了环境，破坏了生态平衡，使环境资源的相对稀缺向绝对稀缺转化，即环境质量恶化呈现不可逆性时，环境资源稀缺就演变成了绝对稀缺。环境为人类的生产和生活提供所必需的原材料和能源，环境还具有吸收、容纳、降解人类在生活和生产过程所排放废物的功能，环境最重要的是为人类提供了维护生存的生态服务功能。事实上，根本性的环境资源稀缺问题在于随着环境资源的不断开发和利用，环境质量持续下降，环境资源的相对稀缺性日益严重，当环境提供的物质资源和能量超过了环境再生能力和容纳的废物超过了其承载力时，环境质量必将下降，如果环境质量长期得不到改善，就会演变为永久的破坏，从而导致对经济持续发展的绝对稀缺性约束，最终破坏经济过程的稳定和人类的福利。[1]

环境脆弱性是环境系统在特定时空尺度相对于外界干扰所具有的敏感反应和自我恢复能力，是自然属性和人类干扰行为共同作用的结果。[2]生态环境的脆弱性既有自然因素，又有人为因素，自然因素包括地质构造、地貌特性、地表组成物质、地域水文特性、生物群体类型以及气候因子。人为因素即人类滥用各种物质和资源，导致资源枯竭、生态破坏、污染物超标排放等，破坏了生态平衡，对环境构成了巨大的压力。[3]在二者之间，人为因素是引

---

〔1〕　参见蔡宁、郭斌：《从环境资源稀缺性到可持续发展：西方环境经济理论的发展变迁》，载《经济科学》1996 年第 6 期。

〔2〕　参见张学玲等：《区域生态环境脆弱性评价方法研究综述》，载《生态学报》2018 年第 16 期。

〔3〕　参见刘克锋、张颖主编：《环境学导论》，中国林业出版社 2012 年版，第 3 页。

发环境脆弱的最主要因素，自然因素只是环境脆弱的潜在因素，如果无人为因素干扰，环境原有平衡不会被破坏。由于环境具有不可逆性，一旦遭到破坏，最多实现局部的恢复，不能彻底回到原来的状态。[1]环境的脆弱性使环境资源的稀缺性进一步增加。

对环境的合理开发利用、科技进步和研发环境友好型替代品能够在一定程度上缓解资源的稀缺性和脆弱性。而人口过度增长、人均消费上升和不合理的开发必将会加剧资源的稀缺性和脆弱性，并对环境造成不可逆的毁坏。上合组织成员国多数国家经济发展水平不高，生态环境整体不佳。中亚国家自然生态系统本身就非常脆弱，气候异常干燥，降雨量极少，水资源和能源分布非常不均衡，农业严重依赖于灌溉，又由于受宗教影响人口增长速度快，不合理的开发和环境治理不力，切尔诺贝利核事故的持续影响，使中亚区域成为全球生态问题突出的地区之一，已严重影响了中亚各国经济与社会的发展。[2]南亚自然生态环境较好，但人口地稠密，是世界人口数量增长速度最快的地区，巨大的人口压力给自然环境造成严重破坏，生态环境变得脆弱。印度和巴基斯坦的环境状况在"环境保护绩效指数"[3]中的排名非常靠后，在180个国家中列在第177名和第169名。[4]不利的自然环境，人口压力和对经济发展的渴望增加了上合组织地区的环境资源的稀缺性和脆弱性，同时也进一步加剧了人类生存与环境资源的有限性之间的矛盾。

面对日益退化的环境，上合组织成员国都很重视生态安全，将其视为新安全观中的一个重要组成部分。[5]由于成员国地理相邻，在环境资源的利用方面存在竞争性，但同时成员国因相毗邻而使环境依存度非常高，一国生态

〔1〕 参见何强等编著：《环境学导论》，清华大学出版社2004年版，第7页。

〔2〕 参见中国-上海合作组织环境保护合作中心编著：《上海合作组织成员国环境保护研究》，社会科学文献出版社2014年版，第70页。

〔3〕 "环境保护绩效指数"（Environmental Performance Index，EPI）是由耶鲁大学环境法律与政策中心、哥伦比亚大学国际地球科学信息网络中心（CIESIN）联合研发，并与世界经济论坛、欧盟委员会联合研究中心合作推出的指标体系。EPI关注于环境可持续性和每个国家的当前环境表现，通过一系列的政策制定和专家认定的表现核心污染和自然资源管理挑战的指标来收集数据，是对国家政策中环保绩效的量化度量。

〔4〕 See Zachary Wendling et al., *2018 Environmental Performance Index*, Yale Center for Environmental Law & Policy, Yale University.

〔5〕 参见余建华等：《上海合作组织非传统安全研究》，上海社会科学院出版社2009年版，第177页。

平衡的打破必然影响到邻国。因此，如何合理地在各国间调配和利用各种环境资源，特别是水资源，是成员国实现国家可持续发展的最大问题。在这种情势下，通过国际环境保护合作协调能源和水资源分配，缓解生态环境退化现象，是各国最理智的选择。

二、成员国间的环境合作促进国家实现可持续发展

影响国家实现可持续发展的因素有很多，从法律层面讨论主要有国家的实体义务和程序义务两方面（参见第一章第四节）。实体上的义务主要有自然资源的可持续利用、环境保护和经济发展的一体化、发展权、代内公平和代际公平、污染者付费原则等具体义务。程序上的义务有公众参与和环境影响评价制度等。[1]无论是实体义务还是程序义务，要真正实现都要求各国真诚合作。

在程序义务方面，公众的参与度取决于各国合作的情况，实现环境资源利用的民主决策需要所有受影响的居民都有机会发表意见，上游国家采取行动也要尊重下游居民的意见，这就需要上游国家给了下游国家居民同等的听证机会。

为实现自然资源的可持续利用，跨国水资源的上游国家和下游国家需要在"公平合理"原则指导下分配水资源，避免竞争性用水，防止破坏水圈循环，进而破坏岩石圈、生物圈和大气圈。在中亚，吉尔吉斯斯坦和塔吉克斯坦的水电潜力约占该区域的绝大部分的水资源。[2]塔吉克斯坦和吉尔吉斯斯坦两国拥有中亚地区地表水资源的2/3，特别是塔吉克斯坦境内集中了中亚地区55.49%的水流量和60%以上的冰川，[3]而土库曼斯坦、哈萨克斯坦和吉尔吉斯斯坦三国是水资源的消费国，但哈萨克斯坦、土库曼斯坦和乌兹别克斯坦的石油和天然气探明储量最大。中亚地区的水资源和能源分布的不均衡性要求中亚各国密切地跨国合作，以确保各国能够公平和可持续地获得水资源

---

〔1〕　参见刘恩媛：《跨境环境损害防治的国际法律问题研究》，知识产权出版社2018年版，第19页。

〔2〕　See Renat Perelet, "Central Asia: Background Paper on Climate Change", Human Development Report 2007/2008, Human Development Report Office Occasional Paper, 2007, p. 2.

〔3〕　参见释冰：《浅析中亚水资源危机与合作——从新现实主义到新自由主义视角的转换》，载《俄罗斯中亚东欧市场》2009年第1期。

和能源，而拒绝合作带来了严重的生态危机和国家争端。苏联解体后，咸海流域由苏联的内湖变成五国共享流域水。由于竞争利用，使咸海流域生态系统遭受极大的危机，而且吉尔吉斯斯坦和乌兹别克斯坦在费尔干纳地区已发生水土争端，吉尔吉斯斯坦和塔吉克斯坦之间产生灌溉水分配冲突，土库曼斯坦和乌兹别克斯坦之间在灌溉水分配和阿姆河三角洲水问题上发生冲突。[1]在南亚，印度和巴基斯坦就印度河水的使用问题一直争执不休，这也是克什米尔争端一直无法解决的原因之一。[2]不断争执的结果并没有解决水资源的分配问题，反正使水争端演变成了水危机，严重威胁水资源的可持续利用。不管对上游国家还是下游国家，实现国际合作是最优的选择。对于国际环保合作来说，通过上合组织制订出来的协调规则，既控制合理利用资源，还安排实现各国优势互补和生态补偿，是实现合作的理想方式。通过国际合作，实现环境资源的合理使用的调配，才能真正实现区域内所有民族的代内公平和代际公平，保证各国合理的发展权和经济发展与环境保护一体化，最终达到实现可持续发展的目标。

三、上海合作组织的环境治理的实践需要合作机制

除俄罗斯外，上合组织成员国都是从农业国向工业国演进的国家。在国家工业化进程中，科学技术被广泛应用，社会财富成倍地增长，同时也带来了人口急剧膨胀、资源枯竭、环境退化等负面影响，环境问题成为威胁成员国安全的必须面对的新问题。成员国对成为工业国家的渴望，引发了酸雨、土地盐碱化、荒漠化、工业污染等众多环境问题，成员国领土毗连，生态环境的改变经常会演变成跨境环境损害，跨境环境损害后果具有长期性、损害范围广泛等特点，例如，中亚国家的荒漠化引起东亚国家沙尘暴天气频发。[3]对于跨境环境损害，来源国与受影响国应该积极开展合作共同应对，特别是长距离大气污染、酸雨、荒漠化等问题需要成员国共同合作应对。

上合组织成员国有共同合作应对区域环境问题的愿望。虽然国际社会处

---

〔1〕 See Sandra Postel, *Dividing the Waters: Food Security, Ecosystem Health and the New Politics of Scarcity*, Worldwatch Inst, 1996, p. 10.

〔2〕 See Uttam Kumar Sinha et al., "Will the Indus Water Treaty Survive?" *Strategic Ananasis*, Vol. 36, No. 5., 2012, pp. 735-752.

〔3〕 参见缑情情等:《中国沙尘暴源区及其治理研究述评》，载《中国沙漠》2012 年第 6 期。

于"分而治之"的无政府状态，但并不等于没有国际秩序，没有国家否认国际秩序的存在，国际秩序建立在各国愿意谈判协商解决的基础之上，即国际秩序建立在国际合作的基础之上。为维护本区域的稳定和秩序，成员国有可能选择以本国利益优先原则，就本区域所面临的共同环境问题领域开展合作，为实现国家的可持续发展履行共同的环境义务。人类对善、美的追求只能在相互合作的社会中进行。为了使相互合作的社会能够存在，就必须保持秩序，就必须约束，抑制那种只顾利益的恶行。法律义务规范为人类社会提供了这种约束、抑制手段。由于这种约束条件的存在，才使人类文明能够形成并不断发展。[1]上合组织为追求健康生态环境，从成立以来一直提倡环境合作，希望能够规范成员国的行为，促进成员国实现可持续发展。影响成员国开展环境合作最大的矛盾是成员国间缺乏信任，环境资源的稀缺性和地缘政治原因引发的成员国对传统安全和非传统安全的担心，使成员国对合作心存疑虑，影响了合作的成效。要实现环境保护的国际合作，成员国必须增强互信，经济发展和交流增加是消除隔阂的有效手段。经济发展和环境保护间的矛盾之所以可以调和，是因为各国在环境保护方面存在着共同的利益，为了子孙后代而保护国家的自然资源似乎要优于某个个人或群体通过开发这些资源而致富的欲望，特别是当保护生态的平衡决定着人类生存之时就更是如此了。[2]人类存在共同利益是各国愿意承担保护环境这一共同责任的根本原因，而成员国间的合作则为履行共同责任的必然结果。为实现这一结果，在环境合作中要关注到各成员国的特别需求，参考北美自由贸易区的做法，允许各国针对自身情况作出保留。环境合作规则是由各国协商制订，其内容必定要反映制定者的意志、利益和要求，具有自益性。环境合作规则是各成员国相互协调一致的产物，每个国家在履行国际义务时也都可以找到自己的利益点，因此，国际环境法具有他益性。这种自益性和他益性的统一就是互益性。[3]自益性与他益性统一是国际环境合作所追求最终目标，只有实现自益性和他益性的统一，才能真正开展国际环境合作。因此，开展国家间的国际环境合作是必要的，且可能的。

---

〔1〕　参见张恒山：《义务先定论》，山东人民出版社1999年版，第25-26页。

〔2〕　参见［美］E·博登海默：《法理学：法律哲学与法律方法》，邓正来译，中国政法大学出版社1999年版，第398-400页。

〔3〕　参见蔡守秋、常纪文主编：《国际环境法学》，法律出版社2004年版，第22页。

上合组织成员国环境合作有其现实的基础，中亚五国和俄罗斯都是能源出口国，中国和印度则是世界上的能源进口大国，能源开发与环境保护紧密交织在一起。中国作为上合组织的主导国有推进在上合组织框架下环境合作合作的意愿，中国致力于提倡绿色发展理念，在"一带一路"倡议中采用信贷、援助等金融杠杆推动采用环境友好型技术和绿色投资，至 2021 年年底，中国进出口银行绿色信贷余额逾 3400 亿元，[1]努力推动共建国家实现经济发展和环境保护一体。上合组织作为"一带一路"依托的国际组织，上合组织成员国由于经济发展水平不高，缺乏改善环境所需要的技术和资金，中国从人类命运共同体的理论出发，愿意让周边国家搭中国发展的便车，并愿意为成员国实现绿色发展提供援助和资金支持，帮助成员国加强能力建设，培训人员，这为上合组织成员国间展环境合作提供了坚实的基础。

第三节　上海合作组织区域内主要多边环保合作机制

随着近年来亚洲经济的持续高速增长，生态环境问题日益突出。上合组织区域横贯欧亚大陆，战略位置十分重要，由于历史、宗教及地缘政治的原因，在该区域内大大小小存在 20 多个国际合作机制，[2]并且有多个国际组织在区域环境保护合作方面发挥着不小的影响，影响了上合组织环境保护合作的进程。

一、联合国"中亚经济专门计划"

联合国中亚经济专门计划（The UN Special Programme for the Economies of Central Asia，以下简称 SPECA）于 1998 年启动，旨在加强中亚的次区域合作，并将其纳入世界经济体系。SPECA 资助的国家有阿塞拜疆、阿富汗、哈萨克斯坦、吉尔吉斯斯坦、塔吉克斯坦、土库曼斯坦和乌兹别克斯坦。联合国欧洲经济委员会和联合国亚洲及太平洋经济社会理事会共同为 SPECA 下的

---

〔1〕　参见人民网：《金融业如何服务绿色发展与乡村振兴？三家银行机构晒出"成绩单"》，载 http://finance.people.com.cn/n1/2022/0107/c1004-32326405.html，最后访问日期：2022 年 5 月 9 日。

〔2〕　参见中国-上海合作组织环境保护合作中心编著：《上海合作组织成员国环境保护研究》，社会科学文献出版社 2014 年版，第 101 页。

活动提供全面支持。该计划为欧经会、亚太经社理事会和中亚各国就地区内外的合作问题及其他问题提供了一个交流的论坛，借助联合国地区委员会的专家，为中亚地区发展提供高水平的政策对话和研究。

SPECA 资助了多个中亚环境保护合作项目，主要集中在能力建设、水资源和能源三个方面。首先，在能力建设方面，SPECA 实行了"跨界环境影响评价：中亚试点项目"（Environmental Impact Assessment in a Transboundary Context：Pilot Project in Central Asia），帮助中亚国家落实环境公约，为解决环境争端搭建平台等。其次，在水资源合作方面，SPECA 建立了中亚水资源信息库（Central Asia Water Information Base）[1]帮助国家与地区实现科学决策，组织水资源会议和论坛，推动中亚各国在水资源领域加强合作，解决水危机。由于中亚地区干旱少雨，农业以灌溉为主，水坝设施在中亚地区非常重要。SPECA 完善了《水利工程安全规则》（Provision of the Safety of Hydrotechical Structures）[2]，制定工程示范法律，提高成员国在该领域的立法水平，促进中亚各国在水坝设施建设方面的国际合作。例如，"中亚水坝安全：区域合作能力建设"（Dam Safety in Central Asia：Capacity Building for Reginal Cooperation）[3]项目改良了灌溉技术，实现节水，减缓咸海萎缩趋势。水质与水污染密切相关，SPECA 还实施了"与中亚水质有关的合作与政策"（Cooperation and Policy Related Water Quality in Central Asia）[4]等项目，涉及共建测量原则、信息交流与联合评估机制、完善政策和法规等。这些项目对中亚地区的水质规则和各国国内立法起到了重要的指引作用，社会效益显著。此外，SPECA 还有针对重要河流保护的项目，如阿姆河管理项目、楚河与塔拉斯河合作项目等。最后，在能源合作方面，SPECA 对中亚各国的能力建设和技术

---

〔1〕　See http://www.cawater-info.net/index_ e.htm, last visited on April 18, 2024.

〔2〕　See " Report of UN Special Programme for the Economies of Central Asia（SPECA）17th session of the SPECA Project Working Group on Water and Energy Resources 5 November 2009, Bishkek, Kyrgyzstan", a-vailable at https://unece.org/fileadmin/DAM/SPECA/documents/we_ and_ environment/rep17thses.pdf, last visited on April 18, 2024.

〔3〕　See "Dam safety in Central Asia：Capacity building for regional cooperation（phase II：2007-2011）Final project report, 31 May 2012", available at https://unece.org/fileadmin/DAM/env/water/damsafety/ DamSafetyFinalReport1206rev.pdf, last visited on April 18, 2024.

〔4〕　See "Terminal Report of The Unda 6th Tranche Project 08/09V 'Water Quality in Central Asia' （2008-2012）", available at https://unece.org/DAM/env/water/npd/ECE_ 08-09V_ UNDA_ Terminal_ Report.pdf, last visited on April 18, 2024.

发展方面都给予了很大的帮助。能源与应对气候变化有着密切的关系，降低对不可再生能源的依赖和可再生能源的推广可以减缓气候变化，而能源又是中亚各国的经济支柱，为此SPECA落实"巴库能源效率与对话倡议""中亚空气质量管理与清洁燃烧技术能力建设""为减缓气候变化扩大能效投入"等多个项目，投资先进的石化燃料技术，开发新能源、提高能效、降低污染排放。

SPECA在中亚的环境合作具有很大的优势：第一，其是由联合国主导的，具有中立性质，不追求在中亚的政治存在，其与所有上合组织成员国都建立了合作关系，都有合作项目，容易被中亚各国所接受。第二，该计划项下的所有项目都有资金保障，通过募捐和引入私人资本等方式，保障了所有项目的顺利实施。第三，SPECA适用了高标准的环境标准和环境条约，有助于国际环境条约在中亚的遵守和执行。SPECA本身没有制订环境标准和环境条约，其都是参照适用联合国欧洲经济委员会制订的五项环境公约，即《远距离越境空气污染公约》、《跨界环境影响评价公约》（《埃斯波公约》）、《工业事故跨界影响公约》、《跨界水道和国际湖泊的保护和利用公约》（《赫尔辛基公约》）和《在环境问题上获得信息、公众参与决策和诉诸法律的公约》（《奥胡斯公约》）。中亚多个国家签署这些公约，提高了中亚各国的环境保护法制水平。

二、亚洲开发银行"中亚区域经济合作机制"框架下的环境保护合作

中亚区域经济合作（Central Asia Regional Economic Cooperation，以下简称CAREC）是1996年由亚洲开发银行发起成立的区域性合作机制，其宗旨是以合作谋发展，通过开展交通、能源、贸易政策、贸易便利化四大重点领域合作，促进成员国经济发展和民生改善。至2019年1月成员国有中国、阿富汗、阿塞拜疆、哈萨克斯坦、吉尔吉斯斯坦、蒙古国、巴基斯坦、塔吉克斯坦、土库曼斯坦、乌兹别克斯坦和格鲁吉亚。亚洲开发银行、世界银行、国际货币基金组织、欧洲复兴开发银行、伊斯兰开发银行、联合国开发计划署六个机构为CAREC提供资金支持。亚洲开发银行作为发起人，保障CAREC的日常工作，CAREC框架内设有部长会、高官会、行业协调委员会、专门工作组四大工作机制，目标是建立成员国政府和相关机构间广泛的对话和共识、

增进成员国以及相关利益者之间的互信、增强对未来发展的信心。

CAREC 并未将环境保护问题列为重点合作领域，CAREC 实行"双轨并进"模式，交通、能源和贸易三个部门是核心合作领域，其他领域则被列入第二层级合作领域，环境保护属于第二层级的合作领域，在不影响交通、贸易和能源等重点领域的合作的情况下，开展改善环境的合作。

CAREC 在环境领域的合作主要包括三部分内容。首先，CAREC 提供贷款和援助时将环境保护列为项目论证的条件之一。CAREC 要求将环境纳入区域经济发展规划中，防止在经济发展的同时破坏生态环境。其次，加强知识管理与信息共享制度建设。提高成员国的环境保护能力，加强对资助项目的环境影响评价、环境政策的制订、环境标准、环境执法与环境检查等；建立环境数据库；帮助成员国提高履行多边环境条约的能力。最后，加强跨国共有环境资源管理的合作。跨国管理的合作包括水资源、能源、灾害管理、土壤修复等方面的合作，帮助缓解中亚成员国的水危机，促进土地的可持续利用。

与 SPECA 计划不同，"中亚区域经济合作机制"不仅限于资助环境项目，其还资助其他机构发起的环境合作，帮助中亚国家加强能力建设，其在公布的工作文件中还披露中亚环境保护合作机制进展情况。例如，从 1994 年开始实施的"区域环境行动计划"（Regional Environment Action Plan，REAP）[1]，亚洲开发银行不仅投入技术和资金支持，还连续发布了多个国家环境报告；2003 年中亚国家环境部部长签订了《中亚国家实施联合国防治荒漠化公约战略合作协议》，该协议一共投资 6 亿美元，亚洲开发银行出资 5 亿美元、全球环境基金出资 1 亿美元；CAREC 通过制订《中亚国家土地管理倡议》，建立一个具备监测和预防能力的早期预警系统，帮助中亚各国全面、综合、协调地应对土壤沙化和土地退化问题，实现土地可持续管理；2006 年的 CAREC 高官会通过的《环境：概念文件》提出，环境恶化将阻碍中亚地区生活水平和健康水平的提高，不利于减贫，是该地区所面临的紧迫问题之一，为深化区域合作，提高地区发展水平，必须开展区域环境合作；2006 年 CAREC 启动了

---

〔1〕 See "Sub-Regional Integrated Environment Assessment: Central Asia", available at https://wedocs. unep. org/bitstream/handle/20. 500. 11822/9850/-Sub-regional_ integrated_ environment_ assessment_ Central_ Asia-2007Sub_ regional_ integrated_ environment_ assessment_ central_ asia. pdf. pdf? sequence = 3, last visited on April 18, 2024.

《中亚国家土地管理倡议》，为期 10 年，以恢复、维护和改善中亚地区土地的生产功能为目标，涉及土地管理、土地退化和沙尘暴等环境问题，发展农村经济，适应气候变化。其他 CAREC 发起的行动还有《中亚和高加索地区灾害风险管理倡议》、《风险评估案头审查》、《俄罗斯水文气象区域评估》〔1〕、《缓解自然灾害对中亚经济造成的负面财政影响》（Mitigating the adverse financial effects of natural hazards on the economies of Central Asia）〔2〕、《完善吉尔吉斯斯坦、塔吉克斯坦、土库曼斯坦的天气和气候服务》［Improving Weather, Climate And Hydrological Services Delivery In Central Asia（Kyrgyz Republic, Republic Of Tajikistan And Turkmenistan）］〔3〕等。

CAREC 与 SPECA 一样是由中立的国际组织主导，有稳定的资金来源，以追求中亚的民生改善为目标，容易被中亚国家接受。CAREC 促进中亚地区的经济发展和环境合作，但是 CAREC 也具有明显的弱点：首先，CAREC 是协商机制，由亚洲开发银行召开各种会议来推进工作，致使 CAREC 的决策力和执行力都相对较弱。其次，CAREC 虽然是由亚洲开发银行主导的，但其运行和决策的投票权是根据出资方股金份额决定的，致使在中亚的项目在很大程度上反映了亚洲开发银行大股东的决策意图。〔4〕最后，环境保护不是 CAREC 的核心领域，其环境合作是在不影响交通、能源、贸易政策、贸易便利等方面合作的前提下开展的，影响了环境合作的效果。

三、独联体框架内的环境保护合作

独联体是独立国家联合体（Commonwealth of Independent States, CIS）的简称，是由苏联大多数共和国组成的多边合作的独立国家联合体。独联体在成立时，除波罗的海三国外，其他 12 个苏联加盟共和国均是独联体正式成员

---

〔1〕 See "Central Asia and Caucasus Disaster Risk Management Initiative（CAC DRMI）Risk Assessment for Central Asia and Caucasus Desk Study Review", available at https://www. unisdr. org/preventionweb/files/11641_ CentralAsiaCaucasusDRManagementInit. pdf, last visited on April 18, 2024.

〔2〕 See https://www. undrr. org/publication/mitigating−adverse−financial−effects−natural−hazards−economies−central−asia, last visited on April 18, 2024.

〔3〕 See https://openknowledge. worldbank. org/server/api/core/bitstreams/fb2a02b6−103b−5228−9070−675dd1a7f131/content, last visited on April 18, 2024.

〔4〕 参见高志刚、韩延玲：《中亚国家区域经济合作模式、机制及其启示》，载《新疆社会科学》2014 年第 4 期。

国。由于各种原因，土库曼斯坦、格鲁吉亚和乌克兰先后退出独联体。目前独联体共有九个成员国，即阿塞拜疆、亚美尼亚、白俄罗斯、吉尔吉斯斯坦、摩尔多瓦、哈萨克斯坦、俄罗斯、乌兹别克斯坦和塔吉克斯坦。

独联体的主要功能是成员国维持苏联时期的各种联系，独联体的组织较为完善，合作领域涉及多个方面。《独联体 2020 年前战略》确定该组织的主要合作方向为七个：一是经济；二是财政金融；三是政治；四是人文社会；五是安全，包括传统安全和非传统安全；六是成员国间的区域和边境合作；七是司法。2008 年独联体首脑会议决定将合作领域重点放在三个方面：经济、安全和人文。环境保护合作被归入到人文合作领域，在独联体框架内有专门负责环境保护的部门——独联体跨国生态委员会。该委员会的职能非常广泛，包括协调成员国在环境保护领域内的合作，协调各国环境法律规范和环境标准，制定区域环境保护合作规划，应对环境灾害，开展科研和培训，交流信息，环境影响评价等。跨国生态委员会下面还有"跨国生态基金"和秘书处"常设协调小组"等机构。但由于缺乏资金，跨国生态基金很少活动，导致成员国环境部部长不愿意参加基金会议。

独联体在环境合作领域的合作非常广泛，早期的合作涉及土壤、矿产、森林、水、大气污染、臭氧层、气候变化、动植物保护、废弃物、紧急救灾、环境影响评价、环境保护法律法规、环境技术标准等各个方面。随着各国发展差距不断加大，环境保护合作领域不断在缩减。近年来确定的环境合作领域主要集中在三个领域：第一，跨境环境污染治理。主要治理对象有跨国河流、大气污染、动植疫病、土壤荒漠化等。第二，协调成员国环境保护法律和环境标准。第三，建立环境保护数据库。

独联体组织结构完备，受苏联法制的影响，通过了多项环境合作的协议。重要的合作协议有：第一，《独联体成员国环境保护合作协议》[1]。该协议最早签订于 1992 年，于 2013 年又进行了修订，是独联体最重要的环境协议。该协议约定成员国将制定和通过相关法律、环境标准和检验指标体系，拟定自然资源清单，实现环境监督检查，完善国家环境管理，保护生物多样性，评估经济社会活动对环境的影响，发展自然保护区，加强在环境教育科研、创

---

[1] 独联体 2013 年 5 月 31 日于明斯克签署。

新等领域的合作。第二，《保护濒危野生动植物红色清单》[1]。该清单于1995年生效，该清单要求各国将需要保护的动植物品种列入"红色清单"，所有成员国通力合作保护。目的是保护独联体范围内的濒危野生动植物资源，保护生物多样性。第三，《在合理利用和保护跨界水体领域相互协作的基本原则》[2]。该原则依据《赫尔辛基公约》制定，旨在保护成员国的跨界水体，防治水治理，维护水利设施，保护水资源的合理利用等。该原则规定，成员国要加强信息交流和通报、水质监控、水量测量等方面的合作，还规定了跨界水体水量分配的基本原则。其他还有《在生态监管和自然环境保护领域的信息合作协议》[3]《生态监管领域合作协议》[4]《生态安全构想》[5]《环境影响评价指南》[6]等10多个环境合作方面的协议、协定和其他规范性文件。

　　独联体的成员国与上合组织的成员国有重合，独联体框架内的环境合作区域立法发展较快，这与独联体独特的历史有很大关系，苏联留下的工业基础，使独联体国家间的经济合作发展较快，进而影响了环境合作的发展进程，但独联体框架内的合作不会影响到上合组织的环境合作。原因主要有：首先，独联体的主导国是俄罗斯，其他成员国都对俄罗斯抱有戒心，维护国家独立是其他成员最关心的问题，担心过于密切的合作会影响成员国的主权和独立，这个问题在今后相当长的时期内是很难解决的。其次，经济合作的发展方向对环境合作的发展有极大的影响，没有迹象显示独联体会向经济一体化方面发展。独联体的经济一体化进程将严重拖累环境合作，许多环境合作都是通过经济合作来实施的，特别是贸易和投资亦是环境合作的重要方式，许多环境激励措施亦是通过市场方式实现的。因此，独联体虽然签署了多个具有法律拘束力的多边环境合作协议，亦有专门的机构负责环境合作事务，但合作

　　〔1〕 该公约由亚美尼亚、俄罗斯、哈萨克斯坦、吉尔吉斯斯坦、塔吉克斯坦于1996年6月23日于明斯克签署。
　　〔2〕 该公约由俄罗斯、白俄罗斯、哈萨克斯坦、塔吉克斯坦于1998年9月11日于莫斯科签署。
　　〔3〕 该公约由俄罗斯、白俄罗斯、摩尔多瓦、亚美尼亚、格鲁吉亚、哈萨克斯坦、吉尔吉斯斯坦、塔吉克斯坦于1998年9月11日于莫斯科签署。
　　〔4〕 该公约由俄罗斯、白俄罗斯、摩尔多瓦、亚美尼亚、格鲁吉亚、哈萨克斯坦、吉尔吉斯斯坦、塔吉克斯坦、乌兹别克斯坦于1999年1月13日于萨拉托夫市签署。俄罗斯、白俄罗斯、亚美尼亚、哈萨克斯坦、吉尔吉斯斯坦2005年6月3日于第比利斯签署修改备忘录。
　　〔5〕 该文件于2008年11月25日于第31届独联体议会联盟会议通过。
　　〔6〕 独联体通过的技术指南。

多停留在纸面上，合作的效果远低于预期。最后，独联国近来虽然发展很快，但依然严重缺乏资金和技术。中亚国家之间解决水资源危机的资金多来自国际组织和独联体外的国家。跨国生态基金由于缺乏资金，参与活动的国家越来越少，到 2015 年委员会只剩下 4 名成员。

四、欧亚经济联盟框架内的环境保护合作

欧亚经济联盟的前身是俄罗斯、白俄罗斯、哈萨克斯坦三国所立的关税联盟，在 2000 年改名为"欧亚经济共同体"，以实现经济一体化为目标。2014 年 5 月 29 日，俄罗斯总统普京、白俄罗斯总统卢卡申科、哈萨克斯坦总统纳扎尔巴耶夫在欧亚经济委员会最高理事会会议会上正式签署《欧亚经济联盟条约》，于 2015 年 1 月 1 日成立欧亚经济联盟。联盟建立的目的是保障商品、服务、资本和劳动力在三国境内自由流通，并推行协调一致的经济政策。亚美尼亚、吉尔吉斯斯坦先后加入欧亚经济联盟，目前共有五个成员国，都是苏联加盟共和国，故欧亚经济联盟属于独联体框架内的经济组织。

环境合作不属于欧亚经济联盟的合作范围，欧亚经济联盟框架内也没有建立起专门的环保合作机制。但其前身，在欧亚经济共同体框架内设有专门的环境部门——环境合作委员会，确定了联盟环境合作的方向，还签署许多环境合作协议，其中最重要的文件是《创新生物技术跨国专项合作纲要》[1]。欧亚经济联盟的环境合作规范继承了欧亚经济共同体的环境合作成果。

欧亚经济联盟成员国都是独联体成员，其环境合作与独联体相比，合作的效果更好些。首先，欧亚经济联盟以经济一体化为发展目标，其在经济方面的紧密合作推动了环境合作。其次，为了更好地推进环境合作，欧亚经济联盟做了资金安排。根据《创新生物技术跨国专项合作纲要》中规定的"2011-2015 落实措施计划"的经费预算是 30 886 亿卢布，由成员国投入，分配比例是俄罗斯、白俄罗斯、哈萨克斯坦各占 30%，塔吉克斯坦和吉尔吉斯斯坦各占 5%。[2]最后，欧亚经济联盟与其他国际组织建立合作关系，如规定成员国的技术和标准与欧盟和发展有机农业国际组织的标准接轨，使其组织

---

〔1〕　欧亚经济共同体政治首脑理事会于 2008 年 7 月通过该文件。

〔2〕　参见中国–上海合作组织环境保护合作中心编著：《上海合作组织区域和国别环境保护研究（2015）》，社会科学文献出版社 2016 年版，第 20 页。

运作具有更强活力。最后，欧亚经济联盟的成员国比独联体成员少，都是非"亲西"的国家，使成员国间更容易减少分歧，达成共识。

欧亚经济联盟的效率更高，为避免产生摩擦，中国与联盟经过谈判，达成合作协议，2015 年习近平主席与俄罗斯总统普京在莫斯科签署《中华人民共和国与俄罗斯联邦关于丝绸之路经济带建设和欧亚经济联盟建设对接合作的联合声明》，2018 年中国商务部国际贸易谈判代表与欧亚经济委员会执委会主席及欧亚经济联盟各成员国代表共同签署了《中华人民共和国与欧亚经济联盟经贸合作协定》。该协定范围涵盖海关合作和贸易便利化、知识产权、部门合作以及政府采购等 13 个章节，包含了电子商务和竞争等新议题。双方同意通过加强合作、信息交换、经验交流等方式，进一步简化通关手续，降低货物贸易成本。[1]中国与欧亚经济联盟的合作有助于推动上合组织内的合作，形成相互促进关系。

五、南亚区域合作联盟和南亚环境合作规划

上合组织扩容后，南亚地区两个最大的国家——印度和巴基斯坦成为上合组织正式成员国。在南亚地区最重要的区域组织是南亚区域合作联盟（South Asian Association For Regional Cooperation，以下简称 SAARC），到目前为止，SAARC 共有 8 个成员国：孟加拉国、不丹、印度、马尔代夫、尼泊尔、巴基斯坦、斯里兰卡、阿富汗；9 个观察员国：中国、日本、韩国、缅甸、美国、欧盟、澳大利亚、伊朗、毛里求斯。SAARC 的宗旨是促进南亚各国人民的福祉并改善其生活质量；加快区域内经济增长、社会进步和文化发展，为每个人提供过上体面生活和实现全部潜能的机会；促进和加强南亚国家集体自力更生；促进相互信任和理解及对彼此问题的了解；促进经济、社会、文化、技术和科学领域的积极合作和相互支持；加强与其他发展中国家合作；在国际场合就共同关心的问题加强合作。

环境合作是 SAARC 重要的合作领域之一。在 SAARC 框架内的环境合作主要有两个合作机制：一是环境部长会议，是高级别的 SAARC 成员环境部

---

〔1〕 参见中华人民共和国商务部网站：《中国与欧亚经济联盟正式签署经贸合作协定》，载 http://www.mofcom.gov.cn/article/ae/ai/201805/20180502745041.shtml，最后访问日期：2019 年 5 月 30 日。

长的定期会晤机制；二是环境技术委员会，是 SAARC 专门的环境合作机构，负责环境、气候变化、森林和自然灾害领域的合作，负责 SAARC 相关协议的落实和执行，并对协议的执行情况进行监督，监督气象和森林两个区域研究中心的建议或提议。SAARC 多年在环境合作领域取得不错的成绩，在 SAARC 框架内已签署与环境合作有关的协议 10 多份，还实行一些环境项目。

SAARC 虽然签署了 10 多份环境协议，但在环境合作方面的效果并不理想。第一，绝大部分都是没有拘束力的宣言、行动计划、声明等，例如《新德里环境宣言》、《南亚区域合作联盟环境行动计划》(SAARC Environment Action Plan)、《延缓气候变化声明》(SAARC Declaration On Climate Change)〔1〕等。这些软法规则规定成员国要以可持续的方法发展经济，加强气候变化知识分享、信息交流及能力建设等具体义务，由于缺乏强制力，这些环境规范性文件的实际效果并不理想。第二，SAARC 框架内签署的具有拘束力的文件又规定得过于原则，如《南亚区域合作联盟环境合作公约》(SAARC Convention on Cooperation on Environment)〔2〕规定的合作内容非常广泛，但缺乏实施机制。SAARC 目前只通过一份有拘束力的协议——《南亚区域合作联盟自然灾害快速响应协议》，规定成员国要将应对自然灾害制度化，笔者在 SAARC 官网上没有查到具体的实施措施和实施情况。第三，SAARC 框架下执行的项目都没有资金安排，而 SAARC 所有成员都是发展国家和最不发达国家，经贸额和投资额在世界经济总额比例非常低，经济发展缓慢，环境技术和资金都非常匮乏，这严重影响该组织内环境合作的开展。〔3〕第四，SAARC 本身的机制设计存在问题，其主要的两个环境合作机制——环境部长会议和技术专门委员会都只具有讨论和论坛性质，并不具有执行力，这导致 SAARC 通过的条约和其他文件都缺乏执行措施。第五，SAARC 不活跃，成立至今一共召开过 18 次峰会，峰会经常因"成员国之间存在争端"被推迟，使其在环境合作方面无法发挥作用。

〔1〕 See "Environment, Natural Disasters & Biotechnology", available at https://www.saarc-sec.org/index.php/areas-of-cooperation/environment-natural-disasters-biotechnology, last visited on April 18, 2024.

〔2〕 See https://www.saarc-sec.org/index.php/resources/agreements-conventions/47-saarc-convention-on-cooperation-on-environment/file, last visited on April 18, 2024.

〔3〕 参见毛雅欣：《南亚区域合作的前景：SAARC 还是 BIMSTEC?》，载《海国图志智库报告》。

南亚环境合作规划（South Asia Co-operative Environment Programme，以下简称SACEP）是南亚第一个政府间环境机制，该机制成立于1982年，目标是致力于促进和支持该地区的环境保护和管理。SACEP的成员包括阿富汗、孟加拉国、不丹、印度、马尔代夫、尼泊尔、巴基斯坦、斯里兰卡8个国家。SACEP的工作目标主要有：促进南亚地区在环境、自然与人类的可持续发展等领域的合作；支持南亚自然资源保护与管理；与各国、区域政府和非政府机构以及相关专家开展密切合作。SACEP的组织分工明确，负责的环境合作领域非常广泛，还规定了资金来源和合作的资助方，通过了一些与环保有关的协议和其他文件，执行了一批环境保护项目。

SACEP机制的有效性和自主性方面要明显优于SAARC。[1]但SACEP依然面临许多问题：首先，SACEP虽然组织结构分工明确，但机构运作效率低下。SACEP的机构分为理事会、咨询委员会、国家联络点、秘书处等。理事会是决策机关，由部长级代表定期举行会议，负责具有战略意义的决策；咨询委员会负责协助理事会决策和战略实施；国家联络点管理单个国家的重点实施方案，并与秘书处合作；秘书处是日常行政机构，负责协助其他机构，还负责其他环境合作机制的日常行政管理。机构设置分工过细，运作的效果欠佳。其次，SACEP缺乏稳定的资金支持。SACEP规定了资金安排，但成员国捐款的积极性不高，资金很难到位；SACEP虽然将多边机构、联合国规划署、联合国开发计划署、国际海事组织、亚洲开发银行和亚太经社理事会及一些双边机构列为资助机构，但这些机构投入的资金亦有限，限制了环境合作的进展。最后，SACEP采取的成员国分别负责某一环境问题的方式合作，[2]致使整体合作缺乏领导。

由于SACEP和SAARC两个机制中，印度和巴基斯坦是上合组织的成员国，其他国家都是"一带一路"的共建国，SACEP和SAARC的环境合作对上合组织的环境合作会虽然产生一定的影响，但不会影响中国在上合组织中

---

　　〔1〕　参见董亮：《试析南亚区域环境合作机制及其有效性》，载《南亚研究》2015年第2期。

　　〔2〕　具体分工：孟加拉国负责淡水资源管理、气候变化；印度负责生物多样性保护、能源与环境、环境立法、教育和培训、垃圾废物管理、气候变化；马尔代夫负责珊瑚岛生态系统管理、旅游业的可持续发展；尼泊尔负责林业管理；巴基斯坦负责空气污染、土地荒漠化、科学技术促进可持续发展议题；斯里兰卡负责可持续农业和土地利用或持续人类居住区的发展议题。参见董亮：《试析南亚区域环境合作机制及其有效性》，载《南亚研究》2015年第2期。

的地位和环境合作工作的推进。

第四节 上海合作组织成员国双边环保合作机制

上合组织成员国间的双边合作与多边合作相比较，双边合作更为活跃。由于各成员国的环境法律水平相差很大，上合组织成员国只有 9 个，多边合作一起处于艰难前行状态，而双边合作针对性强，更容易实现。再加上中国以双边关系大力推进"一带一路"倡议，上合组织所有成员国都是"一带一路"共建国家，使中国与其他成员国的双边合作实现飞跃性发展。

一、上海合作组织成员国环境法律状况

上合组织成员的环境法制相对发展较好，有的成员国从 50 年代开始制订环境保护法律，设立环境保护机构。一般来说，上合组织成员国家环境法的渊源包括国际公约、宪法、环境基本法、环境单行法、环境行政命令、环境标准，以及其他部门法中的环境规范和环境判例等。这些环境方面的相关立法主要集中在三个方面：第一，污染防治法。环境污染问题是最普遍的环境问题，也是民众最关心的环境问题。环境污染包括空气污染、水污染、海洋污染、有毒有害废物污染等多个方面。成员国一般都是针对不同的污染源分别立法。例如，印度分别通过了《印度大气污染防治法》《印度水污染防治法》《印度垃圾管理法》《有害物质处理条例》《化学事故条例》《生物医用废物管理条例》等。[1] 第二，自然资源保护法。生态系统退化问题严重影响了上合组织成员国的生存和发展，良好的生态系统能够提高生产效率、改善生活质量、满足精神追求的物质和能量。因此，各国都分别针对要保护的环境要素分别立法，主要包括大气保护法、水资源保护法、森林资源保护法、草原资源保护法、土地和土壤资源保护法、矿产资源保护法、生物资源保护法和区域生态保护法等。例如，俄罗斯颁布了《俄联邦地下资源法》《俄联邦水法典》《俄联邦土地法典》《俄联邦森林法典》《俄联邦动物资源法》等。[2]

---

〔1〕 参见段帷帷：《印度环境法制发展研究》，载《云南大学学报（法学版）》2016 年第 5 期。
〔2〕 参见苏轶娜、王海平：《俄罗斯自然资源管理体制及其启示》，载《中国国土资源经济》2016年第 5 期。

第三，环境管理法。包括环境行政和司法保护，环境管理涉及环境行政和司法管理。例如，中国通过了《中华人民共和国环境影响评价法》《中华人民共和国环境保护法》《环境影响评价公众参与办法》《规划环境影响评价条例》等。

上合组织成员国虽然都建立了环境保护法律体系，但环境法律的执行状况却很不理想。根据世界正义工程（World Justice Project，WJP）发布的法治指数[1]，上合组织成员国家的法治发展水平相差很大，根据 2017～2018 年的法治指数[2]，上合组织成员国排名都不靠前，上合组织成员中环境法律较发达的国家印度排 62 位、俄罗斯排名 89 位，居中下游。其他国家，哈萨克斯坦排 64 位，吉尔吉斯斯坦排 82 位，乌兹别克斯坦排 91 位，巴基斯坦排在 105 位，塔吉克斯坦没有进入排名。法治指数的排名表明虽然与实际法治水平有一定偏差，但也表明上合组织成员国的法治水平总体不高，环境法制状况亦不容乐观。

环境问题往往是多种因素共同作用的结果，其主因是各成员国家发展不充分。这导致各成员国家都将经济发展放在首要位置，许多国家实行粗放型经济发展模式，环境意识淡漠。同时又由于经济发展水平和技术落后，一些成员国家缺乏足够的资金、能力和技术。另外，在全球产业转移的大背景下，上合组织地区成员国家为发展经济承接了发达国家转移出来的重污染工业，加剧这些国家的环境退化状况。再加上这些国家和地区由于宗教的原因，不实行计划生育，人口增长迅速，导致多数成员国都面临着经济发展和人口过速增长的双重压力，也使该地区的环境承载力面临巨大压力。

二、中国与上海合作组织成员国间的双边合作

在双边合作方面，中国与俄罗斯、哈萨克斯坦[3]、乌兹别克斯坦、塔吉

---

〔1〕 法治指数是国际上判断、衡量一个国家的法治状况及其程度的量化标准和评估体系。WJP 的因子体系分为四级，因子体系由 9 个因子、52 个次级因子、76 个三级因子、14 个四级因子组成。Botero, Juan Carlos & Ponce, Alejandro, "Measuring the Rule of Law".

〔2〕 2017～2018 年报告对 113 个国家的 8 个一级因子和 44 个次级因子进行评估排名。参见 WJP 官网。

〔3〕 参见 2011 年《中华人民共和国政府和哈萨克斯坦共和国政府环境保护合作协定》，载 http://treaty.mfa.gov.cn/Treaty/web/detail1.jsp? objid=1531876982818.

克斯坦、印度、巴基斯坦、伊朗 7 个上合组织成员国与蒙古、阿拉伯埃及共和国〔1〕两个观察员国和伙伴国订立了双边环境合作协议。环境合作的内容主要是信息交流、联合开展科学研究、人员培训、举办研讨会和展览会以及就某一具体问题开展合作等。其中，中俄两国的环境合作是中国与他国环境合作的典范，中国与其他国家的环境合作模式大致相同。中俄两国从 90 年代初就开始环境合作，涉及"跨界自然保护区和生物多样性保护"、"跨界水体水质监测与保护"和"污染防治与环境灾害应急联络"等方面，环境合作已迈向实务和机制化。

（一）　中国与俄罗斯的环境合作

为加强环境合作，中俄总理定期会晤委员会下设环境保护合作分委会，从 2005 年第一次会议开始，每年召开一次会议，讨论两国的环境合作事宜。在定期会晤推动下，两国达成了多项合作协议。在国家层面签署并生效了 8 个双边条约，即《中华人民共和国政府和俄罗斯联邦政府关于保护候鸟及其栖息环境的协定》《中华人民共和国政府和俄罗斯联邦政府关于合理利用和保护跨界水的协定》《中华人民共和国国家环境保护总局与俄罗斯联邦自然资源部关于中俄两国跨界水体水质联合监测的谅解备忘录》《中华人民共和国环境保护部和俄罗斯联邦自然资源与生态部关于建立跨界突发环境事件通报和信息交换机制的备忘录》《中华人民共和国政府和俄罗斯联邦政府关于保护虎的议定书》《中华人民共和国政府与俄罗斯联邦政府关于兴凯湖自然保护区协定》《中华人民共和国政府和俄罗斯联邦政府关于森林防火联防协定》《中华人民共和国政府和俄罗斯联邦政府环境保护合作协定》；〔2〕在地方合作方面，签署了《黑龙江省与犹太自治州环保领域合作意向书》《黑龙江省环境保护厅与阿穆尔州自然资源部友好会谈纪要》《黑龙江省环境保护厅与哈巴罗夫斯克边疆区自然资源部环境保护领域合作意向书》《黑龙江省环境保护厅与滨海边疆区自然资源与环境保护局环保领域合作备忘录》等。〔3〕这些双边环境合作法律文件

---

〔1〕　参见 2012《中华人民共和国环境保护部与阿拉伯埃及共和国环境事务国务部环境合作谅解备忘录》。

〔2〕　参见外交部条约数据库，载 http://treaty. mfa. cn/Treaty/web/index. jsp，最后访问日期：2021 年 2 月 17 日。

〔3〕　参见张力、倪艳芳：《中俄环境保护合作优势及问题分析》，载《环境保护与循环经济》2016 年第 3 期。

涉及中俄两国在界河保护、生物多样性、固体废物、长距离空气污染、环保宣传及环境执法等方面的合作。

界河保护是中俄两国环境合作的重点，中俄两国开展了黑龙江、乌苏里江等界河水体的联合监测合作，还就突发的水体污染事件的应对开展了联合演习。中国政府认真履行合作义务，为改善界河的水质，加大对黑龙江、松花江、乌苏里江、界湖兴凯湖的污染治理，责成黑龙江省政府监控污染，经过努力，松花江、黑龙江等水质整体好转，生态环境日趋改善。中俄两国在努力改善界河水质的同时，还加强了对界河流域生物多样性保护的合作，中俄边境地区已建自然保护区 68 个，以古生物遗迹类型和地质遗迹类型自然保护区为主。目前，中俄两国已经建立了 6 个跨界自然保护区，即兴凯湖—汉卡斯基、三江—大赫黑契尔、八岔岛—巴斯达克、洪河—兴安斯基、三江—博隆斯基、达赉湖—达乌尔斯基自然保护区，现正在积极构建大兴安岭、小兴安岭、三江平原地区跨界自然保护区网络，打造中俄边境生态示范区。[1]此外，中俄两国还与蒙古国于 1994 签订了《中俄蒙关于达乌尔国际自然保护区协议》，三国在蒙古高原东北部共同建设达乌尔国际自然保护区，三国在保护生态物种、科学研究、环保宣传教育及信息交流方面开展密切的合作，[2]并计划以达乌尔国际自然保护区的名义加入联合国人与生物圈计划。[3]

中俄两国还就固体废物处理开展合作，在 2016 年第十一次中俄环保分委会会议上，两国交流了废弃物管理方面的经验做法，同意在该领域加强合作。[4]此后，中俄双方安排了相关企业到对方国家进行考察，交流了双方政府在固体废物和循环经济领域的管理机构运行方式和支持政策、法律、监管手段。近年来，中国企业不断加大对俄固体废物行业投资规模，在废物拆解、回收和处理方面取得不错的成绩，中俄环保分委会第十三次会议肯定了双方在

〔1〕 参见张力、倪艳芳：《中俄环境保护合作优势及问题分析》，载《环境保护与循环经济》2016 年第 3 期。

〔2〕 参见乌力吉等：《蒙古达乌尔草原生态区的现状与保护》，载《中央民族大学学报（自然科学版）》2013 年第 1 期。

〔3〕 参见呼伦贝尔市人民政府：《达乌尔国际保护区中蒙两国保护区举行工作会晤》，载 https://www.hlbe.gov.cn/News/show/151376.html，最后访问日期：2024 年 4 月 14 日。

〔4〕 参见生态环境部网站：《中俄环保分委会第十一次会议召开 陈吉宁率团出席》，载 http://www.gov.cn/xinwen/2016-10/18/content_5120658.htm，最后访问日期：2021 年 2 月 18 日。

固体废物处理方面的合作，并寻求深入推进固体废物处理合作。[1]

在环境能力建设方面，中俄两国加大对环境执法和环保宣传的合作。两国派代表团相互考虑环境监察机构设置、环境监察工作程序等，双方政府就环境监察领域的管理机构运行方式和支持政策、法律、监管手段进行了多次交流，目的是促进双方在环境监察领域中的技术合作。在环保宣传方面，中俄双方都开展了多项活动，组织两国青少年到跨境生态自然保护区体验生活，在中学生当中进行环境教育，并交流环境教育的经验，培育中俄两国边境地区居民的环境保护意识。

总之，中俄两国在环境合作许多方面都取得了不错的成果，尽管还存在一些分歧，比如两国就冬季取暖引起的空气污染问题、工业排放问题等，但由于两国已建立定期会晤机制，合作已呈现出机制运行特点，使两国的环境分歧都属于可控制的分歧，为其他成员国间的合作树立了样本。

（二）中国与哈萨克斯坦的环境合作

由于哈萨克斯坦地处内陆，气候干旱少雨，水资源分布不均匀，与四周的邻国均存在跨界水体联系，有44%的地表水来自邻国，[2]所以非常关注跨界河流的利用和保护问题。哈萨克斯坦与我国共享额尔齐斯河、伊犁河和额敏河，所以两国环境合作的焦点问题是对跨境河流水源的利用和保护问题。

额尔齐斯河、伊犁河和额敏河均由中国流入哈萨克斯坦，哈萨克斯坦是下游国家，对中国上游水资源的用水问题十分敏感。中哈两国都处于经济高速发展期，不论是经济社会发展还是生态环境保护对水资源都有较大的需求。为缓解矛盾，避免纷争，早在20世纪60年代中国与苏联就哈萨克斯坦地区的跨界河流的使用签订了协议，即1965年签署的《霍尔果斯河水资源分配和利用协议》（1975年和1983年对该协议进行了修改和补充）以及1989年签署的《关于跨界河流苏木拜河水资源分配和使用临时协议》，就霍尔果斯河和苏木拜河的水量分配和水质污染问题开展合作。苏联解体后，1992年两国签署《关于在霍尔果斯河共同建设中哈友谊联合引水枢纽的议定书》。1998年，中

---

〔1〕　参见生态环境部网站：《中俄环保分委会第十三次会议召开 李干杰率团出席》，载 http://www. mee. gov. cn/gkml/sthjbgw/qt/201809/t20180922_ 626703. htm，最后访问日期：2019年2月18日。

〔2〕　参见邓铭江：《哈萨克斯坦跨界河流国际合作问题》，载《干旱区地理》2012年第3期。

哈两国成立联合工作委员会，磋商跨界河流开发与保护问题。2001 年签署了《中华人民共和国政府和哈萨克斯坦共和国政府关于利用和保护跨界河流的合作协定》。2005 年签署了《中华人民共和国水利部与哈萨克斯坦共和国农业部关于双方紧急通报跨界河流自然灾害信息的协议》。2006 年签署了《中华人民共和国水利部和哈萨克斯坦共和国环境保护部关于相互交换主要跨界河流边境水文站水文水质资料的协议》和《中华人民共和国水利部和哈萨克斯坦共和国农业部关于开展跨界河流科研合作的协议》。2011 年两国签署了《中华人民共和国政府和哈萨克斯坦共和国政府环境保护合作协定》（以下简称《中哈环保合作协定》）和《中华人民共和国政府和哈萨克斯坦共和国政府跨界河流水质保护协定》（以下简称《水质协定》）。《中哈环保合作协定》将两国的合作从跨界河流合作扩展到其他领域，协议规定两国将在预防和控制大气污染、预防和控制水污染，包括跨界河流水质监测、突发水污染事件信息通报和应急处理；预防、控制固体废物污染并开展治理；危险废物管理，包括防止非法越境转移；预防和控制放射性污染；保护生物多样性；预防生态系统退化和防治沙尘暴；土地资源利用中的环境保护；联合应对环境突发事件；环境监测；共同开展科学研究；协商双方可接受的环境监测的规范、指标和分析方法；促进清洁生产技术的应用及推广；环境科研、教育、培训和宣传；双方同意的其他合作领域。[1]《中哈环保合作协定》还详细规定了双边合作的方式，包括交流信息、交换情报、培训人员、科学合作和项目合作等多种方式。

为加强双边合作，根据《中哈环保合作协定》的规定，两国设立了中哈环保合作委员会（中哈环委会），环委会下设两个工作组（跨界河流水质监测与分析评估工作组和跨界河流突发事件应急与污染防治工作组）。环委会每年召开一次会议，工作重点主要有三个方面：一是共同构建和完善环委会这个重要的环保合作平台，在其框架下务实合作，推进《水质协定》和《中哈环保合作协定》的顺利实施，为两国全面战略伙伴关系的进一步发展作出贡献；二是不断加强两国在环保法律法规、政策和技术等领域的学术交流与合作，采用多种形式有针对性地联合开展环保科研活动，为不断深化两国环保合作奠定科学基础；三是不断推进两国边境地区在环保领域尤其是跨界水质监测、突发

---

〔1〕 参见《中华人民共和国政府和哈萨克斯坦共和国政府环境保护合作协定》第 2 条。

污染事件应急处理领域的合作，使环委会的合作成果惠及两国边境地区。[1]

中哈两国的环境合作起步较晚，存在一些问题。首先，虽然两国就跨界河流合作签订了多项协议，但两国并未建立"综合流域管理机制"，仅就几个关切的问题作出规定。其次，两国跨界河流协议没有建立"利益均衡的水资源利用合作机制"，[2]中国作为上游国兴建水利设施为下游的哈萨克斯坦输送水源，[3]但哈萨克斯坦并未对中国做出补偿，这种安排是建立在中国无私奉献的基础上，不符合市场规律。最后，未建立争端解决机制。两国间所签订的协议没有争端解决条款，也没有建立跨境环境影响评价机制，影响两国环境合作的进一步发展。但从总体上讲，中哈两国的环境合作发展趋势向好，哈萨克斯坦富有能源，与中国的经济可实现优势互补，在"一带一路"倡议的影响下，两国间的合作会进一步加强。

（三）中国与印度的环境合作

中国和印度都是"基础四国"和"金砖国家"的成员，印度也是"一带一路"倡议重要的合作对象。中国非常重视和印度的合作，中印两国的经贸投资合作发展迅速，从 2015 年起中国成为印度第一大贸易伙伴。随着两国经贸的发展，两国也开展了环境领域的合作。中印两国在大气、水、土壤、生物多样性保护诸多环境问题上相似度很高，由于近年来两国经济都是高速增长，使两国面临着相似的环境问题，在国际环境条约谈判中立场也非常相近，均是代表广大发展中国家的利益，共同应对来自发达国家的压力。[4]因此，中印两国都要加强环境合作的意愿和基础。

中印两国在 1993 年签署了《中华人民共和国政府和印度共和国政府环境合作协定》（以下简称《中印环境合作协定》），这是指导中印环境保护合作的纲领性文件。该协定规定两国在广泛的领域开展环境合作，包括全球环境问题（包括生物多样性保护，全球气候变化及臭氧层保护）、废物管理、环境

---

〔1〕 参见中央政府门户网站：《中国—哈萨克斯坦环保合作委员会第一次会议举行》，载 http：//www. gov. cn/gzdt/2011-09/30/content_ 1960866. htm，最后访问日期：2019 年 2 月 19 日。

〔2〕 邵莉莉：《中哈跨界水资源开发利用的国际环境法规制》，载《中共济南市委党校学报》2016 年第 4 期。

〔3〕 参见刘诗平：《中哈苏木拜河联合引水工程改造竣工》，载 https：//www. yidaiyilu. gov. cn/xwzx/hwxw/86197. htm，最后访问日期：2019 年 5 月 19 日。

〔4〕 参见温源远等：《中印环保合作基础及政策建议分析》，载《环境保护》2016 年第 13 期。

污染控制（重点在清洁技术、水质保护、大气质量保护、包装、固体废物回收利用、有害废物问题，以及应急响应）、环境影响评价程序和经验、环境保护产品的质量控制和管理、公众环境意识和教育、野生生物保护（特别是防止濒危物种的贸易）、环境保护立法和执法及双方同意的其他领域。之后，中印还签订《中华人民共和国政府和印度共和国政府关于保护虎的议定书》、2002 年的《中华人民共和国水利部与印度共和国水利部关于中方向印方提供雅鲁藏布江—布拉马普特拉河汛期水文资料的谅解备忘录》、2008 年的《中华人民共和国水利部与印度共和国水利部关于中方向印方提供雅鲁藏布江—布拉马普特拉河汛期水文资料的谅解备忘录》《中华人民共和国政府和印度共和国政府关于应对气候变化合作的协定》等四个双边环境条约。根据这些协议，中印两国的合作主要集中在两个方面：一是跨界水资源利用方面的合作（数据共享、防灾减灾）；二是应对气候变化方面的合作。两国建立了应对气候变化伙伴关系，加强在减缓、适应和能力建设方面的交流合作，并建立了应对气候变化工作组，定期举行工作会议。

此外，两国在海洋保护方面也建立了合作关系。印度地处印度洋中心位置，战略地位十分重要，随着中国经济的发展，南海和印度洋是中国的海上生命线，因此，中印两国的海洋合作是处理中印关系中居核心地位的问题。为加强沟通与合作，中国国家海洋局和印度海洋开发部签署了《中华人民共和国国家海洋局与印度共和国政府海洋开发部海洋科技领域合作谅解备忘录》，该文件为中印两国开展海洋环境保护及其他海洋科技领域的合作奠定了基础。[1]

尽管中印已建立了环境合作机制，但环境合作开展依然不是很好。首先，两国签署的协议中实质内容明显不足。例如，中印两国在 2006 年发表的《中印联合宣言》探讨的是两国未来在环境合作的意向，其后在 2007 年和 2010 年建立了中印战略对话和战略经济对话机制，[2]并在这两个机制下设立了环境工作组，但这些机制并无实质性合作内容。《中印环境合作协定》规定了五年的有效期限，五年期满后，两国并未续签或重签合作协定。虽然协定规定：

---

〔1〕 参见王彬：《试论中印环境合作问题》，载《商丘师范学院学报》2008 年第 4 期。

〔2〕 参见 2006 年《中印联合宣言》第 9 条；2010 年《中华人民共和国和印度共和国联合公报》第 6 条。

"协定可在一方向另一方提出书面通知后六个月终止……根据本协定所开展的具体工作或作出的安排，如在协定终止时尚未完成，其有效性或期限不应受协定终止的影响，"[1]但该协议的有效性还是受到了质疑。其次，现有的环境合作重点关注能源合作，环保部门参与的环境合作较少，如参与中印战略经济对话项下的环保分组活动的中方机构是商务部和国家能源局，环境部没有参与该项工作。[2]最后，中印两国的环境合作仍然只是对话机制，主要是在中央政府层面的交流与对话，并没有深层次的环境合作项目，环境尚未形成机制化运行。因此，两国间还需要进一步加强沟通与相信，发展合作关系。

（四）中国与其他成员间的环境合作

中国与其他成员间的环境合作都没有形成机制化运行，只开展了一些环境合作。中国与巴基斯坦虽然在 1996 年就签署了《中华人民共和国环境保护部和巴基斯坦伊斯兰共和国环境委员会环境保护合作协定》，2008 年又签署了《中华人民共和国环境保护部和巴基斯坦伊斯兰共和国环境部环境保护合作协定》，但两国并没有按照合作协定开展全面的环境合作，两国的环境合作主要集中在核领域。两国于 1986 年签署了《中华人民共和国政府和巴基斯坦伊斯兰共和国政府和平利用核能合作协定》，两国在核领域开展了密切合作，中巴两国还建立了中巴核安全合作指导委员会，加强两国核安全监管当局的合作与交流，并取得丰硕成果。[3]

中国与乌兹别克斯坦于 1997 签署了《中华人民共和国政府与乌兹别克斯坦共和国政府环境保护合作协定》，两国表示在平等互利的基础上开展环境保护和合理利用自然资源的双边合作。两国于 2007 年签署了《环境保护合作谅解备忘录》，该备忘录中列举双边合作的领域。

中国与吉尔吉斯斯坦没有订立双边环境合作协定，两国仅在 1996 年签订了《中国气象局与吉尔吉斯共和国紧急情况部关于风云气象卫星服务的合作协议》，中国承诺向吉尔吉斯斯坦赠送气象设备和风云卫星接收系统，帮助吉尔吉斯斯坦开展气象监测、环境监测、灾害评估等 。目前，中国与吉尔吉斯

---

〔1〕 参见《中华人民共和国政府和印度共和国政府环境合作协定》第 10 条。

〔2〕 参见温源远等：《中印环保合作基础及政策建议分析》，载《环境保护》2016 年第 13 期。

〔3〕 参见中国-上海合作组织环境保护合作中心编著：《上海合作组织区域和国别环境保护研究（2015）》，社会科学文献出版社 2016 年版，第 153 页。

斯坦的官方环保合作主要是依托中国-上海合作组织环境保护合作中心，在上合组织、亚洲相互协作与信任措施会议、欧亚经济论坛等多边框架下开展。其中合作领域包括：在环保政策上加强沟通，通过各种研讨活动，交流各自环保法律法规、政策和措施，增进相互了解；开展联合研究，双方专家共同对吉尔吉斯斯坦绿色经济发展、固废处理情况等进行调查，联合申请合作项目等；推进环保能力建设和人员交流，对吉尔吉斯斯坦环保官员和专家进行专题培训，实施"绿色丝路使者计划"。[1]

中国与塔吉克斯坦于 1996 年签订了《中华人民共和国政府和塔吉克斯坦共和国政府环境保护合作协定》，表示双方愿意加强在环境保护领域的合作。在 2007 年签署了《中华人民共和国和塔吉克斯坦共和国睦邻友好合作条约》中明确规定，双方将在保护和改善环境、防止污染、合理利用水资源和其他资源等领域开展合作，共同努力保护边境地区的稀有动、植物和自然生态系统，在缔约境内开展预警、紧急救助及减灾合作。

中国与这四个国家的合作仅停留在浅层次的合作，实质的合作很少，缺乏有效的运行机制，也没有成立专门的协调机构。合作的领域较为单一，中国与巴基斯坦之前就只在核安全领域，近年来开始在地质和环境灾害等方面开展合作；[2]与中亚国家的合作主要集中在跨界水资源和气象合作方面。

三、中亚国家的双边合作

中亚国家由于历史的原因，相互之间的双边合作较多，且都将与俄罗斯合作置于最优先的地位，[3]其与欧洲、亚洲的重要地区国家都开展了双边合作。

（一）哈萨克斯坦的双边合作机制

哈萨克斯坦重视与中国的双边合作，但哈萨克斯坦认为与俄罗斯的关系

---

〔1〕 参见李菲等：《吉尔吉斯斯坦让环境资源利用方式更合理》，载 http://www.banyuetan.org/chcontent/zc/dc/2018126/244733.shtml，最后访问日期：2024 年 4 月 14 日。

〔2〕 参见姚文光等：《中国地质调查与巴基斯坦地质合作的进展》，载《矿床地质》2014 年第 S1 期。

〔3〕 参见吴宏伟主编：《中亚地区发展与国际合作机制》，社会科学文献出版社 2011 年版，第 208-267 页。

是"最主要的""战略性的",哈萨克斯坦与俄罗斯在政治、安全、军事、经济、文化等领域签署了大量的合作协定和协议文件。[1]哈萨克斯坦与俄罗斯毗邻,有7500公里的边界线,共享70多条河流和湖泊,其中较大的跨界河流有6条,即乌拉尔河、伊希姆河、托博尔河、额尔齐斯河、大乌津河、小乌津河。[2]俄哈两国就跨界河流的利用、管理与保护开展了多项合作,取得良好的进展。为共同管理跨界河流,俄哈两国于1992年签署了《共同利用和保护跨界水资源协议》,该协议与《中华人民共和国政府和哈萨克斯坦共和国政府关于利用和保护跨界河流的合作协定》相比,内容更加具体。该协议的主要内容是:缔约双方承认对跨界河流的共同所有权和跨界水域水资源的统一性,缔约双方拥有相同的使用权,并共同负责水资源的合理利用和保护;各缔约方采取必要措施,保护和维持跨界水域不受污染,制止任何导致跨界水体在边境地区取水量发生变化的行动,禁止可能损害另一方利益的污染物排放。缔约双方一致认为跨界流域水体水资源管理和保护工程可能对跨界水域有影响,为共同利用和保护跨界水域,缔约双方在平等条件下建立一个联合委员会,由哈萨克斯坦国家水资源委员会主席和俄罗斯自然资源与环境部的水资源委员会主席负责。联合委员会应每年轮流在缔约方举行至少一次会议,其主要工作是:对边境地区的取水量进行监测,合理利用水资源,并防止跨界水域被污染;定期进行跨界域的水资源管理和保护项目;共同研究并开展跨界水资源的合理利用与保护,开展流域水资源管理工作;制定法律文件以管理跨界水资源在国家间的使用和满足对水质的需求;防洪和防冰措施的协调。联合委员会作出的涉及水资源的分配、合理利用和保护的决定,在执行过程中对缔约双方经济部门的各种水消费具有约束力。[3]俄哈两国还就每条重要的跨界河流的利用与保护问题分别签署了协议,主要包括乌拉尔河、托博尔河、伊希姆河等,并成立了相应的联合工作组。

---

〔1〕 参见吴宏伟主编:《中亚地区发展与国际合作机制》,社会科学文献出版社2011年版,第208页。

〔2〕 参见中国-上海合作组织环境保护合作中心编著:《上海合作组织成员国环境保护研究》,社会科学文献出版社2014年版,第266页。

〔3〕 参见中国-上海合作组织环境保护合作中心编著:《上海合作组织成员国环境保护研究》,社会科学文献出版社2014年版,第267页。

（二）其他中亚国家的双边合作

吉尔吉斯斯坦富有水资源，围绕改善供水，吉尔吉斯斯坦与中国、俄罗斯及联合国、欧洲复兴开发银行开展了多项合作。吉尔吉斯斯坦与俄罗斯共同修建和运营了多家水电站和热电站。例如，在纳伦河上修建梯级水电站等。欧洲复兴开发银行在吉国投资帮助吉国改善饮用水的质量。联合国开发计划署帮助吉国建立自然灾害风险管理体制，通过投资减灾项目，增加吉国抵御危机的能力。

乌兹别克斯坦、土库曼斯坦和塔吉克斯坦的双边环境合作主要是与中国及其他中亚国家开展，同时还与联合国、欧洲复兴开行银行、世界银行等国际组织开展合作。

（三）中亚五国间的环境合作合作

土壤污染和水资源危机严重困扰着中亚国家，因此中亚国家间的环境合作主要围绕这两个内容开展。乌兹别克斯坦与其他中亚四国及 10 余家机构启动了一个防治土地退化项目，即《中亚国家土地管理倡议》。该项目的目的是扭转中亚五国土地退化的趋势，恢复、保持、提高已退化土地的生产力，实现土地的可持续发展。

由于中亚五国都曾经是苏联的加盟共和国，有多条共享的河流和湖泊，中亚五国先后就跨界水的保护与利用签署了多项协议，如 1991 年五国签署了《关于在共同管理并保护跨界水资源合作领域的协议》，同意执行苏联时期的分水协议，是中亚国家水资源利用与合作的开端；1992 年五国签署了《关于在共同管理与保护跨境水资源领域合作的协议》（《阿拉木图协议》），成立了中亚国家间水资源管理协调委员会（ICWC），还成立了两个流域水管理协会，建立科学信息中心（SIC），监测区域水量；1999 年哈、吉、塔、乌四国签署了《关于水文气象领域合作的协议》，就锡尔河流水文、气象监测和数据共享开展合作。咸海流域是中亚最重要的水源，由于不断的过量取水使咸海流域面临非常严重的生态危机。中亚五国为咸海保护与利用，早就于 1995 年签署了《中亚五国元首关于咸海流域问题跨国委员会执委会实施未来 3-5 年改善咸海流域生态状况兼顾地区社会经济发展的行动计划的决议》，制定了改善咸海流域生态的相关政策和行动计划，但执行效果不佳。面对日益恶化的咸海流域生态环境，1997 年五国通过了《阿拉木图宣言》，将 IFAS 和 ICWC

合并，成立新了拯救咸海国际基金会（IFAS）负责统一管理咸海流域的水资源，在 1999 年五国签署的《关于认可拯救咸海国际基金会及其组织地位的协议》正式认可了该基金会的国际组织地位。

四、南亚国家的双边合作

南亚国家中的印度和巴基斯坦由于历史、宗教等原因导致两国既有合作也有冲突，由于两国都位于南亚次大陆，共享印度河、奇纳布河、杰卢姆河，迫使两国不得不开展双边合作。

印度与巴基斯坦环境问题的焦点是印度河水的分配问题。从地理位置来看，巴基斯坦水源主要是克什米尔山泉水和印度河水系，而克什米尔山泉水和印度河的大五支流的源头几乎全部在被印度控制的克什米尔境内。印巴分治时，英国将印度河流域的灌溉系统不合理地割裂开来，将印度河流域上游地区及马多普尔和费罗兹普尔两个常年有水的水利节制工程划归印度，下游地区及其余灌溉系统划归巴基斯坦，但下游地区的灌溉水源来自克什米尔及印度的旁遮普邦和喜马偕尔邦。这导致印巴两国就印度河河水使用争端不断。印巴两国在 1948 年 5 月就印度河水的使用签订了一个临时协定，印度保证不中断对巴方的供水，但要求巴方限期开发新的水源，同时巴方承诺承担印度马多普尔水利工程的维护费用并尽量地寻找其他水源。但该协议并没有真正解决印巴两国的争议，直到在美国的提议下，世界银行出面对印巴的水争端进行调解，最终于 1960 印巴两国签订了《印度河河水条约》，该条约对印巴两国间最重要的共享水资源进行了分配，将印度河流域西部的 3 条河流（印度河、杰卢姆河和奇纳布河）的水量除克什米尔利用小部分外，其他全部划归巴基斯坦使用；东部 3 条河（拉维河、贝阿斯河和苏特莱杰河）的河水全部划归印度使用。在实施该建议的过渡时期内，巴方应修筑水利工程以形成自己完整的灌溉系统。据此，印度获得印度河流域全部水量的 20%，巴基斯坦获得 80% 的水量。

在该协议签署后的很长一段时间内，印巴双方的矛盾得以缓解。[1]但随着人口的增加和经济的发展，印度利用是上游国家的优势，先后在两国共享

---

〔1〕　参见中国-上海合作组织环境保护合作中心编著：《上海合作组织区域和国别环境保护研究（2015）》，社会科学文献出版社 2016 年版，第 120 页。

的河流上游支流修建了多个水坝，使两国矛盾迅速激化，特别是在印度决定在印度河五大支流之一的杰纳布河上修建巴格里哈水电站后，引发巴基斯坦强烈抗议，巴方认为该水电站将使下游水位下降，严重影响了巴基斯坦的农业灌溉。但印度表示，印度修建大坝不会用掉河水，也不会减少流入巴基斯坦的流通量。但根据巴基斯坦水资源研究委员会（PCRWR）最新的报告，巴基斯坦的印度河水量逐年减少，再加上气候变化及水资源浪费等原因，使巴基斯坦面临着严重的水危机。[1]为解决印巴水争端，印-巴印度河常设委员会（Permanent Indus Commission，PIC）多次对话，印度立场强硬，甚至拒绝参加争端调解会议。[2]特别是近两年，印巴就克什米尔问题冲突再起，对巴方特别重要的水源地克什米尔在印度的控制之下，印度利用地理优势，不断压迫巴基斯坦。印度能源部长甚至表示要建水坝，阻止印度河上游东边3条河流的水流向巴基斯坦。[3]促使两国争端不断升级，《印度河河水条约》的效力受到严重挑战。

印度在印巴合作方面的表现体现其在环保合作方面的一贯作风，印度与孟加拉国就恒河、布拉马普特拉河和梅格纳河的使用争端方面也是利用地理优势，修坝截留河水，对下游孟加拉国的抗议不予理睬。因此，印度是上合组织内环保中的不稳定因素，其所推行的极度利己的政策影响了国际环境合作的开展。

---

〔1〕 参见《2025年：巴基斯坦将面临严重的水资源危机》，载 https://www.sohu.com/a/198687 411_619324，最后访问日期：2019年8月9日。

〔2〕 参见尹伊雯、谭利娅：《印巴再因印度河水问题起争端 印度拒绝参加调解会议》，载 http://world.huanqiu.com/exclusive/2017-03/10362095.html？agt=15438，最后访问日期：2019年8月9日。

〔3〕 参见徐蕾：《印度又扬言要切巴基斯坦水源，这项中国援巴工程早料到了》，载 https://www.guancha.cn/internation/2019_02_22_491063.shtml，最后访问日期：2019年8月9日。

上海合作组织环境合作形势

上合组织成员国都是发展中国家，经济发展问题是上合组织成员国的头等大事。由于不合理的经济开发，导致上合组织地区成为世界上环境恶化最严重的地区。[1]成员国都比较重视环境与生态问题，也采取措施与周边国家进行合作，取得了一些局部性的改善环境的成果。

上合组织成员国受自然条件影响，环境保护关切点存在差异性，导致成员国对环境合作立场存在冲突。上合组织区域内的环境合作机制受政治、非传统安全、宗教以及传统文化等因素影响，区域内有运行效果较好的环境治理机制，推行"去中心化""民主管理"等措施的"民主善治"的治理模式，只发挥了暂时缓和成员国间冲突的作用，并没有解决成员国间的环境冲突。上合组织受自己机制的限制，在上合组织地区环境治理方面表现欠佳。总的来说，上合组织还仅仅只是一个将环境保护问题纳入其经济合作之中予以协调而未能单独给予其重要地位的区域性组织。[2]

第一节　上海合作组织成员国环境关注和立场

上合组织成员国，尤其是处于中亚地区的国家，多年来持续遭受重大生态灾难、环境退化和自然资源短缺等环境问题，进而由这些环境问题引发了众多社会和经济动荡。生态恶化和资源安全已经逐渐成为上合组织地区国家

---

〔1〕　参见中国–上海合作组织环境保护合作中心编著：《上海合作组织成员国环境保护研究》，社会科学文献出版社 2014 年版，第 70 页。

〔2〕　参见秦鹏：《上海合作组织区域环境保护合作机制的构建》，载《新疆大学学报（哲学·人文社会科学版）》2008 年第 1 期。

间冲突的主要原因，有时甚至会直接爆发武力冲突，[1]加剧了成员国内的政治和社会危机。上合组织在这种背景下逐渐增加对环境问题的重视程度，不断扩大环境合作范围，尽管上合组织成员国重点关注的环境问题并不相同，但由于全球生态是一个大的循环系统，同一个地区国家间的生态环境相互影响更为明显，因此上合组织成员国面临着许多相同的环境问题。

一、成员国家环境关注

（一）水资源短缺

上合组织成员国都是新兴国家，除俄罗斯拥有较为丰富的水资源外，其他成员国都面临着水资源短缺的问题。中国与印度是世界上最大的两个发展中国家，两国虽然水资源较为丰富，但由于人口基数巨大，以及高速的经济发展对水资源的需求越来越大，两国的水资源都处于短缺状态。中国的人均水资源只有世界人均水资源的 1/4 不到，为了满足对水资源的需要，我国水资源的开发利用率已达 19% 以上，接近世界平均水平的 3 倍，在松海黄淮地区早在 1995 年就已经超过了 50%，过度的开发，使我国生态环境退化、湖泊萎缩、地面沉降、水质变差。[2]印度的水资源情况比中国还要紧迫，其人均水资源占有仅为世界人均水资源的 1/10，其农业用水主要依赖于开采地下水，印度由于人口的压力，不断地扩大灌溉土地面积，破坏了森林植被，加剧了地下水的污染和短缺，印度地下水平均开采水平已达 53.2%，个别地区已经超过 90%。[3]印度河和恒河是印度最大的两条地表水，印度河也是巴基斯坦主要水源，巴基斯坦是世界上最干旱的国家之一，人均水资源占有仅为世界人均占有水资源的 1/12，由于降水稀少，水源主要是依赖印度河和地下水，巴基斯坦的可再生水资源的利用率高达 74%，而国际可再生水资源的

---

〔1〕 水资源争夺是印巴克什米尔冲突持续不断的主要原因之一。参见《印巴水资源之争——克什米尔硬币的另一面!》，载 http://www.360doc.com/content/19/1127/10/39775923_ 875758112. shtml，最后访问日期：2024 年 4 月 16 日。

〔2〕 参见张利平等：《中国水资源状况与水资源安全问题分析》，载《长江流域资源与环境》2009 年第 2 期。

〔3〕 参见钟华平等：《印度水资源及其开发利用情况分析》，载《南水北调与水利科技》2011 年第 1 期。

利用率警戒线为25%，由此可以看出巴基斯坦水资源短缺已达到非常严重的地步。[1]正是由于印巴两国都极度缺水，使印巴两国水争端由来已久，没有解决的迹象，反而越演越烈。[2]中亚五国干旱少雨，地表水分布极不均匀，塔吉克斯坦和吉尔吉斯斯坦拥有中亚近60%的地表水，其他三国占中亚地表水的大约40%。由于地理因素的影响，中亚的淡水多是难以开采的高山冰川和深层地下水，使地表水成为主要的水资源，再加上中亚地区的河流多为跨国河流，各国竞争用水的结果，导致咸海正在逐渐消失。中亚水危机引发中亚各国间的冲突，成为中亚五国间最重要的政治议题。水资源短缺和过度开发水资源已经使成员国的生态环境持续恶化，已影响到成员国的环境安全。

上合组织成员国都对水资源问题表现出极大的关注，特别是中亚与印巴的水危机还引起国际社会的极大关注，上合组织成员国和国际社会都开展了大量的工作，虽然没有解决根本问题，但是在开源节流、加强水资源管理、加强跨境水资源管理合作等方面取得一定的进展，并开展了大量的双边、多边的国际合作。[3]

（二）土地荒漠化

中亚五国、巴基斯坦、印度都面临着严重土地荒漠化问题，治理土地退化也是上合组织成员国共同关注的问题。中亚地区荒漠现象非常严重，中亚五国只有20%的土地处于非荒漠化状态，荒漠化面积达80%，其中重度荒漠化面积占比40%，轻荒漠化面积占约5%。具体分布情况：乌兹别克斯坦与土库曼斯坦、哈萨克斯坦南部荒漠化最为严重，哈萨克斯坦北部及塔吉克斯坦、吉尔吉斯斯坦荒漠化水平较低。[4]中亚国家积极参与相关机制和建立伙伴关系，制定并实施自然资源可持续管理的国家政策，开展意识教育活动，建立荒

---

〔1〕　参见罗怿：《阿富汗-巴基斯坦水资源争端及其对地区安全的影响》，载《南亚研究季刊》2019年第1期。

〔2〕　参见吴波、刘红良：《印巴水资源纠纷问题探析》，载《东南亚南亚研究》2017年第4期。

〔3〕　参见中国-上海合作组织环境保护合作中心编著：《上海合作组织成员国环境保护研究》，社会科学文献出版社2014年版，第93页。

〔4〕　参见陈文倩等：《基于DPM-SPOT的2000—2015年中亚荒漠化变化分析》，载《干旱区地理》2018年第1期。

漠化监控和预警机制等。[1]巴基斯坦由于降雨稀少，农业都以灌溉为主，造成 76%的土地受到风蚀和水蚀的影响，造成水土流失非常严重，全国 90%的土地易于生态退化。[2]为治理土地退化现状，巴基斯坦加入了联合国开发计划署的"可持续土地治理项目"（Sustainable Land Management to Combat Desertification in Pakistan，SLMP），以减少或减轻土地退化和荒漠化。[3]印度大约有 1/3 的土地正在退化，70%的区域受到退化的影响，导致印度人均可用耕地几十年来一直在下降。印度为治理土地退化，建立了国家级的荒漠化防治机构、人才培训机构和技术推广机构，健全土地使用政策和监督机制，建立土地荒漠化监测预警机制，开展国际合作等。[4]中国也是世界上荒漠化严重的国家之一，中国为治理荒漠化多措施并举，例如著名的"三北防护林"对减少和降低荒漠化程度发挥了非常重要的作用，在中国的努力下，中国荒漠化土地面积有所减少，其中轻度、极重度荒漠化面积都有所减少，但中度和重度荒漠化面积分别有所增加。地理学者认为中国荒漠化土地面积的变化是由于人为因素和自然因素双重作用的结果，其中自然因素是主要驱动力。[5]环境是全球循环系统，中国一国的人为努力虽然能够发挥一定的作用，如无其他国家的共同努力，改善的效果就不明显。同样，俄罗斯虽然拥有广阔和森林覆盖面积，近年也在一些南方重要的粮食产区的耕地和牧场出现了荒漠化现象，[6]证明了环境治理需要全球努力，任何国家都不能独善其身。

（三）生物多样性丧失

由于森林大幅减少和土地荒漠化问题日益严重，已严重影响了物种的生存，地球的物种正以越来越快的速度灭绝，19 世纪 1 年灭绝 1 种，20 世纪中

---

〔1〕 参见中国-上海合作组织环境保护合作中心编著：《上海合作组织区域和国别环境保护研究（2015）》，社会科学文献出版社 2016 年版，第 146 页。

〔2〕 参见张康生：《巴基斯坦的自然环境及存在问题》，载《环境科学进展》1997 年第 6 期。

〔3〕 参见中国-上海合作组织环境保护合作中心编著：《上海合作组织区域和国别环境保护研究（2015）》，社会科学文献出版社 2016 年版，第 157 页。

〔4〕 参见赵晓迪、李忠魁：《印度治沙经验及其对中国的启示》，载《水土保持通报》2016 年第 5 期。

〔5〕 参见王晓峰等：《2000-2015 年中国干旱半干旱地区沙漠化进程驱动力研究》，载《生态环境学报》2019 年第 5 期。

〔6〕 参见苏云天：《俄罗斯的土地荒漠化及防治情况》，载《全球科技经济瞭望》2000 年第 10 期。

叶1天灭绝1种，现在6小时灭绝1种。[1]生物多样性的丧失大大降低了地球生物圈的平衡调节能力，对人类的可持续发展危害极大。上合组织地区是世界上荒漠化严重的地区之一，成员国对生物多样性减少所导致的严重后果也给予了极大的关注，采取了积极的措施，并在国际环境合作中加强了区域生物多样性的保护。

上合组织成员国为保护生态多样性都建立了生物保护区，中国与俄罗斯还联合建立了多个边境自然保护区。成员国都颁布了保护生物多样性的国家立法和发展纲要，惩罚滥伐、偷伐和偷猎、滥捕行为，进行宣传教育等。但各国对生物多样性保护的侧重点各不相同，中亚各国注重通过保护减少或降低生态退化的速度，而印度则将重点放在保护生物知识产权方面，[2]中国强调生物多样性物种的合理有序的利用。[3]

（四）环境污染

上合组织成员国都是新兴国家，都处于工业化时期或向工业化转型时期，与工业化相伴的就是环境污染，控制环境污染是所有成员国都必须面对的环境问题。第一，由于水资源是工业化不可缺少的要素，上合组织地区的水污染非常严重。中亚、印度和巴基斯坦的农业都是以灌溉为主，进一步加剧了地下水和河流水污染的程度。由于上合组织成员国存在多条共享河流，跨国水污染纠纷经常发生。第二，上合组织成员国的工业化过程也造成该地区的大气污染非常严重。由于中国、印度经济的高速发展，中亚、俄罗斯有色金属开采和冶炼工业发达等原因，南亚大陆上空出现了不断扩大的褐云，中国和中亚形成了巨大酸雨区，严重污染了空气、土壤和水源。第三，中亚国家距离切尔诺贝利比较近，中亚各国一直饱受核污染的侵害。

为控制污染，上合组织成员国通过签署双边条约加强预防，如中俄两国签订了保护界河水质的条约，中国与哈萨克斯坦就防止霍尔果斯河的环境污染签署了联合声明。

---

〔1〕　参见黄丽娜等：《生物多样性的丧失及其保护》，载《安徽农业科学》2009年第5期。

〔2〕　参见关力：《印度国家生物多样性计划关注知识产权保护》，载《全球科技经济瞭望》2003年第5期。

〔3〕　参见《中国生物多样性保护战略与行动计划》的指导原则。

二、上海合作组织成员国环境合作立场

从第一部分的分析可看出，上合组织成员国间存在共同关注的环境问题，但关注的重点存在差异。有共同关注的环境问题为成员国间的环境合作提供了可能，但关注重点的差异使合作过程充满了冲突和对立，特别是由水资源短缺引发的矛盾，成员国对解决水资源短缺的立场比较一致，都同意通过真诚合作解决问题，各国也都在积极推进，采取各种措施加以治理改善，但由于水资源短缺不仅是相对短缺，还存在绝对稀缺，国际水流域的上下游国家间的冲突存在尖锐对立，各国同时又都希望通过合作和外部资金的支持解决这些矛盾，以确保本国乃至本地区环境的可持续性。

（一）俄罗斯

俄罗斯对环境合作一直持积极促进的态度，俄罗斯主导了独联体国家间的多个环境合作机制，比较成功的有独联体框架下的环境合作和欧亚经济联盟框架下的环境合作等。中俄间的双边环境合作是上合组织区域内双边环境合作的范例，俄罗斯还与其他中亚五国都开展了双边的环境合作。

（二）哈萨克斯坦和乌兹别克斯坦

哈萨克斯坦和乌兹别克斯坦是中亚跨界河流的下游国家，水资源合作处于不利地位，但两国富有石油、天然气、煤炭和有色金属，两国是中亚地区经济发展比较好的国家。两国由于经济状况比较好，对水资源的需要量巨大，为解决水资源分配问题不断同上游国家谈判，两国参加了上合组织地区所有的环境合作机制，希望通过合作解决水资源短缺问题，其对上合组织框架下的环境合作抱有极大的希望，希望上合组织框架下的环境合作能够发挥作用。两国都积极推进上合组织成员国环境合作构想的谈判，促成构想的通过。哈萨克斯坦和乌兹别克斯坦虽然都对上合组织框架下的环境合作持积极推进的立场，但两国一直在竞争中亚中心国家的地位。在苏联时期乌兹别克斯坦是中亚地区的政治、经济和文化中心，苏联解体后，哈萨克斯坦凭借其能源优势和务实的外交政策，发展成为中亚地区第一经济大国。由于两国间的竞争对立关系，影响了上合组织框架下的环境合作。

（三）吉尔吉斯斯坦和塔吉克斯坦

吉尔吉斯斯坦和塔吉克斯坦位于中亚跨国河流的上游，是水资源分配的有利方，但两国缺乏能源资源，经济规范较小，国家的工业化程度相对较低。由于两国工业化程度不高，对能源资源和矿产的需求不大，其对冬季供暖能源的需求还可以通过水电解决，故两国对上合组织框架下的环境合作态度并不十分积极。但由于其本身经济实力不强，缺乏资金，希望大国帮助其开发水电资源，提供资金帮助，故两国也希望上合组织框架下的环境合作能够发挥作用。

（四）印度

印度成为上合组织正式成员后，致力于介入中亚和阿富汗事务，打击恐怖主义、推进印度版互联互通、维护印度能源安全，[1]印度对上合组织的期望重点放在了能源安全和反恐怖主义方面。印度自身对上合组织的评价是：效率低下，合作多通过双边关系进行。故印度在上合组织框架内致力于与中亚能源供给国发展友好关系，开展打击恐怖主义的国际合作。[2]由于印度一直与中国、巴基斯坦存在竞争关系，在水资源方面，印度是巴基斯坦的上游国家，印度居于有利地位，而在中印方面，中国是印度的上游国家，因此印度担心参加上合组织框架下的环境合作将对其产生制约作用。根据现在的资料，没有证据证明印度有意参加上合组织框架下的环境合作，印度与周边国家的环境合作集中在由其主导的南亚合作环境项目和南亚区域合作联盟，但其近年来积极开展与中国的双边环境合作，希望通过双边合作解决中印两国的水资源纠纷。在能源方面，中国、印度和巴基斯坦都是能源进口国，其在上合组织框架内能源获取方面存在竞争关系，由于中国是上合组织的倡导国，中国在能源获得方面占有利地位，中巴两国关系友好，中国曾反对印度的加入，因此，印度对上合组织框架下的多边合作持谨慎态度。

（五）巴基斯坦

巴基斯坦居于印度的下游，在水资源谈判方面居于不利地位，其主要的

---

〔1〕 参见白联磊：《印度对上合组织的认识和诉求》，载《印度洋经济体研究》2017 年第 4 期。

〔2〕 参见薛志华：《权力转移与中等大国：印度加入上海合作组织评析》，载《南亚研究季刊》2016 年第 2 期。

环境合作是参加经济合作组织（中西亚经济合作组织）、南亚合作环境项目、南亚区域合作联盟、联合国开发计划署项目等机制。由于地理位置的原因，其环境合作的主要对象是印度，虽然中巴两国也存在环境合作关系，但合作的领域有限。巴基斯坦积极表示愿意参加上合组织框架下的环境合作，但受地理限制巴基斯坦能够参加的环境合作领域非常有限。

（六）中国

中国作为上合组织的倡导国和主要的"资助者"，在上合组织成立之初对上合组织给予极高的重视，中国一直致力将上合组织打造成一个务实性经济和安全方面的综合性区域组织。

习近平主席强调，"一带一路"倡议要依托现有的区域性组织，上合组织是中国推进"一带一路"的重要载体。中国一如既往地推进上合组织框架下的环境合作，例如在中国的艰难努力下，中国于2018年通过上合组织成员国环境合作构想，中国"一带一路"资金还资助了多个上合组织成员国家的绿色环境项目。青藏高原有世界水塔之称，中国是许多跨国河流的上游国家，中国推进国际环境合作的意愿非常强烈。因此，中国依然对推进上合组织成员国的环境合作持积极态度，并主动为上合组织的环境合作提供资金支持。

三、上海合作组织框架下环境合作的优势

上合组织作为一个综合性的地区组织，在中国经济的强力推动下，与其他现存在的环境合作机制（见第二章）相比具有明显的优势。

第一，上合组织是一个综合性的地区性组织，有利于环境合作激励措施的实施。上合组织将地区经济发展与环境合作都列为重点合作领域，这为环境合作与政治和经济合作建立联系提供了便利条件。环境合作的激励措施（参见第四章第四节）均是通过经济手段推动实施，将环境义务规定为投资和贸易条约中的义务，有助于将环境激励措施落在实处，调动成员国履行环境合作的积极性。

第二，上合组织框架下开展环境合作有助于合作机制向务实方向发展。国际环境法以"软法"现象为主要特征，[1]上合组织范围的环境合作亦都是

---

〔1〕 参见万霞：《国际法中的"软法"现象探析》，载《外交学院学报》2005年第1期。

以宣言、纲要等软法文件为主，软法文件基础上的环境合作虽然有助于成员国达成合作意向，但也使合作的约束力不强。上合组织从成立以来，一直将地区安全列为合作的重点，随着国际形势的变化，成员国都将环境安全视为非传统安全的一个重要因素，并且保卫非传统安全的意愿日益强烈，[1]出于对安全的担心，成员国愿意将保障非传统安全的义务规则化，由于本国的环境安全涉及他国环境行为，使各国环境合作向规则化方面发展成为可能。

第三，上合组织框架下的环境合作拥有资金保障。上合组织地区范围内存在多个环境合作机制（参见第二章第三节），除联合国和亚洲开发银行牵头的合作机制外，其他合作机制都面临着资金保障困难的问题，即使联合国和亚洲开发银行牵头的合作机制也存在资金不足的问题。中国作为一个负责任的大国，一直愿意让世界各国搭中国经济发展的便车，上合组织和"一带一路"倡议通过设立绿色基金或是直接承担合作项目建设方式，为"一带一路"共建国家（包括上合组织成员）的环境项目提供资金援助或绿色贷款。例如，中国全程负责建设的"上海合作组织环保信息共享平台"、中国进出口银行为巴基斯坦卡洛特水电站项目提供绿色贷款等。因此，上合组织框架下的环境合作拥有相对充足的资金保障。

第四，上合组织为环境争端的解决提供了组织保障。上合组织成立以来，虽然没有建立起争端解决机制，但其以促进地区合作为宗旨就是一种争端解决机制。近年来中国一直致力于建立"一带一路"争端解决机制，并把上合组织的争端解决机制视为"一带一路"争端解决机制的组成部分，不断地探索争端解决机制的创新。可预见在中国的大力推动下，在不久的将来上合组织将建立起一套争端解决机制，这为环境争端的解决提供了有效的途径，这明显是该区域其他环境合作机制无法比拟的。

第二节　影响上海合作组织环境合作发展的因素

根据上合组织地区的地缘政治和发展特点，当前影响上合组织环境合作的深层次的因素有四个方面：地区政治安全形势、"中国威胁论"、上合组织

---

〔1〕　参见徐华炳：《非传统安全视野下的环境安全及其中国情势》，载《社会科学家》2006年第6期。

区域内各合作机制间的竞争、水资源危机。

一、地区政治安全形势

环境合作是以成员国间的经济健康发展为前提，经济健康发展是以成员国政治稳定为前提，政局不稳增大了合作的风险，降低了合作者的信心。目前来看，上合组织地区的合作环境总体良好，地区形势总体稳定，各国政府均能较好地把握国内局势，成员国的互信也在稳步提升。但是，上合组织地区依然存在许多安全因素影响地区稳定，影响成员国环境合作的发展。

首先，上合组织内部存在主导国间的竞争。主导国是合作机制的核心领导，是在上合组织地区事务中发挥带头作用的大国，投入足够的资金支持组织的发展，特别是能够让弱国在合作过程中得利。中国是上合组织的倡导国，在反恐、打击三股势力及上合组织运作等方面都投入了大量的资金，推出"一带一路"倡议让共建国家搭中国经济发展的便车，因此，中国在上合组织中具有举足轻重的地位。俄罗斯对独联体国家拥有巨大的影响力，中亚国家将其与俄罗斯的关系列在外交的首要位置。俄罗斯自普京执政以来，一直采取努力合作、积极参与、争取国际组织主导权的外交政策，俄罗斯在上合组织地区各类区域性国际组织中很少做出"妥协"，当仁不让地占据着主导地位。[1] 俄罗斯在上合组织中具有与中国同等的表决权，在上合组织预算中与中国的分摊比例也是相同的，因此俄罗斯在上合组织中具有与中国同等的地位。俄罗斯为增加在地区事务中的主导地位，于2008年牵头五国（哈萨克斯坦、吉尔吉斯斯坦、塔吉克斯坦和亚美尼亚）在独联体框架下成立了总额为100亿美元的反危机基金，2009年俄罗斯和欧亚经济共同体成员国再次宣布成立总额为100亿美元的反危机基金，这两个基金使中亚各国与俄罗斯的联系更加紧密。虽然学者们认为，中俄在上合组织内的竞争是良性的，是在有序框架内的竞争，两国在上合组织中合作的主流不会被干扰。[2] 但也是由于中俄两国在上合组织存在竞争关系，使上合组织机构运作效果不够理想，环境合作更是短板，诸多项目推进缓慢，很多多边合作主要靠双边层次推动，

---

〔1〕 参见汪宁：《俄罗斯国际组织外交的几个特点》，载《国际观察》2010年第2期。

〔2〕 参见赵华胜：《中俄关系中的上海合作组织》，载《和平与发展》2010年第2期。

讨论很久的多边环境合作机制迟迟不见成果。[1]

其次，成员国家的利益差异。上合组织成员国情况非常复杂，每个国家甚至国家内的民族内部都具有自身的特殊性，在经济全球化的背景下，上合组织成员国在发展水平和合作需求方面差距逐渐拉大。中国经济发展一骑绝尘，哈萨克斯坦经济遥遥领先于其他中亚国家，印度各方面的发展远远好于巴基斯坦。国家间差距大导致各国利益需求不一致，从而影响区域环境合作的建设。比如在能源领域，中国、吉尔吉斯斯坦和塔吉克斯坦都有开发水电的意愿，吉塔两国一直积极寻求水电领域的国际合作，哈萨克斯坦和乌兹别克斯坦倾向于加大油气的国际合作，需求的差异很难形成区域内统一合作。同时成员国国内的贫富差距也在逐渐拉大。例如，中国 2012 年到 2015 年，中国居民收入的基尼系数 0.474、0.473、0.469、0.462，2016 年是 0.465；[2]俄罗斯2018 年的基尼系数是 0.439；[3]哈萨克斯坦 2018 年的基尼系数是 0.288。[4]国内的收入差距大容易形成"二元结构"，引发社会动荡。例如，2005 年吉尔吉斯斯坦的"郁金香革命"和 2005 年乌兹别克斯坦的"安集延"事件都出现了大规模的民众运动，贫富差距大和民众不满情绪是主要原因。环境问题关系到普通民众的日常生活，各国及国内的民众的利益差异过大则很难达成共识，影响合作的推进。

再其次，地区内的"三股势力"依然活跃。伊斯兰教在上合组织地区影响非常大，中亚各国和巴基斯坦国家穆斯林数量众多，宗教激进主义和宗教极端组织在一些地区盛行，一些宗教极端组织不断地向成员国的政权提出挑战，不仅威胁到了中亚各国和巴基斯坦等国政权安全，对上合组织其他成员国的本土文化和与价值观也具有巨大的破坏。[5]

最后，美国等西方国家的干扰。苏联解体后，美国认为是"和平演变"

〔1〕　参见白联磊：《印度对上合组织的认识和诉求》，载《印度洋经济体研究》2017 年第 4 期。

〔2〕　参见中央政府网：《统计局：中国的基尼系数总体呈下降趋势》，载 http://www.gov.cn/xin-wen/2017-01/20/content_ 5161566.htm，最后访问日期：2020 年 2 月 3 日。

〔3〕　参见世界数据图谱分析平台.俄罗斯联邦，载 https://cn.knoema.com/atlas/%E4%BF%84%E7%BD%97%E6%96%AF%E8%81%94%E9%82%A6，最后访问日期：2020 年 2 月 3 日。

〔4〕　参见世界数据图谱分析平台.哈萨克斯坦，载 https://cn.knoema.com/atlas/%E5%93%88%E8%90%A8%E5%85%8B%E6%96%AF%E5%9D%A6，最后访问日期：2020 年 2 月 3 日。

〔5〕　参见张宁等：《上海合作组织农业合作与中国粮食安全》，社会科学文献出版社 2015 年版，第 431 页。

的胜利，不断地在世界推行西方民主，特别在中亚持续努力扶植亲西方政权和实行西式民主。为此，西方以保护人权和环境为借口，积极支持上合组织成员国内的反对派和非政府组织，而成员国内的一些在野党和非政府组织也借助这些外部力量向执政者要求更多的权力和利益，如不能得到满足就煽动发起大规模民众运动，影响了上合组织成员国内的政治力量对比，影响了国家的政局稳定，阻碍了上合组织框架环境合作项目的实施。

二、"中国威胁论"

所谓的"中国威胁论"，意指随着中国实力的增加，将对其他国家的利益和国际秩序提出挑战，从而对亚太地区和世界的稳定构成威胁。[1]"中国威胁论"又分成："中国军事威胁论"、"中国经济威胁论"、"中国生态威胁论"、"中国意识形态威胁论"和"中国文明威胁论"等。[2]"中国威胁论"的存在使上合组织其他成员国在与中国合作时存在戒心，使环境合作机制进展缓慢。

"中国生态威胁论"发端于 1994 年。时任美国世界观察研究所所长莱斯特·布朗在美国《世界观察》上发表了《谁来养活中国——来自一个小行星的醒世报告》。报告认为中国为了养活 10 多亿人口，将会从国外进口大量粮食，引起世界粮价上涨和粮食危机，并称这种威胁远比军事入侵大得多，报告中述涉了中国生态环境，如土地、水资源、农药、化肥、能源、大气等方面存在的问题，并渲染已危及了周边邻国。[3]此后，西方学者不断渲染中国生态威胁论，强调中国的发展可能从四个方面对全球生态系统构成威胁：中国发展污染了空气、增加了温室气体排放、世界粮食供应紧张、加剧了能源短缺。由于某些别有用心的国家不断恶意宣扬，对上合组织框架下的环境合作产生了一些负面影响。例如，哈萨克斯坦的《土地法》允许外国人在哈租赁土地从事农业生产，哈国有大量闲置土地，国家无资金投入使其恢复使用，农业生产者也面临产品销售的难题，中国有技术、资金、需求和销售市场，

---

〔1〕 参见张明明：《解析"中国威胁论"》，载《理论前沿》2003 年第 21 期。

〔2〕 参见陈岳：《"中国威胁论"与中国和平崛起——一种"层次分析"法的解读》，载《外交评论（外交学院学报）》2005 年第 3 期。

〔3〕 参见曾正德：《"中国生态环境威胁论"的缘起、特征与对策研究》，载《扬州大学学报（人文社会科学版）》2010 年第 2 期。

两国合作可以实现双赢，但西方恶化炒作"中国威胁论"，哈萨克斯坦在2009年和2016年两次爆发民众集会，抗议政府将土地租赁给中国人用于种植油菜、大豆等作物。尽管政府多次声明解释，外国只是租赁土地，不享有土地所有权，不存在威胁哈国主权和独立的威胁，最终中哈间的该农业合作项目两次被废弃。[1]

多种因素导致了"中国威胁论"在上合组织成员国中仍有影响。第一，某些国家别有用心的反华宣传。西方国家恶意夸大中国生态环境问题，鼓动上合组织成员国内的所谓环保积极分子行动起来，利用环境问题阻碍和减弱中国在全球和地区事务中的行动和影响力。第二，人口因素的影响。俄罗斯和中亚国家的人口相对较少，尤其是在与中国接壤的地区人口不多。俄罗斯人口一直处于负增长，与中国相邻的远东地区的人口处于不断流失状态，截至2015年面积广大的远东地区只有600多万人口，[2]而中国东北地区的常住人口有1亿多，新疆有近2500万人口。[3]受历史因素的影响，"中国人口扩张论"一直在俄罗斯和中亚国家很有市场，沙皇俄国时期从中国割走的150万平方公里的土地正位于这些国家的领土范围内，[4]俄罗斯和中业国家都担心来自中国的移民会影响其人口构成和政权，特别是依靠主体民族掌握政权的中亚国家，不愿意看到本国出现一个新的大民族。[5]第三，社会制度和文化的差异。中国与上合组织其他成员国家在社会制度和文化上存在明显的差异，享延顿的"文明冲突"认为国际冲突主要是在不同文明间展开，巴基斯坦和中亚国家受伊斯兰教影响很深，印度国家宗教问题复杂，俄罗斯属于基督文明，中华文明的韧性和包含性令很多国家非常担心中国强大后会挑战现有秩序。[6]第四，上合组织地区投资的一些中国企业确实存在一些不当甚至

---

〔1〕　参见观察者网站：《哈萨克斯坦土地法修正案引民众抗议 部分人抗议"中国租地扩张"》，载 https://www.guancha.cn/Neighbors/2016_05_18_360724_s.shtml，最后访问日期：2020年2月3日。

〔2〕　参见［俄］Е.Л.莫特里奇：《苏联解体后俄罗斯远东人口状况研究》，臧颖译，载《黑河学院学报》2016年第1期。

〔3〕　参见国家统计局官网：《总人口·分省年度数据·2018》，最后访问日期：2022年2月7日。

〔4〕　参见李传勋：《俄罗斯远东地区人口形势和劳动力供需问题研究》，载《俄罗斯学刊》2011年第1期。

〔5〕　参见张宁等：《上海合作组织农业合作与中国粮食安全》，社会科学文献出版社2015年版，第432页。

〔6〕　参见张明明：《解析"中国威胁论"》，载《理论前沿》2003年第21期。

是违法行为，如有些企业为尽快收回投资而加快开发，影响资源环境的可持续利用等。

"中国威胁论"的存在，将严重影响上合组织成员国间合作的进程，增加了成员国间的不信任感，使上合组织框架下的环境合作难以向务实方向发展。

三、上海合作组织区域内各合作机制间的竞争

由于中亚在地缘政治中的地位十分重要，各大国都试图掌握中亚地区，哪个大国主导的环境合作机制受到中亚国家更多的青睐和接受，该机制的主导国家在中亚的影响就会更大，在中亚事务中具有更多的话语权，因此，在各方都重视的重点合作领域各机制间的竞争比较激烈。例如，能源开发和基础设施建设领域，中国、印度和巴基斯坦都是缺少能源的国家，中亚和俄罗斯都富有能源，中亚国家工业化水平总体不高，能源是中亚国家主要的出口产品，各大国都对中亚国家的能源感兴趣。中亚是内陆国家，交通设施通向决定了能源流向哪一方，因此，中亚的交通设施建设成为各大国关注的重点。但无论是能源开发还是基础设施建设对生态环境的负面影响都非常大，环境问题关系到民生，生态保护成为当地民众关注的焦点问题，环境合作顺理成章地成为各大国关注的重点领域。

上合组织地区各环境合作机制并存（参见第二章第三节），为维护地区稳定与安全，中亚地区各种合作机制间总体上将会保持良好的合作关系，将竞争维持在一定限度内。目前，上合组织地区的各环境合作机制的竞争主要表现为合作模式的竞争。上合组织框架下的环境合作主张在"平等与协商一致"原则基础上，通过大量的具体合作项目让成员国感受到具体实在的收益。例如，中国主动承建的上合组织成员国环境信息共享平台项目便利了成员间的环境信息交流和信息分享。俄罗斯主导的独联体机制参照欧盟模式向实现区域一体化方向发展，合作方向是追求政策的统一和协调，独联体框架下的环境合作通过了统一的环境保护标准、动物保护清单、环境核查标准和管理体制等。而由西方国家主导的国际组织框架下（如联合国、亚投行）的环境合作推崇西方的民主管理和公众参与制度，合作时注重多元主体共同参与环境治理，并且常常把环境合作与人权状况和市场化程度挂钩，在充足的资金支持下，这些环境合作机制的运行效果相对较好。在众多环境合作机制中，

哪一种合作机制更有效率很难下结论，目前来看各种环境合作机制都给上合组织成员国带来实惠，使合作各方都获益。也就是因此，各环境机制都在上合组织地区有序运行着，各机制都努力在中亚地区的环境合作中表现出色，这也造成了中亚地区的各机制重叠，相互制约，降低了各机制的工作效率。

首先，由于上合组织地区多种环境合作机制并存，增加了上合组织内部的协调难度。上合组织成员国都具有多重身份，都同时是几个双边或多边合作协定的成员国，多重身份给上合组织的环境合作带来一定的消极影响。合作体制的复杂性很容易造成合作成本增加，破坏多边规则的系统性和完整性。而多重性机制交织在一起导致成员国在处理同一环境问题时要应对不同的规定，让成员国疲于应对。

其次，这些机制给上合组织相当大的压力。[1]由于整个上合组织地区的环境都处于退化过程中，环保压力非常大，成员国非常重视合作的效果，哪个机制更有效率，能使成员国获得更多的利益，成员国就对哪个机制感兴趣，投入也就更多。如果上合组织框架下的环境合作一直无法走向务实合作，则会被其他机制取代。

最后，域外大国，如欧盟、美国和日本等域外势力都与中亚国家存在合作关系，影响了上合组织框架下的环境合作。域外大国有雄厚的资金和技术及管理经验，对上合组织成员都具有足够的吸引力，这种吸引力会在一定程度上影响成员国在组织内的合作，使一些项目难以开展，如中亚水资源合作项目中就是西方国家资助的"中亚经济专门计划"等机制更具有影响。

四、水资源危机

上合组织地区受自然因素和人为因素的影响，除俄罗斯没有水资源短缺现象外，其他成员国都面临水资源短缺问题。根据世界银行 2018 年的数据，南亚有超 18 亿的人口，中亚有近 7000 万的人口，庞大的人口规模使中亚与南亚的成员国的农业、工业和生活用水需求量很大，上合组织地区水资源总量不能满足本地区生产和生活需要。水资源短缺破坏了上合组织地区的生态

---

〔1〕 参见张宁：《中亚一体化合作机制及其对上海合作组织的影响》，载《俄罗斯中亚东欧研究》2006 年第 6 期。

平衡，加剧土地的荒漠化，促使成员国竞争性对跨国河流进行开发利用，进而导致跨国水体萎缩枯竭，水资源短缺现象更为严重，影响地区稳定和生态安全，引发国家争端，因此，水资源争端成为上合组织成员国间最主要的环境争端，成员国间水量分配、水污染治理、节水技术普及、人畜饮用水安全、水利基础设施建设等问题一直是各国关注的重点，也是困扰地区发展的难题。另外，上合组织地区水资源问题不仅是水资源短缺问题，还面临着水体污染严重、水体总体质量下降的问题。根据联合国粮农组织的数据，农业是咸海水系水量减少和水质恶化的最主要原因。南亚的印度和巴基斯坦两国的农业人口占全国人口多数，其农业用水也是本国水资源消耗最大的产业。农业生产中的大量农药、化肥等物质随着灌溉水回流到河流湖泊等地表水体和地下水中，污染了地表水和地下水。同时，能源的开发和工业生产也需要大量水资源，哈、乌、俄等国都是能源出口大国，中国和印度是世界上经济发展最快的发展中国家，无论是能源开发用水还是工业生产用水都会对水体造成污染，威胁了人畜饮用水的安全。

上合组织成员国间水资源矛盾关系到上合组织框架下的环境合作的成败。由于上合组织地区面临着水资源的绝对短缺，成员国间的跨国水体争端日益突出，中哈、中印、中俄、印巴、中亚国家间都存在跨国水体的纠纷。中亚国家长期以来一直处于水资源危机状态，中亚水资源总量处于持续减少中，河流上下游国家关系日益紧张。印巴两国的水资源冲突不断升级，已经成为武装冲突的原因之一。此外，上合组织成员中的中亚和南亚国家都是农业人口占国家绝大多数，水资源短缺导致成员国的农业减产，农业种植面积下降，农民失业等社会问题，容易引发社会动荡，使同一流域内的国家关系紧张。如不能妥善解决水资源矛盾，将使上合组织成员国相互敌对，环境合作名存实亡。

目前上合组织区域内有影响的环境合作机制都是围绕水资源合理利用的，虽然这些机制没能完全解决水资源争端，但使这些机制的资助国在中亚有更多的话语权。上合组织框架下的环境合作要向务实方向发展，必须将协调成员国间的水争端作为今后工作的重点。从目前签订的水资源条约来看，当前的水资源合作的条约和协定缺乏拘束力；成员国间的行为很少相互协调，仍是各自为政；没有权威机构对地区的水资源进行管理；出现水资源争端时缺乏争端解决机制。[1]这些不足既是目前中亚和南亚地区水资源合作机制中存在的问题，也是今后上合组织框架下环境合作发展的方向。水资源问题在成员国关系中的作用越来越重要，成员国能够通过友好协商在危机进一步激化前，基本解决中亚和南亚国家间的水资源争端问题，是上合组织地区实现可持续发展和成员国实现生态安全的基础和条件。

最后，水资源矛盾的解决应该是建立在双赢、多赢的基础上，不应该是由某一方处于退让方式的解决，如中国和哈萨克斯坦两国就水资源使用问题开展了多个项目合作，签订了双边条约，但只是暂时缓解了矛盾，中哈两国的合作项目是建立在中国主动向哈萨克斯坦输送水资源的基础上的，中国也是严重缺水国家，中哈的项目合作的可持续性值得怀疑。目前上合组织框架下的环境合作主要是以项目合作为主，双边合作形式推进多边合作，这种方式不利于统筹高效地解决各国间的水资源争端，各方相互协调和水资源流域管理才是国际水道法推崇的根本解决途径。

第二节　上海合作组织框架内的环境合作

一、上海合作组织框架内缺乏有效的环保合作机制

在环境保护方面，由于上合组织地区，特别是中亚国家所处地区是世界上生态环境恶化最严重的地区之一，环境保护合作被视为上合组织合作的重点领域，《"上海合作组织"成立宣言》和《上海合作组织宪章》都对环境保护合作了专门规定。从 2005 年开始，上合组织定期召开环境部长会议，各国成立了政府工作小组，召开环保专家会议，磋商《上合组织成员国环保合作构想》草案。虽然上合组织成员国由于意见分歧，环境合作曾一度陷入停滞状态，[2]但总体上来讲，各国对环境合作还是持积极参与态度的，上合组织成员国在环境保护实践也做了许多工作。例如，上合组织于 2005 年 10 月 26 日在莫斯科签署的《上海合作组织成员国政府间救灾互助协定》，之后定期举

---

〔1〕 参见杨恕、王婷婷：《中亚水资源争议及其对国家关系的影响》，载《兰州大学学报（社会科学版）》2010 年第 5 期。

〔2〕 参见李菲等：《上海合作组织环保合作回顾与展望》，载李进峰主编：《上海合作组织黄皮书：上海合作组织发展报告（2017）》，社会科学文献出版社 2017 年版，第 284-292 页。

行"上海合作组织成员国紧急救灾部门领导人会议"落实行动计划实施情况；成立了"中国-上海合作组织环境保护合作中心"和"上海合作组织环保信息共享平台"；上合组织于 2018 年通过了《上合组织成员国环保合作构想》；中国从改革开放以来一直坚持人工造林，人工造林面积世界第一，森林覆盖率从新中国成立初的不到 10% 上升到 20%；[1]中亚国家定期举行政府间水利事务协调委员会会议，讨论了阿姆河和锡尔河保护问题；[2]南亚国家通过一系列的环境保护合作法律文件。[3]虽然上海合作组织在合作方面达成了许多协议，发展了数量可观的声明，但合作的具体执行大打折扣，实施的效果要远低于预期，合作成效并不明显，如中亚地区最重要的水源——咸海，生态环境不断恶化，1993 年在联合国、世界银行、亚洲开发银行等国际组织的帮助下成立了拯救咸海国际基金会，定期举行会议商讨解决办法，基金会支持了多个项目，而咸海流域的状况却每况愈下。[4]因此，有学者认为上海合作组织是以政治、经济、文化合作为主旨的，环境合作问题始终游离于主题之外，还仅仅只是一个将环境保护问题纳入其经济合作之中予以协调而未能单独给予其重要地位的区域性组织。[5]

虽然生态环境关系到国家的可持续发展，但上合组织成员国均为发展中国家，都将经济发展放在国家战略的首位，除中国与俄罗斯两个国家外，其他成员国对缔结可能影响其经济发展战略或发展速度的刚性环境保护协议持消极态度，例如印度认为承诺过多，经济增长将会受到打击。[6]面对日益恶化的环境，上合组织历次峰会都实行议而不决的做法，每次都将生态环境保护问题列入谈判内容，但始终都没有形成共同政策和采取共同的实际行动。总之，上合组织关于生态环境保护缺乏有效的共同规则、共同机构、共同行

---

〔1〕 联合国粮农组织：《2016 年世界森林状况——森林与农业：土地利用所面临的挑战与机遇》。

〔2〕 参见李硕：《哈萨克斯坦水资源需实现可持续利用》，载 http://www.mofcom.gov.cn/article/i/dxfw/jlyd/201306/20130600180205.shtml，最后访问日期：2019 年 4 月 28 日。

〔3〕 参见南亚环境合作规划官网，载 http://sacep.org/milestones，最后访问日期：2022 年 5 月 27 日。

〔4〕 参见中国经济网：《乌兹别克斯坦举行拯救咸海国际会议》，载 http://intl.ce.cn/specials/zxgjzh/201411/01/t20141101_3823652.shtml，最后访问日期：2019 年 4 月 28 日。

〔5〕 参见秦鹏：《上海合作组织区域环境保护合作机制的构建》，载《新疆大学学报（哲学·人文社会科学版）》2008 年第 1 期。

〔6〕 参见钱小岩：《不承诺净零坚持不禁煤，印度为何拒绝在碳排放上设定新目标》，载 https://www.yicai.com/news/101215190.html，最后访问日期：2021 年 11 月 20 日。

动，所有的主张都停留在倡议阶段，与上合组织区域内其他国际组织相比，明显处于落后状态。例如，独联体内设有专门的"跨国生态委员会"，成员国间签订了多个环境保护协定，涉及环境合作框架、动植物保护、跨界水体的保护与利用、环境信息交流及生态安全监控等多个领域；[1]欧亚经济联盟也设有专门的委员会、签订了环境协定、建立环境数据库。[2]美国、日本、欧盟及联合国环境规划署、联合国开发计划署、全球环境基金、亚洲开发银行等国家和国际组织对中亚和南亚地区有资金和技术方面的合作。[3]

二、推进上海合作组织环保合作面临的挑战

上合组织从 2001 年成立至今，时间尚短，又面临着本地区其他区域组织的竞争，在生态环境合作方面取得的成果与经济发展和生态环境恶化的速度相比，明显滞后于后者。首先，成员国间，特别是在印度和巴基斯坦加入后，缺乏相互信任，合作上容易产生分歧，妨碍了合作机制功能的发挥。其次，上合组织环保机制仍有待改善，阻碍了合作向更深层次发展。再次，成员国参差不齐的发展水平，特别是中亚和南亚受宗教、经济发展水平的影响，限制了成员国在生态环境保护合作方面的资金投入，制约了合作的发展。最后，域外大国的干涉影响了合作机制的发展。

（一）成员国之间缺乏相互信任

上海合作组织成员虽然不多，但成员国的社会制度、宗教、文化及民族都无共同点，各成员国对组织定位有不同看法，影响了成员国间的互信交往。虽然上合组织就生态环境合作不断地在开展对话交流，发表声明和签订协议，但真正具有实质内容，可以深入开展的合作并不多。

在上合组织开展的生态环境合作中，时常发生因成员国追求相对利益导致国际合作难以展开的情况。最典型的例子是中亚地区的水资源合理利用的

---

〔1〕　参见中国−上海合作组织环境保护合作中心编著：《上海合作组织区域和国别环境保护研究（2015）》，社会科学文献出版社 2016 年版，第 7−10 页。

〔2〕　参见中国−上海合作组织环境保护合作中心编著：《上海合作组织区域和国别环境保护研究（2015）》，社会科学文献出版社 2016 年版，第 17−19 页。

〔3〕　参见中国−上海合作组织环境保护合作中心编著：《上海合作组织成员国环境保护研究》，社会科学文献出版社 2014 年版，第 123−125 页。

合作问题。中亚地区水资源和能源分配明显存在不平衡，哈萨克斯坦、土库曼斯坦和乌兹别克斯坦的石油和天然气探明储量最大，而吉尔吉斯斯坦和塔吉克斯坦的水电潜力约占该区域的绝大部分的水资源。[1] 塔吉克斯坦和吉尔吉斯斯坦两国拥有中亚地区地表水资源的 2/3，特别是塔吉克斯坦境内集中了中亚地区 55.49% 的水流量和 60% 以上的冰川。[2] 理想的合作模式是中亚国家实现能源和资源互补，跨境河流上下游国家合理分配水资源。但是合作方案关系到合作各方的成本投入和收益效果，中亚各国一直为投入和收益效果大小争吵不休，在世界银行等国际组织的资金支持下，中亚国家虽然就水资源合理利用达成一些协议，但矛盾一直没能妥善解决。这使上合组织在框架下开展生态环境合作更为艰难，各国在合作利益分配上缺乏信任，缺乏凝聚力，严重制约着组织框架下的环境安全合作。[3]

(二) 上海合作组织环保机制有待改善

由于上合组织没有就生态环境合作达成共同环保规则，[4] 也没有形成共同环保机构，更没有共同的环保行动，使上合组织在其内部结构和运行程序仍有待改善。由于上合组织秘书处没有设立环保部门，导致环境合作也缺乏资金支持，经济发展相对落后的成员国家参与合作的积极性不高。从当前上海合作组织的各种文件来看，关于生态环境保护和建议、方案、计划或项目绝大多数都是原则性的，缺乏国内立法支撑，也没有规定具体的落实程序，更没有专门的负责机构。上合组织虽然有定期的环境部长会议，也有定期的环境保护专家会议，但是合作只停留在倡议上，至今没有取得实质性进展。虽然中国单方面采取了一些行动，如未来 3 年向共建"一带一路"国家环境部门官员提供 1500 个培训名额；"一带一路"生态环保大数据服务平台网站正

---

〔1〕 See Renat Perelet, "Central Asia: Background Paper on Climate Change", Human Development Report 2007/2008, Human Development Report Office Occasional Paper, 2007, p. 2.

〔2〕 参见释冰：《浅析中亚水资源危机与合作——从新现实主义到新自由主义视角的转换》，载《俄罗斯中亚东欧市场》2009 年第 1 期。

〔3〕 参见戎玉：《上海合作组织环境安全合作研究》，华东师范大学 2014 年硕士学位论文。

〔4〕 《上合组织成员国环保合作构想》的具体内容一直没有公开，也没有公布具体的推进措施，参考上合组织环境中心的文献，笔者认为该构想没有就实质性合作达成一致。参见周国梅、李菲：《上海合作组织环保合作构想：进展与展望》，载周国梅等编著：《上海合作组织环保合作构想与展望》，社会科学文献出版社 2020 年版，第 25-33 页。

式启动；中国生态环境部成立"一带一路"环境技术交流与转移中心等，[1]但都不是在上合组织合作框架下运行的。总之，上合组织尚未建立有效的环境保护机制。这固然有上合组织成立时间尚短、各国在环境保护合作方面经验不足的原因，其组织机制本身亦存在问题。

（三）成员国参差不齐的发展水平，制约了合作的发展。

上合组织9个成员国虽然都属于发展中国家行列，但经济发展水平差距依然很大，联合国开发署将俄罗斯列为高度发展国家，[2]中国和印度近年来一直是经济高速增长的国家，完成了国家工业化，巴基斯坦仍然是农业为支柱的国家[3]。中亚五国中，哈萨克斯坦发展水平最高，土库曼斯坦进入工业化中期，乌兹别克斯坦属于工业化初期，塔吉克斯坦和吉尔吉斯斯坦依然处于工业化的起始阶段。[4]由于经济发展水平的差异，导致各国的环境立法水平也差异很大。

治理环境，改善人类生存条件，需要先进的技术和大量的资金，经济发展水平较高的成员国，其技术和资金较为充足，环境保护法律水平相对较高，例如，在成员国家中俄罗斯、印度、中国等国家环境法制较为完善。经济发展相对落后的国家受自身条件限制，缺乏技术和资金，其环境保护法制相对薄弱，例如，巴基斯坦国家虽已建立了相对完善的环境保护立法，[5]环境行政权较弱、能力和技术都比较落后，且环境保护知识相当匮乏。[6]环境立法的完善程度影响着环境条约的执行程度，一般来讲环境法制越完善的国家，环境条约的执行情况越好，反之亦然。"搭便车"现象是全球环境合作中的顽疾，区域环境合作中由于参与国家少，往往会拒绝"搭便车"国家参与区域

〔1〕　参见中国政府网：《第二届"一带一路"国际合作高峰论坛成果清单（全文）》，载 http://www. gov. cn/xinwen/2019-04/28/content_ 5386943. htm，最后访问日期：2021 年 5 月 3 日。

〔2〕　世界银行所列的高度发达经济体只有 39 个，以经济发展作为主要指标。联合国开发署是以人类发展指数为标准来划分，其中高度发展的国家列了 50 个。

〔3〕　参见中国一带一路网：《国际合作-巴基斯坦》，载 https://www. yidaiyilu. gov. cn/gbjg/gbgk/11084. htm，最后访问日期：2021 年 5 月 13 日。

〔4〕　参见夏冠中、田春雨：《中亚五国经济发展分析》，载《中国经贸》2017 年第 10 期。

〔5〕　参见商务部国际贸易经济合作研究院、中国驻巴基斯坦大使馆经济商务参赞处、商务部对外投资和经济合作司：《对外投资合作国别（地区）指南-巴基斯坦（2018 年版）》。

〔6〕　参见 Habib-ur-Rehman Solang：《巴基斯坦环境影响评价制度的法律意义》，刘思岐译，载《中国政法大学学报》2015 年第 5 期。

环境合作,如拒绝一些成员参与环境合作,必将无法实现上合组织内的区域环境合作。

(四) 域外大国的干涉影响了合作机制的发展。

极端环保主义和西方势力的干扰,影响上合组织地区的环保合作的进程与发展。环境问题是事关民众生存和发展的最基础性问题,尤其是在全球气候异常,国家和民众环境保护意识普遍提升的背景下,生态问题成为政治博弈的焦点问题。美国的"亚太再平衡战略"[1]、印度的"东进"战略[2]等与中国的中亚政策存在竞争关系,其中包括生态环境中的竞争。上合组织的核心区域是中亚,当前中亚国家最严峻的环境问题是水资源问题,为缓解水资源危机,中亚国家不断向大国寻求帮助,美国、欧盟、中国和俄罗斯等国都介入了中亚水资源危机争端的解决。中亚国家既想与各大国开展节水合作,又想获得大国的技术和资金支持,由于中亚资源丰富且战略地位十分重要,各大国以对中亚国家援助为借口,不断插手中亚事务,外部势力的介入一定程度上阻碍了上合组织框架下的环境合作,成为影响环境合作成效的一个因素。

中国本着"构建人类命运共同体"的理念,推行以共商共建共享的"一带一路"倡议,允许周边国家搭中国经济发展的便车,中亚五国和巴基斯坦都是中国投资的重点地区,但上合组织成员国,特别是中亚国家生态环境脆

---

[1] "亚太再平衡"是奥巴马政府美国全球战略调整的核心。美国的"再平衡"战略主要在政治、经济与军事三个层面铺开。在政治层面,美国全面加强与老盟友、新伙伴的关系,积极参与区内各种多边机构的活动。在经济层面,美国对在亚洲"出口安全,收获赤字"的状况不满,一直想打开亚洲盟国的市场为美国产品寻求更多出路。为应对金融危机,奥巴马曾提出"出口倍增"计划,希望向亚洲出口更多产品增加国内的就业机会。军事是美国的优势领域也是美国"再平衡"战略上功夫下得最多、动作最迅速、影响最大的方面,正因如此,"再平衡"战略被涂上了厚厚的军事色彩。参见阮宗泽:《美国"亚太再平衡"战略前景析论》,载《世界经济与政治》2014年第4期。

[2] "东进"政策(Look East Policy),也称"东进"战略(Look East Strategy),是印度一项长期的、具有重大战略意义的外交政策,在提出之后得到印度历届国大党、人民党政府的推崇,被视为印度通向大国目标的途径之一。目的是通过发展与东亚、东南亚各国在政治、经济及军事领域的全面合作,促进本国经济发展,增强综合国力,主动参与亚太事务,扩大自身影响,提高印度在国际舞台上的地位,从而实现"争做世界大国"的国家战略目标。印度"东进"政策以1996年加入东盟地区论坛和成为东盟正式对话伙伴国为标志,表明印度"东进"政策取得突破性进展。新世纪之交,印度掀起"东进"外交的高潮,成为迄今印度与东亚、东南亚国家关系最活跃的时期。参见杜朝平:《论印度"东进"政策》,载《国际论坛》2001年第6期。

弱，中国依托上合组织等区域组织推进的"一带一路"中的开发项目给周边环境带来各种影响。极端环保非政府组织和西方国家联合当地的环保非政府组织，通过当地民众施压当地政府改变关于中国的相关政策，很容易引导成员国国民的舆论，增加当地民众对中国公司的不信任感，国民的不信任感对环境合作具有重大的影响，进而影响中国与其他成员国的合作。

三、上海合作组织环保合作的发展趋势

上合组织地区内环境恶化日益严重，环境保护合作虽然存在许多困难，但开展国际环境合作是解决地区环境问题的唯一有效途径，因此各成员国都有合作的意向，并为此做了许多努力保证生态环保合作向积极的方向发展。

（一）加强交流，增加互信，通过经济合作带动环保合作

上合组织成员国间的不信任感将通过不断深化的经济合作和交流逐渐减少，经济合作增加了成员国间的经济依存度，同时也增加了各国间的信任度。中国作为上合组织的中心国，以经济合作为基础，不断增加对其他成员国的援助。经济不发达导致各成员国对环保投入不足，这是制约上合组织地区生态环境改善的主要因素之一。成员国中的中亚四国和巴基斯坦由于经济实力较弱，财政无力负担环境保护方面的投入，加上地理条件相对恶劣，导致其环境问题日益严峻。中国推进的"一带一路"倡议涵盖了上合组织所有的成员国，中国加大了对其他成员国的经贸和投资，同时也不断加大对这些地区的援助，例如，2019年4月25日至27日，中国在北京主办的第二届"一带一路"国际合作高峰论坛上，决定"未来三年向共建'一带一路'国家环境部门官员提供1500个培训名额。'一带一路'生态环保大数据服务平台网站正式启动。中国生态环境部成立'一带一路'环境技术交流与转移中心。""中国国家发展改革委和联合国开发计划署、联合国工业发展组织、联合国亚洲及太平洋经济社会委员会共同发起'一带一路'绿色照明行动倡议，与联合国工业发展组织、联合国亚洲及太平洋经济社会委员会、能源基金会共同发起'一带一路'绿色高效制冷行动倡议。""中国工商银行发行首支'一带一路'银行间常态化合作机制（BRBR）绿色债券，并与欧洲复兴开发银行、法国东方汇理银行、日本瑞穗银行等 BRBR 机制相关成员共同发布'一带一

路'绿色金融指数,深入推动'一带一路'绿色金融合作。"[1]

以经济合作为基础开展的环境合作,以环境合作拓展经济运行空间,有利于双赢局面的实现,也使环境合作具有可持续性。经济利益驱动各国积极研究开发资源可利用系统,提高资源利用率,共同解决面临的环境问题,缓解因水资源短缺而带来的环境压力。

(二)域外力量的参与使上海合作组织环境合作问题形势复杂

成员国中的中亚国家和南亚国家地理位置十分重要,特别是中亚地处国际地缘政治竞争中心的"中心"。[2]苏联解体后,中亚的地缘政治真空引发了世界各种力量的角逐,水资源危机是中亚国家面临的头号环境问题,域外势力都涉足了这一领域,以求掌握新的有利的地缘政治竞争手段。俄罗斯作为苏联的继承国,一般将中亚视为其势力范围,且俄罗斯的淡水储备居世界前列,其与中亚国家合作兴建了多个水电站,使俄罗斯在中亚环境管理方面具有很大的话语权,因此,俄罗斯以水资源迫使中亚国家向其靠近完全可能成为现实。美国作为世界头号强国,积极参与中亚事务,并将促进中亚水资源合作作为一项重要任务。欧盟参加了多个中亚地区的援助项目,投资水利相关的设施,并与中亚国家开展了"环境和水资源问题的区域合作"。日本、联合国、世界银行、欧安组织等国家和国际组织也都与中亚国家就环境和水资源问题开展合作,并援建多个项目。[3]域外势力的介入,虽然对中亚国家的环境和水资源危机带来一定的积极成果,但大国介入都有自己的政治意图,利益角逐的结果,使上合组织区域内环境合作问题变得更加复杂。

面对大国介入的复杂局面,中亚国家"多边制衡机制"在其中发挥了重要作用,但正是多边制衡,才使中亚国家在水资源利用方面形成了"双重闭环"。"双重闭环"包含两大层面:一是由地区国家间水资源分配分歧引发的国家利益博弈的循环,即"博弈闭环";二是由"博弈闭环"导致的环境恶化和地区经济发展滞后,从而造成水资源管理制度"再弱化"的"脆弱闭环"。[4]

---

[1] 中国政府网:《第二届"一带一路"国际合作高峰论坛成果清单(全文)》,载 http://www.gov.cn/xinwen/2019-04/28/content_ 5386943. htm,最后访问日期:2021年5月3日。

[2] 参见孙壮志:《中亚五国的地缘战略地位》,载《东欧中亚研究》2000年第4期。

[3] 参见廖成梅:《中亚水资源问题研究》,世界图书出版公司2017年版,第265-272页。

[4] 参见陈佳骏、李立凡:《"双重闭环现象"与中亚跨境水资源的治理路径——兼论上海合作组织的参与》,载《国际展望》2018年第3期。

不打破"双重闭环",中亚的环境合作无法深入地开展,将使水资源危机向更危险的方向发展。水资源危机和环境问题归根到底是发展问题,上合组织应利用地区组织优势,在环境民主协商和管理、建立共商共建共享区域环境合作机制的方向发挥引领作用。

（三）　不断丰富合作方式,有计划分阶段推进环保合作

目前上合组织框架下的环境合作主要是以传统的合作方式为主:第一,双边条约合作方式。中国与俄罗斯、哈萨克斯坦、巴基斯坦及印度都签订了双边环境合作协议,规定在环境信息报告、资料交换、人员交流及河流利用与保护、森林、鸟类和生物多样性保护等方面开展合作。根据双边条约,中国与俄罗斯、中国与哈萨克斯坦就界河河水的保护和利用有固定的机构和定期的交流,使三个国家在界河河水使用和保护方面合作进展顺利。第二,环保项目合作。环境项目合作是目前上合组织框架下最活跃的合作方式。环境项目针对性强,解决具体环保问题,也最容易受到关注,例如,中国和哈萨克斯坦苏木拜河联合引水工程改造工程项目的合作、"上海合作组织环保信息共享平台"等。第三,发表共同声明或宣言,表达环境合作的意愿。上合组织成员国间缺乏信任,至今没有达成有拘束力的协议,所有的环境合作文件主要是宣言、构想、纲要的形式。即使是没有拘束力的构想也经过长时间谈判达成,例如2018年通过了《上合组织成员国环保合作构想》[1]是从2005年开始专家小组和官方双轨磋商,最终形成的文件还不具有法律拘束力。

传统的合作方式受地区政治和观念的影响,合作范围狭窄,成员国参与环境合作的积极性不高。要调动成员国参与环境合作的积极性,需要扩展环境合作的领域和方式。国际上比较有效的合作方式是将环境合作与投资和贸易联系在一起,通过市场手段激励成员国参与环保合作。上合组织也应该采取激励措施,鼓励绿色投资和绿色贸易,特别是作为"出资方"的中国可以通过绿色信贷和绿色援助等经济杠杆鼓励中资企业在上合组织地区的投资采用环境友好型技术,帮助上合组织成员国家的企业实现产业升级。

从上合组织成立以来,一直存在中俄两国的内部竞争,印度加入后内部竞争会更加复杂,因此,上合组织框架下的环境合作在短期内不可能形成务

---

〔1〕　参见《上海合作组织成员国元首理事会青岛宣言》,载 http://www.mod.gov.cn/2018qdfh/2018-06/11/content_4816619.htm,最后访问日期:2024年7月15日。

实的多边机制。从长期发展情况来看，中国十分重视上合组织框架下的环境合作，一直致力于推动上合组织框架下的环境合作向务实方向发展，特别是中国提出依托上合组织等区域组织建设绿色"一带一路"，体现了中国推进上合组织环境合作的强烈意愿和实际行动。为实现本区域可持续发展的目标，中国可以分步骤分阶段有计划地推进上合组织框架下的环境合作。首先，上合组织推进环境合作的第一阶段是建立专门负责环保合作的机构。上合组织框架下有环境部长会议，但没有常设机构，环境部长会议间隔周期长，影响了环境合作的效率和政策的实施。国际上许多区域组织，如欧盟、北美自由区和东盟等，都设立了专门的环保合作机制。欧盟和北美自由贸易区都是建立在区域多边环境条约的基础上，设有专门的环境协议执行机构负责条约的执行。欧盟和北美自由贸易区与上合组织相比，其成员国在经济、宗教、文化、民族及地缘政治方面的冲突与矛盾明显要少很多，且其建立与运行模式与中国的外交理念不符。中国既不会让渡部分主权，也不会推行霸权主义，因此，这两个区域组织的合作模式对上合组织的借鉴意义不大。从成员国的实际情况出发，东盟的情况与上合组织更为接近，东盟的合作模式具有一定的借鉴意义。东盟的环境合作没有签订环境合作条约，只建立了专门环保机构，并发布一系列内容确定的宣言、纲要和规划等文件。虽然东盟的环保文件存在内容过于笼统、可操作性不强等问题，但其兼顾了所有成员国的利益，缓慢地推进了东盟环保合作。上合组织没有签订多边合作协议，成员国间签订的环境合作文件，无论是软法声明、宣言还是双边协议，内容都较为笼统，实体性权利与义务只作原则性规定，而将具体权利与义务的落实留给缔约国国内法。上合组织目前的情况与东盟相似，应该先于多边环保条约设立专门机构，但该机构不能只是一个论坛性质的机构，该机构应该是具有务实性的机构，主要任务是帮助成员国加强能力建设和信息交流（第四章第一节和第二节）。

其次，推进环境合作的第二阶段是建立环保合作的资金保障。项目合作是上合组织框架下环境合作的主要实施方式，环境项目的推行需要有资金支持，上合组织框架下没有建立固定的资金保障，主要依赖于中国的"资助"。中国推进"一带一路"倡议后，俄罗斯等国担心中国不再重视上合组织，上合组织的作用定位就会下降。从中国领导人的讲话和中国推进的文件可以看出，中国的"一带一路"要依托上合组织等区域组织建设，中国依然重视上合组织的建设。运行状况良好的区域环境合作机制都有资金保障，上合组织也应该建立固定的资金保障。例如，由上合组织开发银行提供资金保障。虽然中国与俄罗斯在上合组织开发银行的设立方面存在分歧，但经过多年努力，上合组织开发银行已经开始筹建，[1] 由该银行为上合组织环保合作提供资金保障，更有利于环保合作的制度化和机制化。

最后，推进环保合作的第三阶段是建立独立的上合组织争端解决机制。上合组织成员国间的水资源纠纷一直不断，并有愈演愈烈的趋势。域外大国和组织纷纷介入，虽然在一定程度上缓解了矛盾，但并没有完全解决问题，例如印巴河水的争端不断升级。上合组织成员国出于对国际司法机构不信任的原因，没有国家将本地区的争端诉诸任何国际司法机构。因此，建立上合组织独立的争端解决机构显得非常迫切。上合组织争端解决机构致力于解决上合组织成员国间的各类争端，包括投资者与东道国间的投资争端。

第四节　中亚地区水资源合作

一、中亚地区水资源概况及存在的问题

"中亚"一般被认为是亚洲中部地区的地理名词，但其所包括的具体范围在国内外学术界至今一直存在争论。从 1843 年德国学者亚历山大·冯·洪堡首次在其著作《中亚》中确定中亚范围以后，法国、美国等西方学者及俄罗斯的学者都提出了不同的中亚概念。[2] 现在普遍接受的中亚的范围有"狭义"和"广义"两种概念：狭义的"中亚"仅指阿姆河和锡河流域的苏联的五个加盟共和国（吉尔吉斯斯坦、乌兹别克斯坦、塔吉克斯坦和土库曼斯坦、哈萨克斯坦）于 1993 年在塔什干会议上所确定中亚五国；广义的"中亚"是联合国教科文组织于 1978 年确定的范围，涵盖阿富汗、伊朗东北部、巴基斯坦、印度北部地区、巴控和印控克什米尔、中国西部地区、蒙古和苏联

---

〔1〕　参见每日经济新闻网：《上合组织秘书长阿利莫夫接受每经采访：上合组织开发银行正在筹建 印巴两国银行将于年内加入上合银联体》，载 https://www.nbd.com.cn/articles/2018-06-16/1226634.html，最后访问日期：2024 年 7 月 15 日。

〔2〕　参见赵晓佳：《中国与中亚的友好交流研究》，中央民族大学 2011 年博士学位论文。

的中亚地区，即"中央亚细亚七国"之说。[1]本书所讨论的中亚采用狭义的概念。

水是中亚国家社会经济和环境福祉的关键因素，近年来，中亚国家在频繁的干旱、自然灾害、沙尘暴、洪水和其他特别危险的情况下面临着共享水资源分配和管理的问题，所有的中亚国家都面临缺乏水资源的问题。[2]中亚的水资源主要由可更新的地表水、地下水和二次回水构成。中亚的水资源总量丰富，但主要以高山冰川和深层地下水等形式存在，开采难度很大，可利用的数量非常有限。中亚地区还是世界上环境退化最严重的地区，也是严重的酸雨区。[3]获得水安全对于酸雨重灾区来说是一个严峻的考验，气候异常、人口膨胀、日益增长的能源需求、越来越重要的生态环境问题、地下水和环境的不断退化、自然灾害及军事冲突等因素加剧了各国水安全的压力。水安全直接关系食物安全，食物安全要求有足够的水资源来保护人民每日能够获得健康和稳定的食物供应，缺水是国民饥荒和营养不良的重要原因，特别是在依赖灌溉的干旱地区，水安全与食物安全的联系更为紧密。中亚地区的农业是严重依赖灌溉的地区，由于受灌溉系统的影响，使该地区的5900万亩的可耕种土地只有1800万亩被耕种，[4]水制约了经济发展。因此，水资源问题演变为地区重要的政治议题，水危机的解决面临许多困难。

第一，中亚地区的一个突出特点是资源分布不均，上下游国家意见分歧大。哈萨克斯坦、土库曼斯坦和乌兹别克斯坦的石油和天然气探明储量居世界前列，而吉尔吉斯斯坦和塔吉克斯坦的水电潜力约占该区域水资源的绝大部分。[5]塔吉克斯坦和吉尔吉斯斯坦两国拥有中亚地区地表水资源的2/3，分

---

〔1〕 参见李琪：《"中亚"所指及其历史演变》，载《新疆师范大学学报》（哲学社会科学版）2015年第3期。

〔2〕 See United Nations Development Program，"Water Critical Resource For Uzbekistan's Future"，Publication in support of the Millennium Development Goals Goals 7：Ensure environmental sustainability，p. 9.

〔3〕 参见中国－上海合作组织环境保护合作中心编著：《上海合作组织成员国环境保护研究》，社会科学文献出版社2014年版，第70页。

〔4〕 See Shokhrukh-Mirzo Jalilov et al.，"Water，Food，and Energy Security：An Elusive Search for Balance in Central Asia"，*Water Resources Management*，Vol. 27，2013，pp. 3959-3979.

〔5〕 See Renat Perelet，"Central Asia：Background Paper on Climate Change"，Human Development Report 2007/2008，Human Development Report Office Occasional Paper，2007，p. 2.

别拥有中亚两大主要河流阿姆河和锡尔河 80% 和 74.2% 的水资源。[1]土库曼斯坦、哈萨克斯坦和乌兹别克斯坦三国从苏联时期开始一直是本地区水资源的主要消费国,[2]但是,乌兹别克斯坦每年人均用水资源仅为 504 立方米,而土库曼斯坦仅为每人 244 立方米,已远远低于水资源危机的临界线——人均年占有水资源量 1000 立方米。[3]由于水资源分配的严重不均匀,任何对现有水资源使用的改变,都会引起相邻国家的强烈反对。例如,塔吉克斯坦计划在瓦赫什河(Vakhsh River)上修建罗贡水坝(Rogun Dam),从 20 世纪 60 年代苏联时期开始计划,于 1976 年开始建设,苏联解体后该工程停建,塔吉克斯坦不断地寻求外界的财务和技术的支持来完成该工程。乌兹别克斯坦作为下游国家强烈反对塔吉克斯坦修建水坝,请求世界银行对水坝的经济、社会和环境影响情况进行评价。世界银行经过 4 年的调查,于 2014 发表了评价报告,认为按照国际标准修建水坝对流域社会和环境的影响都是可以克服的,而对当代和后代的经济影响则是非常积极的,同时要求塔吉克斯坦修建水坝时要适当注意下游灌溉国家的利益。[4]有学者经过认证得出结论,该水坝将对农业生产和解决电力短缺问题产生相当大的积极影响,将使塔吉克斯坦的农业产量提升 50%。[5]但是,乌兹别克斯坦担心修建水坝会影响其棉花生产,持续反对修建罗贡水坝,塔吉克斯坦坚持继续修造该水坝,使两国关系一度变得剑拔弩张。[6]罗贡水坝的修建过程是中亚国家间水资源利用、能源和农业问题复杂关系的一个缩影。中亚地区水资源分布的不均衡性要求中亚各国

〔1〕　See Zulfiya Suleimenova, "Water Security in Central Asia and the Caucasus—A Key to Peace and Sustainable Development", MPDD Working Paper Series WP/18/01, United Nations Economic and Social Commission for Asia and the Pacific (ESCAP), 2018, p. 2.

〔2〕　参见 Mamedova Sabina:《中亚水资源利用及其法律保障研究》,上海外国语大学 2016 年博士学位论文。

〔3〕　See Food and Agriculture Organization, AQUASTAT data, Renewable internal freshwater resources per capita (cubic meters) —Europe & Central Asia (excluding high income), available at https://data.worldbank. org/indicator/ER. H2O. INTR. PC? locations = 7E, last visited on February 13, 2022.

〔4〕　See World bank, "Techno-Economic Assessment Study For Rogun Hydroelectric Construction Project, Phase II Report (Final): Project Definition Options, Executive Summary", July 2014.

〔5〕　See Shokhrukh-Mirzo Jalilov et al., "Water, Food, and Energy Security: An Elusive Search for Balance in Central Asia", *Water Resources Management*, Vol. 27, 2013, pp. 3959-3979.

〔6〕　塔乌两国于 2018 年恢复友好关系并签署"战略伙伴关系条约"。参见驻塔吉克斯坦使馆经商参处:《罗贡水电站投产及恢复与乌兹别克斯坦的友好关系为塔 2018 年的主要成就》,载 http://mofcom. gov. cn/article/jmxw/201812/20181202820415. shtml,最后访问日期:2022 年 1 月 1 日。

必须开展跨国合作，以确保各国能够公平和可持续地获得水资源。尽管中亚地区合作可互利，但各国政府不愿依赖邻国来保证其水和能源安全。

第二，经济的发展和人口的增长，加剧了水体污染和水资源冲突。中亚的人口每年以 1.64% 甚至更高的比率递增，1991 年以来，中亚人口已经增加了近 1/3。[1]由于人口的增加，对粮食的需要不断增长，导致中亚地区耕地面积不断增长，需要灌溉的土地面积不断增长。与不断增加的人口和耕地面积相反，中亚高山上的冰川不断减少，导致中亚人均水资源占有量大幅度下降。而对成为工业国家的渴望，中亚各国都大力发展工业，再加上农药的使用，中亚主要的地表水都富营养化。俄罗斯、中亚环保机构的资料显示，排入阿姆河的污水占其流量的 35%。乌兹别克斯坦和塔吉克斯坦境内排向河流、湖泊和水库的污水也占到其流量的 40% 以上。[2]由于各国的竞争利用，中亚以咸海为代表的所有河流流域生态系统都遭受极大的危机，为争取到更多的水资源各国冲突不断，仅在 20 世纪 90 年代，吉尔吉斯斯坦和塔吉克斯坦边境民间为争夺界河灌溉区域（伊斯法林斯克—巴特肯地区）就曾发生大规模械斗，[3]吉尔吉斯斯坦和乌兹别克斯坦在费尔干纳地区已发现水土争端，土库曼斯坦和乌兹别克斯坦之间在灌溉水分配和阿姆河三角洲水问题上发生冲突。[4]

第三，民族杂居和边境纠纷加剧了水资源冲突。苏联解体后，各共和国的划界问题一直纷争不断，由于各民族杂居，边界划分十分模糊。比如，在费尔干纳盆地吉尔吉斯族与塔吉克族是相互嵌入式的"马赛克式"族群杂居，由于当地民众相信"吉尔吉斯人就是吉尔吉斯斯坦的公民，塔吉克人就是塔吉克斯坦的公民。吉尔吉斯人住在哪儿，哪儿就是吉尔吉斯斯坦；塔吉克人住在哪儿，哪儿就是塔吉克斯坦"，使两国的边界一直处于模糊现状。[5]由于

---

〔1〕 See United Nations, Department of Economic and Social Affairs, Population Division (2019). World Population Prospects 2019, Online Edition. Rev. 1.

〔2〕 参见赵敏：《国际法视角下中亚跨境水资源国际合作问题探析》，载《新疆师范大学学报》（哲学社会科学版）2009 年第 2 期。

〔3〕 参见邓铭江等：《中亚五国跨界水资源开发利用与合作及其问题分析》，载《地球科学进展》2010 年第 12 期。

〔4〕 See Sandra Postel, *Dividing the Waters: Food Security, Ecosystem Health and the New Politics of Scarcity*, Worldwatch Inst., 1996, p. 10.

〔5〕 参见李立凡、陈佳骏：《中亚跨境水资源：发展困境与治理挑战》，载《国际政治研究》2018 年第 3 期。

边界模糊导致各国对人员流动管制松散，大量的人群为寻找工作机会不断迁入经济发达区域，使某些地区的人口趋向饱和，也使当地居民的民族构成发生改变，引发原主体民族和迁入民族间的对立，相互指责对方偷窃水资源，居民间因灌溉用水问题经常爆发冲突。[1]

第四，中亚地区的水资源冲突解决机制呈碎片化状态，使水冲突的解决更加复杂。中亚地区存在多个水资源解决机制，都不具有排他性，并对水资源治理持开放态度，不仅有联合国等国际机构参与，美国、俄罗斯、德国、日本等国家也非常活跃。中亚国家为解决水资源矛盾不断增设各种委员会、会议、安排等，这些机制普遍缺乏国际法基础，作用非常有限。[2]效果显著的都是由域外势力提供资金的机制，主要有三个：一是"全球水伙伴"（Global Water Partnership，GWP）创立的"水资源综合管理"（Intergrated Water Resource Management，IWRM）模式，将饮用水、灌溉水、水力发电和工业用水统一进行统筹管理。二是世界银行发起的多个水资项目，最典型的是"咸海盆地援助项目"（Aral Sea Basin Programs，ASBP）[3]，资助中亚五国建立的咸海流域问题跨国委员会和拯救咸海国际基金。该基金由世界银行和全球环境基金提供资金支持。世界银行还与一些发达国家联合在中亚发起了"中亚能源和水发展项目"（The Central Asia Water & Energy Program，CAWEP/World Bank Central Asia Energy - Water Development Program，CAEWDP）[4]，帮助中亚国家加强水资源管理。三是联合国开发计划署与欧经会创建了"中亚地区环境中心"（The Regional Environmental Center For Central Asia）[5]，该中心是协调中亚国家最重要的区域环境合作平台，目标是推进中亚地区水资源的治理和跨境合作。这三个机制都以推进中亚各国"水资源综合管理"为

---

〔1〕　See Fyodor Savintsev，"Conflicts in Kyrgyzstan Foreshadow Water Wars to Come"，*Creative Time Reports*，2014.

〔2〕　参见杨恕、王婷婷：《中亚水资源争议及其对国家关系的影响》，载《兰州大学学报（社会科学版）》2010年第5期。

〔3〕　See Aral Sea Basin Program (Kazakhstan, Kyrgyz Republic, Tajikistan, Turkmenistan and Uzbekistan) Water and Environmental Management Project (English). World Development Sources, WDS 1998 - 3 Washington, D. C. : World Bank Group.

〔4〕　See The World Bank，"Central Asia Water & Energy Program".

〔5〕　See "The Regional Environmental Center for Central Asia"，available at http://www.carecnet.org，last visited on April 18, 2024.

主要的解决方式，但各机制又是分别运行的，其受出资方的政策影响很大，各种势力相互角逐，使机制的运行很不稳定。

第五，阿富汗重建的用水需求增长，将进一步增加中亚水资源冲突的严峻性。阿富汗在地理位置上是阿姆河的上游国家，控制着阿姆河 8%的流量。阿富汗与中亚地区的用水关系，是按照苏联和阿富汗在 1946 年协议及其 1958 年议定书调整的。[1]由于阿富汗连年政局不稳，北部省经济发展缓慢，每年的用水需求变化不大。阿富汗的用水需求一直被中亚国家忽略，到目前为止，中亚地区的所有关于阿姆河开发的制度安排，都没有关于阿富汗的安排。[2]随着美军的撤离，阿富汗开始重建工作，其用水量必然会大幅增长。如阿富汗在 2007 年提出的"仙女山"（Good Hill）项目[3]，把阿姆河支流的水抽送到其马扎里沙里夫用于农业灌溉，对阿姆河用水量分配产生深远的影响。阿富汗是农业国，阿富汗北部的经济支柱是农业，今后其农业用水要求还会进一步增加。可以预见，随着阿富汗的重建，会进一步加重中亚地区的水资短缺。

二、中亚水资源合作机制的反思

国际法要求各国在解决水资源争端时必须履行真诚合作义务。"睦邻原则"要求各国在决定减少或中断能源和水的跨界供应时，应特别谨慎。国际水法不断强调合作和避免损害是国家的一般义务，要求各国确保最佳利用跨界水资源。中亚五国虽然因水资源争端变得关系紧张，但都接受在国际法的框架下开展合作是解决争端的唯一途径。能源和水政策专家普遍认为，以国家为中心的水和能源管理组织方式对水和能源安全提出了严峻挑战，并增加了中亚能源系统的碳强度（the carbon intensity），区域合作和资源综合管理是确保中亚能源和水资源有效利用的必要条件。[4]学者们提出，在气候变化的

---

〔1〕 参见廖成梅：《中亚水资源问题研究》，世界图书出版公司 2017 年版，第 22 页。

〔2〕 参见苏来曼·斯拉木、泰来提·木明：《中亚水资源冲突与合作现状》，载《欧亚经济》2014 年第 3 期。

〔3〕 参见苏来曼·斯拉木、泰来提·木明：《中亚资源冲突与合作现状》，载《欧亚经济》2014 年第 3 期。

〔4〕 See Siegfried Grunwald et al., Asian Dev. Bank, "Central Asia Regional Economic Cooperation: Power Sector Regional Master Plan", pp. 2-7, ADB Doc. October 2012, ADB project 43549-012.

大背景下，由于全球变暖加剧水资源的相对短缺（如干旱），增加了用水量（如农业灌溉），影响了石化燃料的开采和使用，即气候变化使中亚地区和能源的冲突变得更加明显。因此，中亚水危机的解决不是单纯的水资源分配问题，还涉及农业、能源和气候变化等多方面问题，这些问题相互关联，需要在国际法的框架下一体化解决。[1]根据美国夏威夷大学经济研究所的统计，目前全球有 137 个组织、机构及公司从不同角度研究水、能源、粮食和气候变化一体化解决方案。[2]在该理论的支持下，世界银行、联合国、欧盟等国际组织和一些发达国家设计的中亚水危机解决方案都将水、能源、粮食和气候变化问题联系起来设计一揽子解决方案，然而这些解决方案虽然也发挥了一些作用，但结果与预期相去甚远。

（一）苏联解体打破了运行良好的水、能源和农业一体化模式

中亚地区的水和能源的一体化管理在苏联时代曾做过系统的规划，苏联将中亚地区所拥有的水和能源的利用按照优化自然资源开发的原则进行了规划。在 20 世纪 60 年代，根据自然条件，在锡尔达里亚河和阿姆河的上游（现在吉尔吉斯斯坦和塔吉克斯坦）修建了水电站，由于乌兹别克斯坦和土库曼斯坦富有天然气及哈萨克斯坦富有煤炭，在乌兹别克斯坦（南部）、哈萨克斯坦和土库曼斯坦建造了火力发电厂，供应整个中亚地区的电力。由于锡尔达里亚河和阿姆河是中亚两条主要跨界河道，而中亚在苏联时期是主要的棉花产地，为保证在棉花生长季的用水，在上游吉尔吉斯斯坦的托克托古尔和塔吉克斯坦的努列克修建了大型储水水库，用于全流域的年水量调整。[3]统一的能源和供水方式有利于充分利用上游国家的水电潜力和下游国家的煤炭和天然气资源优势，可以充分发挥中亚资源结构的互补性。修建的水库虽然本意是保障农业生产，但带来的水电供应，减少了石化燃料的使用，特别是在夏季大幅降低了热能的排放，也降低了温室气体的排放，有利于减缓全球气候变化。为了确保上游水库中夏季灌溉所需的足够水位，吉尔吉斯斯坦和塔吉克斯坦冬

---

〔1〕　See Anatole Boute, "The Water-Energy-Climate Nexus Under International Law: A Central Asian Perspective", *Michigan Journal of Environmental & Adminitrative Law*, Vol. 5, 2016.

〔2〕　See Aiko Endo et al., "A review of the current state of research on the water, energy, and food nexus", *Journal of Hydrology: Regional Studies*, Vol. 11, 2017, pp. 20-30.

〔3〕　See Anatole Boute, "The Water-Energy-Climate Nexus Under International Law: A Central Asian Perspective", *Michigan Journal of Environmental & Adminitrative Law*, Vol. 5, 2016.

季要停止水电发电，同时乌兹别克斯坦、哈萨克斯坦和土库曼斯坦根据易货协议向吉尔吉斯斯坦和塔吉克斯坦提供热能和石化燃料，以补偿其冬季不使用水电生成的能源短缺。全流域的水量调整对中亚水资源管理产生了积极影响，它不仅在最需要的时候（夏季用于灌溉）提高了水的可用性，而且还避免在冬季发电放水时可能造成的损害。但苏联时期的水-能源安排是建立在主权国家内的统筹安排，要求锡尔达里亚河和阿姆河流域上下游地区密切合作。

苏联解体后，中亚五国曾为维护中亚水-能源一体化综合管理做出努力，哈萨克斯坦、乌兹别克斯坦、土库曼斯坦、塔吉克斯坦和吉尔吉斯斯坦缔结了区域协定，将苏联时期存在的以物易物为基础的方案条约化。下游国家乌兹别克斯坦和哈萨克斯坦承诺购买上游国家吉尔吉斯斯坦夏季发电量超过其自身需求量，同时作为夏季放水的交换，下游国家还同意在冬季向上游国家补偿因减少放水量造成的能源短缺相"等量"的火电和石化燃料。为了合理地规划河水的使用量，中亚国家专门成立了一个负责该水管理的国际机构——中亚国家间水资源管理协调委员会。该委员会在阿姆河流域和锡尔达里亚流域水协会的技术援助下，分配中亚各国的用水量。但是，在互不信任的气氛下，五国独立后都将能源独立作为主要政治目标，再加上五国所签订的以物易物方案中水和石化燃料的价格都是不透明的，而石化燃料的国际市场价格一路走高，下游国家抱怨夏季购买上游国家的电力增加了其供电成本因而不断减少其所购买的夏季水电和冬季供给上游国家的石化燃料，上游国家不得不在冬季增加放水量以弥补能源短缺，进而导致夏季的放水量不断减少。世界银行报告显示，在1991~2000年的10年期间，夏季上游国家的平均放水量下降到每年放水量的45.6%（前15年的75%），冬季的放水量从每年排放量的25%上升到55.4%，同时五国间的电力交易量下降了70%。[1] 这些变化的后果是，吉尔吉斯斯坦越来越依赖水电，将水库的供电作用凌驾于保障农业生产之上，使夏季灌溉用水严重短缺，而农业（特别是棉花种植）是下游国家主要的经济支柱，从而导致中亚五国间的关系紧张。

（二）现有中亚水资源合作机制效率低下

中亚五国间为了解决水资源争端签订多个条约，最有影响的是《阿拉木

---

〔1〕 See World Bank, "Water energy nexus in Central Asia: improving regional cooperation in the Syr Darya Basin (Russian)", *Washington, D. C.: World Bank Group*, 2004, pp. 10-11, pp. 4-5.

图协议》及根据该协定成立的中亚国家间水资源管理协调委员会（ICWC）和《关于解决咸海及其周边地带改善环境并保障咸海地区社会经济发展联合行动的协议》及根据该协议建立的咸海流域问题跨国委员会和拯救咸海国际基金会，1997年跨国委员会与拯救咸海国际基金会合并成为新的拯救咸海国际基金会（IFAS），故目前中亚地区形成的治理机制是以中亚国家间水资源管理协调委员会和拯救咸海国际基金会为主，以政策和宣言作为合作实践的模式，这种模式受资金和技术的限制，效果不理想，咸海日益枯竭。由于中亚地区的多边合作成效不大，各国开展了双边合作，该地区双边合作涉及的范围十分广泛，但由于各国制订政策都是从本国利益出发，合作缺乏诚意和保障，最终效果欠佳。各国拒绝合作产生能源、社会、经济和环境的高成本，并对这个具有特殊地缘政治意义区域的和平与稳定构成严重威胁，国际社会普遍认为需要外部法律机制来克服目前水资源跨国合作中的政治障碍。[1]

中亚地区较有成效的合作机制都是国际机构参与建立的，在国际机构的资金支持和技术帮助下开展的水资源合作项目。本节第一部分提到的三个机制是中亚水资源分配较为成功的范例，在联合国等多边机构的人才、技术和资金的支持下，动员了包括政府和私人部门在内的多元主体，按照民主治理的模式分配农业用水、工业用水、生活用水及能源发电用水等。这三个机制的目标都是实现对中亚水资源的综合管理，去中心化，实行民主善治，实现多领域机制联动，最终解决水资源合理利用和冬季能源短缺问题。[2]从现有水资源协调机制的效果来看，当前合作机制在一定程度上缓解了中亚国家间的用水冲突，但当前机制并没有按照设计目标实现水资源的综合管理，水资源利用效率低的问题依然存在。

第一，水资源、能源和农业生产的关系没有真正实现一体规划，依然是分开治理，导致各机制运行相互抵消，水资源冲突不断加深。水、能源、农业的一体化治理是，实现将不同部门和级别的不同利益相关者的利益追求和行动联系起来，以实现可持续发展的过程。水、能源和农业一体化强调三个部门间的合作互动，让各部门获得破除行业壁垒发展合作的机会。粮农组织

---

〔1〕 See Anatole Boute, "The Water-Energy-Climate Nexus Under International Law: A Central Asian Perspective", *Michigan Journal of Environmental & Adminitrative Law*, Vol. 5, 2016.

〔2〕 参见李立凡、陈佳骏：《中亚跨境水资源：发展困境与治理挑战》，载《国际政治研究》2018年第3期。

报告指出，"水–能源–农业一体化规划可以解决我们全球资源系统的复杂和相互关联的问题，我们依靠这些资源系统来实现不同的社会、经济和环境目标。它涉及平衡不同资源用户的目标和利益，同时保持生态系统的完整性"。[1] 现有的中亚综合管理机制，考虑到了水和农业生产的关系，尝试给水资源定价，[2] 但没有考虑能源的定价问题，上游国家的能源供应问题一直没有得到妥善解决，让水管理机制的效果大打折扣。

中亚地区的水资源一直处于供应短缺状态，富有水资源的国家因能源短缺发展水电加剧了水资源的短缺，而水资源的供应影响了整个地区的粮食生产，同时中亚地区又富有石化能源，富有能源的国家经济发展迅速，工业用水增加，对水资源产生更大的需求。以阿姆河为例，阿姆河是中亚水量最大的内陆河，咸海的两大水源之一，流经塔吉克斯坦、阿富汗、乌兹别克斯坦、土库曼斯坦四个国家。《阿拉木图协议》在阿姆河水资源分配时延续了苏联时期的安排，两个经济发展好的下游国家的配额多于两个上游国家，上游的塔吉克斯坦极为不满，再加上下游的乌兹别克斯坦和土库曼斯坦不愿意低成本向上游的塔吉克斯坦供应能源。三个下游国家既希望维持或增加灌溉用水供应，又不愿意对上游国家给予经济补偿，结果是塔吉克斯坦计划在上游建造罗贡大坝自行解决能源短缺问题，将水资源分配与能源供应脱钩。由于争议不断，虽然有水量分配协议，沿岸竞争性用水过度开发，使阿姆河流入咸海的水越来越少，其直接后果是导致咸海即将消失。[3] 咸海的不断萎缩使整个中亚的生态环境处于不断恶化当中，对当地民众的生活、农业和工业都产生非常严重的负面影响。要真正解决中亚水危机不仅是水量分配问题，还需要确保尊重中亚各国对粮食和能源安全的政治要求，在尊重相关限制条件的情况下，研究讨论中亚地区的水资源冲突的解决办法。因此，中亚地区水资源冲突解决，需要考虑相关制约因素，包括供水量、下游国家不遭受净经济损失的要求、可用土地、作物需水量、作物和能源价格、作物产量、作物生产成

---

〔1〕 FAO, "The Water-Energy-Food Nexus: A new approach in support of food security and sustainable agriculture".

〔2〕 参见吴宏伟:《中亚水资源与跨界河流问题研究》，中国社会科学出版社 2019 年版，第 89 页。

〔3〕 参见杨健:《中亚观察 | 因地势引发的水政治博弈》，载 https://www.thepaper.cn/newsDetail_forward_ 2088519，最后访问日期: 2021 年 12 月 13 日。

本以及建立全流域水管理的成本分摊等。[1]简而言之，水资源冲突的解决需要真正实现水、农业一体规划，综合治理。

第二，深受伊斯兰教文化影响的中亚，民主善治原则没有太多的适用空间。"水资源综合管理""咸海盆地援助项目""中亚地区环境中心"等多边机构援建的项目都是建立在"去中心化"和"综合管理"的理论之上，水资源综合管理是一个规范性概念，相信民主治理是其善治基础，相信多元主体共同参与有助于实现全球环境治理。中亚的水资源综合管理以市场经济和民主治理为基础，受新自由主义思想的启发，并假定在中亚地区这种治理的条件已经具备。[2]例如，根据"水资源综合管理"项目的设计，实行取水收费制度，增加流域农民参与决策的权利，但负责水资源分配的部门并不是政府部门，而是各级公众自治性管理机构，[3]这些机构对水量监控的技术条件比较落后，其权威性受到当地民众的质疑。早在公元 7 世纪起，伊斯兰教文化就已经在中亚大范围传播，即使在苏联统治时期伊斯兰教的影响依然非常强大。[4]苏联解体后，伊斯兰教迅速在中亚地区普及。[5]受伊斯兰教文化影响，中亚五国无论是民主治理的基础还是市场经济的发育都没有形成符合全球治理条件的市民社会，特别是在上下游国家间存在严重的矛盾冲突的情况下，仅技术层面的革新对"水政治"层面的影响不大。观察中亚各国家间关系，特别是塔吉克斯坦与乌兹别克斯坦的政治僵局，各国对水资源商品化有偿用水制度意见分歧严重，[6]使"水资源综合管理"所推崇的管理"去中心化"、水使用者赋权等理念难以在当地生根。[7]从当前的地区情势来看，民主

---

〔1〕　See Shokhrukh-Mirzo Jalilov et al. , "Water, Food, and Energy Security: An Elusive Search for Balance in Central Asia", *Water Resources Management*, Vol. 27, 2013, pp. 3959-3979.

〔2〕　See Christine Bichsel, "Liquid Challenges: Contested Water in Central Asia", *Sustainable Development Law & Policy*, Vol. 12, 2011, p. 24.

〔3〕　参见林黎：《丝绸之路经济带上中亚五国水资源一体化管理探析》，载《西部论坛》2015 年第 4 期。

〔4〕　参见常玢：《伊斯兰教在中亚的传播与发展》，载《东欧中亚研究》2001 年第 1 期。

〔5〕　参见崔建树：《伊斯兰教在中亚复兴的原因及其对中亚安全的影响》，载《世界经济与政治论坛》2002 年第 2 期。

〔6〕　See United Nations, "Strengthening cooperation for rational and efficient use of water and energy resources in Central Asia", 2004.

〔7〕　参见李立凡、陈佳骏：《中亚跨境水资源：发展困境与治理挑战》，载《国际政治研究》2018 年第 3 期。

治理、去中心化等措施在上合组织地区缺乏社会基础和技术条件，这种西式的区域环境治理模式导致合作的效率和效果并不理想。

第三，中亚五国的合作机制注重规则的制订，缺乏有效的监督执行机制。中亚水资源的最佳利用并不完全取决于富水国家或上游国家的行动，能源丰富的下游国家向上游国家提供化石燃料或火电来避免水电的不可持续使用，也是实现资源合理分配的前提之一，但"水资源综合管理"没有涉及下游国家对上游国家的补偿安排。下游国家不愿意低价向上游国家提供石化燃料或不愿意购买上游夏季水电时，上游国家的能源供应无法保障，上游国家冬季使用水电必然减少了第二年的供水量，下游国家抱怨上游国家不肯多放水，形成恶性循环。恶性循环形成的最直接的原因是合作机制中没有责任机制。如果在下游国家拒绝购买夏季水电和不低价供应石化燃料时，对下游国家进行问责，要求其必须履行义务，保障了上游国家的权利，则水资源能够得到更合理的使用。由于没有责任机制，下游国家不履行义务，上游国家也不履行义务，合作机制就根本发挥不了作用。无论是世界银行、联合国机制还是其他中亚地区水资源合作机制都缺乏有效的执行机制，对不遵守协议的国家没有制裁手段，国家间不信任感增强，上游国家兴建水利工程，无论是否对下游国家有利，下游国家都拒绝分摊成本，上游国家自担费用修建的水利工程自然会更倾向于只保护本国利益，导致水资源使用的矛盾更加突出，合作机制的执行更加困难。

第四，中亚国家忽视水利工程的建设和维护，水资浪费严重，影响了合作的效率。中亚国家一直都希望域外势力捐助和援助水资源治理合作项目，内部改造和维护水利工程的动力不足。中亚国家的灌溉技术落后，对节水设施的投入严重不足，甚至比不上巴基斯坦或埃及这样的发展中国家。苏联解体后，苏联时期的原灌溉工程没有得到维护，中亚国家宁愿给农户发用水补贴也不维护水利工程。[1]中亚五国在合作时，都想增加本国的用水量配额，而不是提高用水效率，不承认本国在咸海危机方面的负面作用，不断批评他国做法，[2]合作的效率要再打折。另外，根据国际水资源习惯法，多国河流沿岸国都有义务保护和合理利用流域水资源，但由于发展的不平衡，使水资

---

[1] See Julia Bucknall et. al. , "Irrigation in Central Asia: Social, Economic and Environmental Aspects", The World Bank, 2003.

[2] 参见 Mamedova Sabina:《中亚水资源利用及其法律保障研究》，上海外国语大学 2016 年博士学位论文。

源多的国家用水少，而水资源少的国家用水多，即存在权利和义务不对等现象，导致下游国家对水利工程的建设和维护持消极态度。

（三）上海合作组织框架内解决中亚水资源冲突的障碍较多

其一，从积极方面来看，介入中亚水资源冲突解决进程，符合上合组织的建立宗旨。受政治、经济和科学技术发展水平的影响，中亚五国希望得到世界的捐助和援助来治理水资源冲突，甚至有学者提出由域外势力来监督水资源合作机制的执行，[1]联合国、欧盟、俄罗斯和美国等都试图主导中亚水资源的解决进程。由外部势力主导中亚水资源合作机制不符合上合组织建立的宗旨，上合组织的战略目标是依赖本地区的力量而不是外部势力来维护本地区的安全和稳定。[2]在上合组织框架下合理解决中亚水资源冲突问题有利于提升上合组织在国际上的影响力，也有利于上合组织地区的安全与稳定。上合组织是中国主导的第一个国际组织，除土库曼斯坦外的其他中亚国家均是上合组织发起国家，上合组织也高度重视中亚国家间的水资源冲突问题，但上合组织在解决中亚地区水危机方面贡献不多。

其二，从消极方面来看，上合组织的运行机制阻碍上合组织在中亚水资源冲突的解决中发挥作用。第一，上合组织实行"协商一致原则"，虽然尊重了各成员国的主权，却阻碍了上合组织框架下务实合作的开展和推进。中亚实现一体化有利于水资源争议的解决，但中亚各国受地缘政治、经济及域外势力等各种因素的影响，很难实现一体化。[3]上合组织成员国间的合作往往是以双边合作或小多边合作形式开展，目前上合组织框架内的水资源合作多是采取这两种方式，虽然根据《上海合作组织宪章》第16条的规定，上合组织承认双边或小多边合作形式，[4]但这种合作并非上合组织框架下的合作。第二，上合组织的规则以软法为主，缺乏拘束力，而中亚国家间的现在水资

〔1〕 See Eric W. Sievers, "Water, Conflict, and Regional Security in Central Asia", *New York University Environmental Law Journal*, Vol. 10, 2002, pp. 356-402.

〔2〕 上合组织在2005年拒绝了美国观察员地位的申请，接受了巴基斯坦、伊朗、印度本组织观察员地位，此后接受的观察员申请国家均是本地区国家，两次扩容的国家亦是本地区国家。

〔3〕 参见赵常庆：《中亚一体化建设缘何至今无果》，载 https://www.essra.org.cn/view-1000-2694.aspx，最后访问日期：2022年2月9日。

〔4〕 参见许涛：《上海合作组织务实领域合作模式的创新与尝试——关于上合杨凌农业技术交流培训示范基地建设的思考》，载李进峰主编：《上海合作组织黄皮书：上海合作组织发展报告（2020）》，社会科学文献出版社2020年版，第153-164页。

源协调制度缺乏监督执行机制是其效果不理想的主要原因，这一缺陷在上合组织框架无法得到补救，反而会加重这一状况。第三，上合组织缺乏稳定的资金支持。上合组织开发银行至今没有成立，上合组织也没有环保专门资金，环保活动资金来自各成员国的自愿捐赠，中国目前是上合组织框架下环保合作项目的主要出资国，虽然中国愿意为上合组织成员国间的合作提供资金支持，但中国的自愿捐赠不是上合组织资金的常规资金。第四，中亚国家没有在上合组织框架内解决水资源冲突的意愿。经过13年的磋商，《上合组织成员国环保合作构想》删掉了关于水资源问题条款才得以通过。另外，土库曼斯坦作为永久中立国，没有加入上合组织，因此，土库曼斯坦将来也不会加入上合组织，亦没有文件表明土库曼斯坦有意在上合组织框架解决水资源争端。

三、中国推动中亚水资源冲突在上海合作组织框架下解决的考量

中亚地区在上合组织中占有重要地位，中亚的水资源安全关系到中国与中亚的合作成败。中国作为中亚安全最重要的利益相关方，确保中亚和平稳定对中国具有极为重要的地缘政治利益和经济利益。中国与中亚国家建交30年来，各方合作发展迅速，中国对中亚的外交政策从早期的安全合作，过渡到注重经贸和能源合作，再到"丝绸之路经济带"的全方位合作。中国与中亚国家都开展环境保护方面的合作，中国还与哈萨克斯坦开始了跨界水资源利用的谈判，[1]但中国在水资源的合作与能源合作相比，明显居于次要地位。无论是从政治安全还是经济利益考虑，中国必须推动在上合组织框架内中亚水资源争议解决过程，弱化其他环境合作机制在上合组织地区的影响，通过水资源管理制度创新，帮助中亚国家实现地区稳定和社会长治久安。

（一）中国在上海合作组织框架下推动中亚水资源治理的必要性

从国家内部因素来看，中国推出"一带一路"倡议以后，将中亚国家列为重要的合作伙伴，中亚成为中国重要的能源供应地，保持中亚地区的和平和稳定，对"一带一路"的顺利实施至关重要。新疆地区与中亚国家共享30多条河流，出境水量占新疆地表径流的1/4，为照顾下游国家利益，中国一直

---

[1] 参见《哈萨克斯坦与中国开展跨界水资源利用谈判》，载 https://www.investgo.cn/article/gb/gbdt/202107/551854.html，最后访问日期：2022年1月8日。

以来对国际河流开发程度比较低。[1]中国在过去很长的时间里，在中亚国家的水资源治理问题上一直采取不参与、不选边站的中立立场。[2]在"一带一路"倡议实施后，新疆的口岸经济、工农业生产都有跨越式增长，对水资源的需求不断增加，国际河流的开发列上日程，需要与中亚国家开展沟通和交流。另外，在"一带一路"建设过程中，中国企业参与了中亚地区多个水电项目和现代农业节水合作项目，为维护海外投资安全，中国应该参与中亚地区水资源冲突解决。从水资源协调治理的经验看，中国具有丰富的跨流域水资源治理经验，中国南水北调工程、与东盟国家的"澜-湄"区域治理对中亚国家的水资源协调治理非常具有借鉴意义。

从国际形势和外部压力来看，中亚由于其特殊的地缘位置牵涉到多个大国的利益，美国、俄罗斯、欧盟、印度在中亚都呈现出竞争势态，都将解决中亚水资源矛盾作为参与中亚事务的突破口。美国、日本和欧盟等域外势力通过参与中亚水资源争端解决过程，成功在中亚地区获得话语权，美国更是实现了与俄罗斯和中国三足鼎立的局势。[3]在各大国的干预下，中亚的政治合作出现碎片化局面。中亚与中国地区相邻，中亚地区环境持续恶化，中国的生态环境也将受到不良影响。中亚地区生态环境脆弱，环境因素容易向国家安全因素传导。在"中国威胁论"的影响下，中国单边推进中亚水资源治理容易受到猜忌，推动在上合组织框架内进行中亚地区的水资源治理，强调实现低碳和绿色合作，有利于消除中亚国家的担忧，同时也能维护中国的国家安全。同时，中国积极推进在上合组织框架内解决中亚水资源治理，有助于上合组织在中亚地区的影响力，为区域环境合作树立一个新模式，同时有助于提高中国在应对气候变化中的话语权。

（二）中国推动上海合作组织框架下进行中亚水资源治理的路径

由于上合组织框架参与中亚水资源治理如上文所述存在诸多障碍，在上合组织目前的形势下，中国应当依托"一带一路"以出资国的身份积极介入

---

[1] 参见王志杰主编：《新疆地表水资源概评》，中国水利水电出版社 2008 年版，第 114 页。

[2] 参见吴宏伟：《中亚水资源与跨界河流问题研究》，中国社会科学出版社 2019 年版，第 119 页。

[3] 参见肖斌：《美国与中亚国家关系：基于水外交的分析》，载 http://www.easdri.org.cn/newsinto/518450.html，最后访问日期：2022 年 2 月 9 日。

中亚地区的水资源治理。

第一，中国应积极推进中亚五国实行水、粮食和能源的一体化解决方案。大量研究表明，在气候变化的大背景下，由于全球变暖加剧中亚地区水资源的相对短缺（如干旱），增加了用水量（如农业灌溉），影响了石化燃料的开采和使用，即气候变化使中亚地区和能源的冲突变得更加明显。因此，中亚水危机的解决不是单纯的水资源分配问题，还涉及农业、能源和气候变化等多方面问题，这些问题相互关联，需要在国际法的框架下一体化解决。[1]能源和水政策专家认为，以主权国家为单位的水和能源管理方式对水和能源安全提出了严峻挑战，并增加了中亚能源系统的碳强度（the carbon intensity），区域合作和资源综合管理是确保中亚能源和水资源有效利用的必要条件。[2]

第二，中亚地区水资源和能源分布非常不均匀又极具互补性，实行水资源、粮食和能源一体化需要进行制度创新。有学者建议通过"水足迹"和"碳足迹"标签的方式来限制高水含量和碳含量商品的贸易和消耗，以节约水资源和减少碳排放。[3]中国与中亚国家地理上相邻，共享多条国际河流，中亚富有能源，中国的发展需要中亚国家的能源，粮食的生产依赖于水和能源的供给。[4]中国作为中亚国家最重要的贸易伙伴和投资国，随着中国"一带一路"倡议的建设的进一步深入，中国将继续扩大与中亚国家的贸易和投资，中国有能力在与中亚贸易和投资时进行"水足迹"和"碳足迹"控制，在中亚地区推行水、能源和粮食一体化合作模式，同时通过投资中亚各国的水、能源和农业项目等方式引导五国逐步加强互信，并逐渐实现三者的一体安排。将水、粮食和能源一体化治理有助于水资源危机的缓解，为跨部门的综合管理和治理的新方法奠定了基础。中国为解决中亚水危机，与哈萨克斯坦等国开展了水资源合作，特别是与哈萨克斯坦先后合作霍尔果斯河友谊联合引水枢纽工程和苏木拜河联合引水工程都为哈方解决水危机提供了有力

〔1〕 See Anatole Boute, "The Water-Energy-Climate Nexus Under International Law: A Central Asian Perspective", *Michigan Journal of Environmental & Adminitrative Law*, Vol. 5, 2016.

〔2〕 See Siegfried Grunwald et al., Asian Dev. Bank, "Central Asia Regional Economic Cooperation: Power Sector Regional Master Plan", pp. 2-7, ADB Doc. October 2012, ADB project 43549-012.

〔3〕 参见于宏源、李坤海：《中亚"水—能源—粮食"安全纽带：困境，治理及中国参与》，载《俄罗斯东欧中亚研究》2021 年第 1 期。

〔4〕 See Stephan, Raya Marina et al., "Water-energy-food nexus: a platform for implementing the Sustainable Development Goals", *Water International*, Vol. 43, 2018, pp. 472-479.

支持，[1]中哈之间修建了通向中国的原油管道。中哈的做法值得在中亚地区推广，中国也是一个缺水的国家，[2]中国 2020 年的人均水资源总量仅为 2239.8 立方米，[3]没有能力和意愿向其他国家供水，但是通过水资源、能源和粮食一揽子安排，对本国资源进行最大化利用，努力实现水和能源的最优分配，获得中哈两国双赢的结果。

第三，中国推进的水、能源和粮食一体化安排应和具体项目相结合。美国在中亚的水外交主要围绕咸海盆地气候适应与减缓计划和智慧水域项目开展，取得不错的效果。中国在中亚的水资源合作亦应围绕具体项目开展，当前中国与中亚国家的合作主要集中在水利工程建设方面，缺乏系统性和顶层规划。中亚地区两大湖泊，咸海和里海，都面临着严重的生态危机，咸海已经快干枯了，里海也处于不断缩减状态中。科学家预测，如不加以干预，到 21 世纪末，里海水平面将大幅下降，里海北部和东南部边缘将彻底干涸。[4]在不久的将来，里海将面临咸海现在所面临的问题。世界银行、欧盟、德国、美国等西方国家为咸海治理提供了长期持续的计划和资金支持，中国也参加了咸海治理工作，但主要是提供技术援助，[5]参与程度较低，影响力不大。中国应该在今后里海治理中发挥大国作用，为里海治理提供长期持续的资金援助和技术援助，持续帮助中亚国家改善落后的农业水利基础措施，逐步减少中亚国家农业部门的用水需要。里海区域蕴藏着丰富的石油，有利于中国推行水、能源和粮食一体化安排。中国在里海危机初现时就参与到治理当中，有利于形成里海治理"中国模式"，彰显中国智慧和力量，是"人类命运共同体"理论的具体实践。

---

〔1〕 参见《"一带一路"重点项目解决了哈萨克斯坦引水难》，载 http://mini. eastday. com/bdmip/190419001028109. html，最后访问日期：2021 年 12 月 17 日。

〔2〕 按照国际标准，人均水资源低于 3000 立方米为轻度缺水；人均水资源低于 2000 立方米为中度缺水；人均水资源低于 1000 立方米为严重缺水；人均水资源低于 500 立方米为极度缺水。参见杨杰：《全国部分省市水资源总量及人均水资源量排名》，载 http://www. h2o - china. com/news/245343. html，最后访问日期：2021 年 12 月 17 日。

〔3〕 参见国家统计局：《年度数据（2020）》，载 https://data. stats. gov. cn/easyquery. htm? cn = C01&zb = A0C02&sj = 2020，最后访问日期：2021 年 12 月 17 日。

〔4〕 See Matthias Prange et al. , "The other side of sea level change", *Communication Earth & Environment*, Vol. 1, 2020.

〔5〕 参见王瑟、王艺钊：《"哭泣"的咸海来了群中国科学家》，载《光明日报》2020 年 12 月 15 日，第 8 版。

　　第四，中国推进的水、能源和粮食一体化在里海治理安排时应积极推进统一的水资源协调治理中心的建立，避免沿用联合国和西方国家主导的水分配机制中常采用的所谓"民主管理"和"去中心化"等措施。"民主管理"和"去中心化"使违法取水的成本降低，是众多中亚水管理机制不成功的关键所在。在苏联时期，在中央政府调控下，中亚五国的水资源和能源与农业产生实现了较为合理的配置。在苏联解体后，由于五国缺乏信任，对水资源实现竞争性开发，是中亚地区水资源发生危机的主要原因。因此，中亚地区的水、资源和农业生产的一揽子解决需要有一个各国都信任的机构负责协调。中亚主导的水机制应该是立足于国家间的合作，由各国政府谈判决定水资源和能源的价格与分配量和农业生产规模，国内企业和民众的用水量是由本国政府来调配和管理，各国政府是水资源分配管理的中心。谈判是常规性的，每年进行一次，水和能源的价格与分配数量根据社会和经济的发展情况进行调整。为保证谈判的顺利进行，中亚地区应当建立中亚水资源和能源分配研究机构，中国应当为该机构提供资金和技术的支持，帮助中亚国家实现对水和能源的数据化管理，为谈判结果的科学性提供技术支持。应该注意的是，国家间的合作应避免当前中亚国家间水资源管理协调委员会模式，该委员会从 1992 年成立至今已经举行了 86 届会议，该委员会只具有论坛性质，每次会议都在讨论问题，实质上不解决问题。因此，水资源协调中心需要建立相应的奖惩制度。出资国应该具备参与中亚国家水资源谈判的资格，严格执行水资源协调分配方案的国家可以获得更多的财政和技术援助，对执行协调分配方案不力的国家减少财政援助。

　　第五，中国应推进中亚国家里海治理的水、能源和粮食一体化多边综合条约或协议的制订。中亚国家缺乏多边综合性条约，水资源治理的条约和机制碎片化，难以形成有效的协调治理机制。流域多边综合性治理机制，欧洲莱茵河治理和美国五大湖流域综合治理都是非常好的范例。中国亦有成功的国际河流治理经验，其中澜沧江-湄公河合作机制最具有典型性。"澜-湄机制"以保护环境和实现可持续发展为目标，是亚太区域最具合作前景的新机制。中国与中亚五国的水资源治理合作可以"澜-湄机制"为蓝本，借鉴"澜-湄机制"中的"3+5+X"方案，为中亚地区水资源、粮食、能源可持续发展提供政治、经济、技术、科学的一揽子解决方案，进一步推进中亚区域合作机制的建立和深化。

上海合作组织框架下
环境合作机制的完善构想

　　上合组织成员国在宗教、文化及社会制度方式的差异太大，特别是经历过一次扩员之后，成员国间的合作还需要磨合。因此，上合组织的环境合作不可能采用欧盟或北美自贸区模式。上合组织区域环境合作，应关注成员国对生态安全的焦虑，尊重环境主权，以实现成员国可持续发展为目标，以共商共建共享的区域治理为手段，中国的"一带一路"倡议是上合组织环境激励措施的理想支撑，以环境激励为主推动环境治理，逐渐开展上合组织区域多边合作。"一带一路"倡议的建设配合上合组织的环境激励机制应以市场激励和赋能激励为主，中国作为"一带一路"倡议的出资国，应当发挥经济体的优势，引导激励机制的发展与制度化。成员国间的贸易合作与投资合作是环境激励机制的主要表现形式，同时考虑"亚投行"对项目投资的引领作用，及"中国气候变化南南合作基金"和"应对气候变化南南合作'十百千'项目"的辅助作用。赋能激励主要是帮助成员国加强能力建设，如中国建立了上海合作组织环保信息平台，承诺提供人员培训、环境法律人才培养、帮助其建设数据收集和系统观测的网站或组织等。

第一节　上海合作组织环境合作制度框架

　　上合组织成员国的生态现状差异很多，根据达沃斯世界经济论坛公布的对 133 个国家的 16 个生态指标的评估，上合组织成员中俄罗斯排名最靠前居

32 位，塔吉克斯坦最靠后居 117 位。[1]同时上合组织成员国都是发展中国家，都面临着经济发展的任务，因此上合组织成员都面临着相似的问题，成员间的开展环境合作空间很大。但要长期、有效地开展地区合作，就应当建立健全相应的合作机制。

一、合作原则

2012 年上合组织北京元首理事会通过了《上海合作组织中期发展战略规划》（以下简称《规划》），2015 年上合组织乌法峰会又根据《规划》通过的《上海合作组织至 2025 年发展战略》（以下简称《战略》），这两个文件提出上合组织的优先领域仍然是保障地区安全，并确定未来的行动方向是，加强经贸领域的合作，促进人文合作。根据《"上海合作组织"成立宣言》和《上海合作组织宪章》、《上海合作组织成员国长期睦邻友好合作条约》确定的合作宗旨，为顺利实现《规划》和《战略》所确定的目标和任务，上合组织秉持"互信、互利、平等、协商、尊重多样文明、谋求共同发展"的"上海精神"，根据自身优势，落实各项合作。为此，上合组织开展环境合作必须坚持以下三个原则：

第一，在组织机制改革创新的同时，努力挖掘现有机制的潜力，将环保合作与其他领域的合作紧密结合起来。例如，依据《上海合作组织秘书处条例》确定的部门规则和权限到目前为止并未能得到有效执行，如上合组织环保合作网站的建设、信息通报机制、向成员国提出合作的建议、监督合作机制等，在实践中都没有得到充分的落实。环保合作是上合组织合作中的一类，秘书处的工作职权范围应包含推进和监督环保合作的内容，因此，利用现有机制开展环保合作亦具有相当重要的意义，有利于最终实现组织合作潜力的最大化。

第二，应坚持"多边与双边合作相结合"原则，开展环保合作。区域合作需要结合区域现实和成员国的国情，只要能够促进成员国的发展和地区的安全与稳定，双边合作和多边合作都是不错的合作方式。新成员的加入、各国国情差距大及国际力量对比关系变化的影响，使上合组织从成立至今一直存在"环保合作项目基本都是双边，多边合作项目少"的特点，这是当前情

---

[1] 参见聂书岭：《俄罗斯在世界生态评估中排第 32 位》，载《中亚信息》2006 年第 2 期。

势下的自然的选择，不能为追求所谓的"规模效应"刻意追求多边合作，不符合国际情势的制度设计不能真正实现环保合作的多边化。另外，"一带一路"倡议亦是由中国基于双边关系推动的全球公共产品，"一带一路"倡议当中推进的环境合作亦是以双边合作为主。因此，双边环境合作将长期在上合组织环境合作中占有重要地位。多边合作是区域组织建立的价值所在，实现区域层面的环境合作是上合组织环境合作追求的目标。从以双边环保合作为主向以多边环保合作发展，是一个渐进的过程，中国"一带一路"亦有向多边发展的倾向，这将有助于加快这一进程，引导上合组织向多边环保合作方向发展。

第三，应坚持"实体项目和能力建设为主，制度协调为辅"的合作原则。[1]通常国际组织内部的合作可分为制度协调、务实项目和能力建设三大部分。制度协调的重点是建设组织的法律和规则，是成员国就组织的法律制度和规范进行磋商的行为，最后形成组织合作的法律框架；实体项目合作是在具体的项目中开展合作，如中哈霍尔果斯河联合引水枢纽工程和500千伏高压输变电工程、中俄界河水质监测、中巴公路工程项目等；能力建设的目的是提高成员国政府、企业和公民的思维、分析、判断、自我发展的能力，通过人员培训、帮助技术升级和公民教育等提高国家整体参与环保合作、履行环保义务的能力水平。由于上合组织成员国的社会制度、宗教文化及国家发展程度都存在巨大差距，大部分成员国的环保履约能力都比较弱，对国际法律环保法律制度的接受度不高，采取环保项目合作和能力建设合作有利于扬长避短，深入落实组织既定的环保合作战略。从上合组织多年的环保合作所取得的成就来看，在务实项目和能力建设方面都取得了一定程度的成果，促进了项目实施地国家的环境改善和经济的发展；而在制度协调方面进展非常缓慢，经过多年努力，艰难通过的《上合组织成员国环保合作构想》并没有法律拘束力，这既表明上合组织开展制度协调的难度非常大，也说明开展务实项目和能力建设合作更符合上合组织的实际情况。

---

〔1〕　参见张宁等:《上海合作组织农业合作与中国粮食安全》，社会科学文献出版社2015年版，第403页。

二、合作内容

（一）开展从中央到地方多层次的官方环保合作

中央层次的环保合作是主管机关和大型央企间的合作，例如，中哈两国就霍尔果斯河引水工程、中俄两国界河水系水质监测等。地方合作是各国地方行政机关间的合作，由于自然条件和资源禀赋相近，地方合作比中央政府间的合作更有效率。地方合作有边境地区的合作、地方政府的环保合作两种合作方式。边境地区的环保合作一般是由两国边境地区内的自然资源与生态环境实现联合保护，例如，黑龙江省与哈巴罗夫斯克市边疆自然资源保护合作、黑龙江省与滨海边疆区自然资源保护合作等，通过建立边境自然保护区、联合机构、定期协商、边境联合执法等措施，实现边境地区环保综合管理。地方政府间的环保合作是指一国的地方政府与另一国的地方政府之间开展的合作，通过两国省（州）的政府签订合作意见书、开展地方项目合作等，例如《黑龙江省环境保护厅与阿穆尔州自然资源部友好会谈纪要》《黑龙江省与犹太自治州环保领域合作意见书》等。

（二）官方合作与民间合作双轨推进

官方合作（政府间合作）负责制度合作的制订和发展规划，如进行环保合作的顶层设计，规则环保合作的项目计划、能力建设、人员交流及情报交换、制订环保标准等。政府间合作以维护和增进全社会的公益为目的，追求国家和社会的整体利益，以实现可持续发展为目标。民间合作是在官方合作的基础上，负责落实执行官方合作达成的协议、规划及意见等。民间合作是由具体的组织或个人为自身利益所从事的行为，民间的环保合作通常是以能够获得经济利益为目标。当前最活跃的民间合作主体主要有企业、学术机构、非政府环保组织等。

国家的环保合作义务有相当的一部分需要由企业、个人和其他组织来具体执行。例如，国家间的环境友好型技术的转让和使用都是由企业来完成，人员培训和交流往往是由学术机构来承担，许多小型环境保护项目的资金往往来源于非政府环保组织。政府与民间合作相结合，对政府来说，可及时准确地了解相关信息，使决策效果达到最佳，更有针对性。对民间企业、机构和组织来说，可以更准确地理解和把握政府的政策意图和精神，有合法渠道把自己的意见与需求反馈给有关政府。这种合作模式有利于形成良性循环，有利于国家的绿色发展，实现国家间真诚合作共同应对气候变化。

（三）开展全球层次、区域层次、双边层次的立体合作

上合组织成员国都是在三个层次上开展对外环保合作，一是全球层次，参与联合国机构、世界银行、全球多边环境保护条约组织下的环保合作；二是在地区层次上，参加各类区域组织的环保合作，如独联体、欧亚经济联盟、南亚区域合作联盟等区域组织都在开展成员国间的环保合作；三是双边层次，成员国一对一地开展环保合作，如中国与上合组织成员国都建立起双边环保合作关系。在这三个层次都取得了一定的成就，在全球层次方面，中亚、南亚地区获得大量的资金支持帮助其加强能力建设；在地区层面，由于历史、宗教及文化等元素相近的原因，使其在区域层面比较容易达成合作协议，只是执行效果不尽如人意；在双边层次上，由于方式灵活发展得最快，特别是中国利用其经济总量大的优势，与其他成员国开展形式多样的环保合作，优化了环保资源和资金供给，刺激成员国向绿色发展的道路上前进，提高了民众生活环境和生活水平。

（四）开展管理型、治理型、护理型等全方位合作

国家的环境保护合作按合作性质可分为，管理（保护合法）、治理（打击非法）、护理（继承和发扬）型等三类。管理型合作就是共同维护生态环境系统的合理、有序的开发和利用，保障所有国家及民众对生态环境的享有权和经济发展的权利，避免不合理的或过度的开发破坏生态平衡。例如，成员国对共有河流的流域生态环境的保护安排、支持环境友好型技术的研发和推广、扩大公众参与、建立环境影响评价制度、环境灾难的应对和处理合作、动植物检疫等。治理型合作是共同依法合作打击破坏自然资源和损害生态环境的犯罪活动，如在开发中的乱采滥伐、工业发展中的破坏耕地和植被、地下水超采、水污染、空气污染、固体废物污染、破坏生物多样性等。护理型合作是共同对自然资源和生态环境的传统非物质文化予以保护和发扬，如建立自然保护区、提供传统肥料减少化肥的使用、保护濒危野生动植物、保护文化古迹等。

三、合作机构

在应对气候变化的大背景下，成熟的区域组织都将环保合作列为重要的工作内容，同时还会设立专门的环保机构。上合组织一直将环保合作列为重要的工作领域，但各种原因导致上合组织内并没有设立专门的环保合作机构。目前上合组织框架内运行的环保合作机制主要有环境部长会议、环保专家会议等。此外，上合组织秘书处负责组织文件的落实，故上合组织就环保合作所制订的文件和规划等由秘书处负责执行，因此，秘书处也是负责组织环保合作的机构。

中国一直致力于推动上合组织的环保合作，成立了中国—上海合作组织环保合作中心，与成员国开展环保政策研究和技术交流、生态恢复与生物多样性保护合作、协助制定本组织环保合作战略、加强环保能力建设。该中心成立以来，举办了多次研讨、培训活动，邀请成员国环保和外交部门官员、专家、企业代表参与中心活动，分享成员国的环保经验和技术交流，获得各成员国的好评。中国还积极推动上合组织环保信息共享平台的建设，从2013年李克强总理提出倡议以后，中国为平台的建设献计献策，最终于2014年依托中国—上合组织环境保护中心启动了该平台的建设，该平台的目标是为各成员国提供一个综合服务合作平台，服务的内容包括共享环保信息资源、政策对话与交流、环保合作试点示范、生态环保联合科学研究、环保能力建设等。"上海合作组织环保信息共享平台"的门户网站目前已正式开通上线运营，由于网站正在建设中，其中的内容不多，主要都是介绍中国的环保政策和法律，除俄罗斯外，其他成员国的环保政策、法律法规都没有上网，其他内容项目都在建设当中，平台建设的进度落后于平台规划进度，因此，各成员国还需要进一步协调。

上合组织成员国结构复杂，多年来虽然就开展环境合作达成共识，但相互合作的情况并不乐观。为改善目前的状况，上合组织应该重构环境合作机制。受地缘政治的影响，上合组织环保合作机制的重构应该立足于现有机制，努力深挖现有机制的潜力，通过变通已有机构的职能，来满足组织工作的需要，即在整合现有机制的基础上，根据要求和国际形势增加必要的专门机构。

在中国的大力推动下，上合组织环境信息共享平台已经正式开通上线，其宗旨是在分享各国环境政策和法律、环保技术、环保产业信息方面提供信息服务。在当前上合组织缺乏成熟有效的环保合作机制的情况，[1]由市场决定企业的资金流向显得十分重要，而平台为企业提供环保方面的相关信息能更好地引导企业的投资方向，因此，加强平台建设，将其发展成为上合组织环保合作的重要载体是非常务实的做法。

四、合作方式

上合组织虽然环保合作机制建设发展缓慢，但经贸交往越来越频繁，在气候变化的大背景下，上合组织的经贸合作越来越注重环保政策，因此各国间在环保合作中采取了项目合作、绿色贸易合作和绿色投资合作等方式。这三种合作既有政府间的合作，也有民间合作，既可以是多边合作也可以是双边合作，同时也符合上合组织在政治、经贸和人文领域加强合作的发展目标，因此今后上合组织将继续通过这三种方式开展环保合作。

（一）项目合作方式

环境项目合作是目前上合组织框架下合作成效最显著的合作方式，采取项目合作的方式使合作的内容更加务实，合作意向更容易达成，亦使合作具有法律拘束力。在上合组织缺乏环境合作的刚性规则的状态下，环境项目的合作方式是最理想的合作方式。上合组织框架下的项目合作分为两类：第一类是区域性多边的环境项目合作，例如"上海合作组织环保信息共享平台"就是地区性多边合作项目，该项目平台涉及上合组织所有的国家。在2014年9月13日，上海合作组织成员国元首理事会第14次会议上，习近平主席建议"借助中国–上海合作组织环保合作中心，加快环保信息共享平台建设"，随后开始了平台建设工作。平台的定位是成为上合组织框架下的环保合作实体平台、政策对话与交流平台、环保技术交流和产业合作平台、科学研究平台、环保能力建设和宣传教育平台，旨在建成上合组织各成员国、观察员国和对话伙伴国之间的环保合作的核心平台，推动区域可持续发展和环境质量改善。"绿色丝路使者计划"项目也是多边性环境合作项目。习近平主席在2018年青岛峰会上提出要为上合组织成员国培训2000名执法人员，加快对上合组织

---

[1]　参见李菲等：《上海合作组织环保合作回顾与展望》，载李进峰主编：《上海合作组织黄皮书：上海合作组织发展报告（2017）》，社会科学文献出版社2017年版，第284–292页。

国家的政府官员、企业家代表的培训和能力建设，为绿色丝路建设培养人才。丝路使者计划从 2011 年启动以来已经为区域内的国家培养了许多环境官员和研究人员，计划在 2019~2021 年内培训 1500 名人员。第二类是双边、多边的环境合作项目。例如，中俄对界河水质的联合环境监测、中蒙俄三国共同在边境地区建立的三国自然保护区（达乌尔国际自然保护区）、中哈建成霍尔果斯河友谊联合水利枢纽建设等。

环境合作项目的开展，有效地控制了环境污染和生态破坏，能逐步启发上合组织成员国"环境共同体"意识。[1]但是项目合作致使环境合作很难体系化，难以有计划地解决地区环境问题，特别是在引入基于市场的环境合作项目后，使环境项目合作的领域更容易集中在少数领域，如清洁生产、碳交易领域更容易合作成功，而在保护生物多性、治理荒漠化等领域则不易于形成合作，因此，中国应在推进环境项目合作时抓住重点环境项目，[2]同时注重推进上合组织环境合化机制的建设。

（二）绿色贸易方式

区域国际环境合作最大的难题是环境成本的外部性和国际环境保护合作中存在着"搭便车"行为。跨界的环境损害不仅给损害国（如国际河流的上游国家）还给其他国家造成损失（如河流的下游国家）。反之亦然，上游国家或一国为保护本国利益积极采取措施保护河流水源地和生态环境具有积极的外部效应，下游国家和邻国没有承担任何环境保护的成本，但也得到利益。在利益的驱动下，许多国家都希望由他国承担保护环境成本，本国"搭便车"享受环境改善带来的好处，这导致环境合作进展很不顺利，全球生态环境持续退化。

为了促进国际环境合作，改善一些国家"搭便车"的行为。国外经济学学者就国际环境合作及合作中的"搭便车"问题进行了大量研究，国外学者认为通过贸易制裁（如威胁对"搭便车"国家加征环境税）依然使国际环境合作维持在一个较低的水平，制裁不能提高国家的合作意愿。同时，由于缺乏强有力的全球性环境组织，国际间的环境成本内部化困难，而单纯利用贸

---

〔1〕 参见段海燕：《东北亚环境合作模式的前景分析与推进路径》，载《环境保护》2009 年第 8 期。
〔2〕 参见王玉娟、何小雷：《加强上海合作组织环保合作 服务绿色丝绸之路建设》，载《中国生态文明》2017 年第 3 期。

易制裁手段保护全球环境资源不仅有地域的局限，还会导致贸易保护主义抬头，因此单纯的国际环境合作很难实现，尤其是大范围的合作。[1]有人认为解决这种困境的根本办法是环保技术的突破和环保技术的扩散过程，但在上合组织成员国科技发展水平都不高的前提下，追求技术的突破和扩散不符合现实。目前来说，更普遍和更容易采取的国际行动，并能从这些行动中获得激励性收益的是将环境问题与国际贸易关联。[2]对不积极参与国际环境合作的国家通过将环境措施与国家间贸易捆绑在一起，往往能够达到"双赢"和"多赢"的局面。国外学者通过建模的方式，提出将环境政策和贸易相关联能够有助于促进贸易合作和环境合作，对解决全球环境合作具有积极的意义。[3]贸易合作方式主要表现为两种：一是为改善生态而进行的优势互补型贸易；二是提高贸易商品的环保标准。

第一，贸易合作有利于实现各国的优势互补，能够改善成员国的生态环境。例如，中国与俄罗斯的环境贸易合作是上海合作组织成员国合作的样本。中国是世界上最大的木材与木制品加工国、贸易国和消费国，中国虽然经过多年的努力植树造林，依然是少绿的国家，本国木材供应严重不足，且过度开发森林对环境的影响非常有害。[4]俄罗斯作为世界森林覆盖率最多的国家与中国早在2000年就签订了《中华人民共和国政府和俄罗斯联邦政府关于共同开发森林资源合作的协定》，并在中俄经贸合作分委会下专门成立了林业合作常设工作小组。中俄木材贸易规模不断扩大，在2018年受经济下行的影响中国进口木材11 194.4万立方米，其中31%来自俄罗斯，[5]达37亿美元。[6]进口木材减轻了中国环境的压力，有助于中国林业资源利用效率的提高和森林

〔1〕 参见徐慧：《国际环境合作与贸易关联的博弈分析》，载《贵州财经学院学报》2009年第4期。

〔2〕 参见王进明、胡欣：《贸易与环境关联问题的博弈分析》，载《财经问题研究》2005年第12期。

〔3〕 See Nuno Limão, "Trade policy, cross-border externalities and lobbies: do linked agreements enforce more cooperative outcomes?", *Journal of International Economics*, Vol. 67, 2005, pp. 175-199.

〔4〕 参见中国政府网：《国家林业局关于印发〈林业发展"十三五"规划〉》，载 http://www.forestry. gov. cn/main/218/content-875034. html，最后访问日期：2019年5月15日。

〔5〕 参见《2018年中国木材进出口市场最全数据!》，载 http://www. bancaiwang. cn/news/show-3425. html，最后访问日期：2019年5月15日。

〔6〕 参见《2018年俄罗斯对华出口木材达37亿美元》，载 https://anywood. com/news/detail/199384. html，最后访问日期：2019年5月15日。

生态效益的发挥。因此，中国从木材进口中获得的积极环境利益是巨大的。[1]同时，中国机电产品的环境标准明显高于俄罗斯的环境标准，[2]中国向俄罗斯出口机电也有助于减轻俄罗斯的工业污染排放和水污染，双方通过贸易实现了合作保护生态环境的效果。但是，互补性贸易在上合组织框架下所占的份额不大。最适用互补性环境贸易的中亚国家不会接受这种环境合作方式。中亚五国位于大陆腹地，气候为典型的温带沙漠、草原的大陆性气候，降水稀少，太阳辐射强，温度高，蒸发旺盛，农业以灌溉为主，而中亚的水资源分布极不平衡。中亚国家的自然状况，大规模种植棉花、粮食，引起地下水位不断下降，咸海水资源日益枯竭，生态环境压力巨大。中亚五国的危机理论上可以通过互补性环境贸易的方式进行解决，如中亚国家进口粮食从而减少耗水作物的种植，出口能源、手工制品、畜牧制品，将能够极大地缓解中亚用水压力。中亚国家通过贸易，实现共同保护环境的对世义务。然而，由于中亚、南亚人口急剧膨胀，中亚和南亚国家从事农业的人口都超过国家人口的一半，对工作岗位的需要使中亚国家为缓解生态环境压力而减少农业种植的可能性很低。再者，出于对粮食安全的担心，成员国不会放弃粮食自给的努力。因此，上合组织的贸易方式的环境合作只停留的最初层次水平，相互进出口某些环境制品和环境技术，其在上合组织环境合作中只占极小的份额，不是主要的合作方式。

第二，通过提高贸易商品的环境标准，促使成员国实现产业升级。尽管在许多论著中都将贸易中的环境措施视为歧视性待遇，是发达国家对发展中国家的刁难；[3]多边环境协议的贸易措施带有歧视性和限制性。[4]但保护环境是国家的对世义务，面对日益退化的生态环境，无论是发达国家还是发展

---

〔1〕 参见吴玉萍、岳冠华：《区域经贸合作的环境影响 上海合作组织篇》，载《环境保护》2007年第15期。

〔2〕 参见《占据全球市场70%份额，中国标准如何成为"国际标准"？》，载 https://m.21jingji.com/article/20211011/herald/1a6d90a96630bbd3f41eafe14a752b1e.html，最后访问日期：2019年5月28日。

〔3〕 参见朱京安、杨越：《对绿色壁垒的理性分析及发展走向初探》，载《国际贸易问题》2005年第1期；薛荣久：《如何跨越绿色贸易壁垒》，载《国际贸易问题》2002年第12期；张宝珍：《"绿色壁垒"：国际贸易保护主义的新动向》，载《世界经济》1996年第12期。

〔4〕 参见刘勇：《试论WTO规则与多边环境条约之间的冲突及其解决——关于WTO贸易与环境谈判的若干思考》，载《外国经济与管理》2003年第1期；李晖：《WTO体系下贸易与环境的法律协调》，复旦大学2010年硕士学位论文。

中国家都接受了贸易与环境协调发展的理念，多边环境协议的缔约方和 WTO 的成员都规定了有关环境保护的措施，例如《濒危野生动植物种国际贸易公约》规定，为保护濒危的野生动植物禁止和限制贸易该物种，缔约方履行条约义务，减少濒危物种的贸易，自然起了保护的作用。上合组织成员国都参加了多个多边环境保护条约（参见上海合作组织成员国参与的重要国际环境条约一览表），5 个成员国是 WTO 的成员，[1] 为履行条约义务，成员之间也开展了提高环境标准的贸易方式的环境合作。

（三）绿色投资方式

上合组织成员间相互经贸往来是进行区域生态环境合作的前提，成员国间的相互投资亦是开展环境合作的重要方向之一。就投资与环境保护之间的对立与统一关系一直争吵不休，但随着可持续发展理念被世界各国所接受，仅考虑投资收益而罔顾当地生态环境和人权保护的传统投资路径早已被各国所摒弃，跨国企业负有保护生态环境的社会责任已成为各国的共识。为促进投资与生态环境保护协调发展，不仅东道国加强相关领域的立法和管控，投资母国为构建安全稳妥的海外投资环境，加强对本国海外资本的风险管控，都会要求本国企业要尊重东道国的法律法规，兼顾保护东道国的生态环境。在此背景下，无论东道国还是投资国都特别关注，投资是否对当地的生态环境产生不良影响，以及如何在动态的投资过程中妥善地解决环境问题。基于双方拥有共同利益的集合点，通过开展环境合作来保护投资的安定与可持续，成为双方共同的选择。[2] 上合组织的投资合作主要体现在两个方面，一是制度层面的合作，二是环境投资项目的合作。

制度层面的投资环境合作主要表现为成员国通过制订投资规则，对投资中所涉及的生态环境问题加以规制，达到实现可持续发展的目的。上合组织成员国积极地开展双边和多边环境合作。上合组织宣言和宪章中都有推进环境合作的规定，在历次元首会议声明中也一再强调加强环境合作，并成立了专业的专家小组讨论并通过《上合组织成员国环保合作构想》。然而，上合组织的多边环境合作一直都是倡议阶段，对绿色投资规制的意义不大。在实践

---

〔1〕　土库曼斯坦、吉尔吉斯斯坦、乌兹别克斯坦、伊朗 4 国不是 WTO 成员。

〔2〕　参见张亮：《中国—东盟跨区域环境合作路径——以跨区域投资中环境问题之规制为视角》，载《中南财经政法大学研究生学报》2014 年第 4 期。

中真正发挥作用的是成员国间的双边合作，虽然成员国签订的双边环境合作协定并不多，但成员国间签订的双边投资协定非常多，许多投资协定中都包含了环境条款。例如，《中华人民共和国政府和乌兹别克斯坦共和国政府关于促进和保护投资的协定》第6条第3款规定，"缔约一方采取的旨在保护公共健康、安全及环境等在内的正当公共福利的非歧视的管制措施，不构成间接征收"，体现对东道国环境管制权的尊重。中国基于保护全球环境的对世义务，商务部和原环境保护部联合印发《对外投资合作环境保护指南》，[1]要求"企业应当秉承环境友好、资源节约的理念，发展低碳、绿色经济，实施可持续发展战略，实现自身盈利和环境保护'双赢'"。由于成员国对本国海外投资的自我约束，使投资环境合作成为可能，也是投资环境合作的基础。

以绿色投资方式促进环境合作的难点是如何确保环境保护与投资发展之间实现协调统一，平衡发展。在合作过程中，东道国在环境保护方面的规制权用到何种程度才能确保既实现了环境主权、维护社会公共利益，又确保不扭曲和阻碍投资自由化，保障投资者的合法权利，这是合作过程中需要特别考虑的问题。作为投资母国来讲，为实现人类可持续发展，需要平衡获取利润和督促本国资本履行社会责任、保护全球生态系统的关系，以推动绿色投资为目标，是以投资合作方式保护环境的前提基础。在投资合作方式中，投资母国起着引导作用，其投资理念是决定合作成功与否的关键。尽管近年来东道国的"环境管制权"不断地再增加，但在全球经济萎缩，贸易保护主义抬头的大背景下，发展中国家的"环境控制权"经常让位于经济发展的需求，投资母国的"绿色"投资理念就变得十分重要。中国政府推出的"一带一路"倡议为投资目标国家提供"绿色贷款"，发行"绿色债券"，鼓励企业采用环境友好型技术，就是典型的以投资方式进行的环境合作。这种合作方式很好地协调了经济发展与环境保护的关系，是未来上合组织地区范围内环境合作的主要方式之一，也是最有实效的合作方式。

投资环境项目是最能体现国外投资能够促进生态环境改善的例证。对环境项目的投资分为直接投资和间接投资，直接投资环境项目让东道国直接从中受益，最容易受到关注，例如，中国和哈萨克斯坦苏木拜河联合引水工程

---

〔1〕 商务部网站，《商务部 环境保护部关于印发〈对外投资合作环境保护指南〉的通知》，商合函〔2013〕74号。

改造工程项目的合作。哈萨克斯坦水资源非常缺乏，中国本着平等互利、合作共赢的原则，为合作利用和保护跨界河流领域，为哈方供水，解决其部分地区的用水困难。间接投资不是直接投向环境项目，而是投资其他行业以助其提高环境保护的效果，例如，中企在哈萨克斯坦投资建设的特种水泥厂采用了高标准的环境保护标准，也让东道国在环境保护过程中获得实惠，达到保护环境的目的。

五、主导国家

上合组织是以维护地区安全为目标，上合组织通过在安全、政治、贸易和文化等领域的合作，实现促进成员国之间的和平与稳定的目的。[1]近年来，上合组织在教育、旅游、环境、文化、科技和经济等领域开展合作，是上合组织日趋成熟的体现，上合组织已不再只是一个政治性组织，通过不断在经济和人文领域的合作，使其向综合性组织方向发展，从上合组织历次峰会的声明可以看出，上合组织有意向经济联盟方向发展。由政治组织向经济联盟发展需要改善成员国之间的关系，制定具有法律约束力的规则和组织框架。[2]然而在复杂的国际形势下，上合组织成员国间的不信任感一直存在，这表现在上合组织成员国很容易举行会议并达成协议，但很难执行协议文件上的内容。[3]上合组织的协议执行困难一直是困扰上合组织发展的一个难题，成员国间缺乏互信是协议执行困难的最大原因，要打破这一个僵局需要在上合组织内部形成一个有权威的组织中心国家，由中心国家为成员国的合作提供信用保障，上合组织协议执行由组织主导国来主导更符合本地区政治的现实。该主导国家至少应该具备三个条件：第一，该国应该具有相应的国际影响力，经济、政治与技术等方面都具有优于其他国家的实力；第二，该国应该是负责任的大国，愿意让组织成员享受本国经济发展的便车；第三，该国的法律应该具有包含性，对上合组织地区各种宗教和文化都能够兼容，无文化方面

---

〔1〕　See Flemming Splidsboel Hansen, "The Shanghai Co-operation Organisation", *Asian Affairs*, Vol. 39, 2008, pp. 217-232.

〔2〕　See Stephen Grainger, "The Shanghai Cooperation Organization (SCO): Challenges Ahead and Potential Solutions", *Global Science & Technology Forum GSTF*, 2012.

〔3〕　See Weiqing Song, "Interests, Power and China's, Difficult Game in the Shanghai Cooperation Organization (SCO)", *Journal of Contemporary China*, Vol. 23, 2014, pp. 85-101.

的歧视和敌对。

综合上述三个条件，中国非常适合主导上合组织地区的环境合作，原因：第一，中国推进的"一带一路"倡议中将上合组织视为重要的依托组织，上合组织成员国都是"一带一路"共建国家，中国在上合组织成员国的投资和贸易都是急剧增长，使中国在上合组织地区的影响力不断的上升。第二，"一带一路"倡议坚持走绿色发展之路，一直将环境保护作为重点内容，并特别设立绿色基金和绿色信贷，都表明中国有意成为国际环保合作的领导者并为此不断做出努力。第三，中国与上合组织成员国间的合作坚持平等互利，不以邻国为壑，致力于发展与成员国间的友好关系，并尊重各国的文化和立场，维护地区稳定和和平，"一带一路"倡议以促进共建国家的经济和社会发展为目标，中国历史上一直是本区的中心国家，对周边国家自古以来就有文化方面的影响，使上合组织成员认同中国是负责任的大国。第四，中华文化极具包含性，伊斯兰教、东正教、印度教、佛教等在中国都有教徒，各宗教和平相处，没有宗教冲突，与上合组织所有的成员国都没有文化的冲突和敌对。因此，中国有资格有能力引导上合组织的环境合作。

主导国家的主要作用是协调成员国间的行动。上合组织成员国都将经济发展列为重中之重，导致上合组织的环境合作与上合组织成员国间的投资和贸易等经济活动联系紧密，为保证上合组织地区实现可持续发展，主导国应该协调上合组织各机构在制订合作规则时遵循绿色发展原则；为上合组织制度的完善提供备选方案；引导确定组织合作的领域和方向；是上合组织环境激励措施中的激励者；为成员国间的争端提供斡旋和调解等解决手段等。

第二节　上海合作组织环保合作的机构

到目前为止，上合组织框架下没有设立专门的环保合作机构，现有负责环保合作的机制有环境部门的定期会议机制、非官方的环保专家定期会议制度，以及上合组织环保信息共享平台。为加强上合组织的环保合作，需要在整合和深挖现有机制潜力的同时，还要设立专门的环保机构。

一、上海合作组织现有机构的整合

《上海合作组织宪章》中规定上合组织共有 7 个机构：国家元首会议、政府首脑会议、各部门领导人会议、国家协调员理事会、外交部长会议、秘书处、地区反恐怖机构，其中秘书处和地区反恐怖机构是常设机构。秘书处是组织的行政和管理机构，根据《上海合作组织秘书处条例》的规定其职能非常广泛，主要职能是为上合组织提供协调、信息分析、法律和组织技术保障；参与上合组织各机构文件的研究和落实；编制上合组织年度预算提出建议等。[1]此外，上合组织还有三个非正式机构：实业家委员会、银行联合体、上海合作组织论坛。

上合组织负责环保合作的机构主要是与各国行政层级和环保领域相对应的会议制度，主要包括国家元首会议、政府首脑会议、环保部长会议、环保高级别委员会和环保专家小组会议等四级会议。这四级会议负责环保合作的决策、内容、方式及执行等事项。这种按专业领域设计的会议制度存在一个严重的问题，即各国的政体不同，机构设置有很大的差异，例如俄罗斯的自然资源部的职能几乎涵盖了中国的自然资源部、水利部和生态环境部的职能，而中国参加环保部长会议的只有生态环境部部长，因此会使合作出现盲区，影响合作的范围，使成员国在磋商环保合作事项时常常会因某些条款超越了本部门职权而难以达成协议。

上合组织秘书处是常设的执行机构，根据《上海合作组织秘书处条例》其主要的职能是负责落实领导人达成的合作协议。秘书长及秘书处都没有立法职能，自主权很小。秘书处的秘书长隶属于国家协调员理事会，其行动一般要事先征得成员国国家协调员同意才能进行，没有成员国授权，不能擅自以组织的名言表态。秘书长可以列席各级会议，但没有表决权。秘书处负责落实协议，其中包括环保合作协议，秘书处还负有监督各机构的执行情况的职能，并可根据进度情况召开非例行会议予以协调。因此，秘书处虽不是专设的环保合作机构，但因其负有协调各机构的职能，其在环保合作可以发挥非常重要的作用。

整合上合组织现有的资源是建立在上合组织机构的设置呈"渐进性"特点的基础上，[2]渐进性是指组织的机构设置不是一成不变的，而是随着组织

---

〔1〕　参见《上海合作组织秘书处条例》（2003 年 5 月 29 日通过，2006 年 6 月 15 日修订）。

〔2〕　参见张宁等：《上海合作组织农业合作与中国粮食安全》，社会科学文献出版社 2015 年版，第 386 页。

发展的需求不断调整的结果。上合组织的机构是随着组织的发展与职能的增加逐渐建立起来的，随着组织职能不断地增加，适时地增加相应的新机构。而在新机构产生之前，为满足新职能的需要，已有机构通过其职能的"变通性"来执行组织的新职能。已有机构的变通性可以通过修改组织宪章，扩大其宗旨和职能，或者建立若干附属机构等。上合组织机构的渐进性，既适应了不同历史时期的现实要求，也节约了资源，有利于组织机构的运行更趋向合理性。上合组织在环保领域的合作是上合组织建立之初没有的新职能，因此组织内没有设立专门的环保合作机构，而当前的国际情势已将生态安全视为非传统安全，是组织合作的重要领域。在当前上合组织没有设立专门的环保合作机构的情况下，可以通过现在机构的"变通性"来满足现实的需要。最适合的机构是秘书处，上合组织秘书处负有落实成员国达成的协议的责任，可增加其在成员国环保合作中的作用，将协调各机构的职能扩展到协调成员国的行动。可在秘书处中附设"环保工作小组"，负责成员国间环保合作工作的协调和推进工作。环保工作小组是附设的工作小组，并没有改变现有的机构设置，不需要对组织宪章做出修改，同时使组织在一定程度上满足了绿色发展的需求。

二、上海合作组织成员国环境信息共享平台

上合组织范围内的各种环境合作机制都非常重视环保信息化与数据平台的建设，独联体、欧亚联盟、联合国的"中亚经济专门计划"、亚洲开发银行的"中亚区域经济合作机制"、南亚区域合作联盟等开展了环保数据共享建设，以促进成员国环保合作。[1]上合组织成员国一直没有就环保合作达成多边协议，但各成员国对加强成员国之间的环保信息交换已达成共识。各成员国都参加了的《联合国气候变化框架公约》《联合国防治荒漠化公约》等国际环境条约规定各成员国有义务交换信息，信息交换是成员国环保合作的第一步，也是合作进一步深入的基础。通过信息交换，一方面帮助投资者了解东道国的法律法规，增加了成员国投资政策的透明度，加强政府、环保组织、投资者之间的沟通和交流；另一方面帮助投资母国提升对海外投资企业环境管

---

〔1〕 参见国冬梅等编著：《上海合作组织区域和国别环境保护研究（2016）》，社会科学文献出版社2017年版，第151页。

理水平和效益，避免出现成员国针对外国投资者采取双重标准现象。另外，信息交流包含着环境突发事件的通知内容，帮助成员国及时有效地处置环境突发事件，有助于大幅降低跨境环境损害的发生。

经过多年的准备，上合组织环保信息共享平台已经正式上线，但其公开的内容尚需要进一步加强，平台的建设还需要进一步完善。另外，由于中国还建设了"一带一路生态环保大数据服务平台"，其在内容和功能方面都与上合组织环保信息共享平台相重合，该平台建设近几年一直处于停滞状态，致使其一直没能发挥其应有的作用。然而，上合组织环保信息平台具有自身优势，上合组织成员国少，比"一带一路生态环保大数据服务平台"更容易实现信息共享，因此，中国应该继续加强该平台建设，促进平台建设目标和建设内容向为企业提供专业服务方向发展，以区别于"一带一路生态环保大数据服务平台"的发展方向。

（一）调整上海合作组织环保信息平台建设的目标和任务

上合组织环保信息应该以为绿色投资和绿色投资等市场主体提供环境信息服务为目标。根据上合组织环保信息共享平台的信息，该平台的目标和任务是建立一个完善的环保大数据系统，通过向组织成员国提供及时、可靠、有针对性的环境信息、环保政策、环保项目及环保技术信息，将环保因素纳入到投资者、国家及组织的经济决策中，遏制上合组织地区范围内的环境持续恶化的趋势，实现环境保护与经济发展的一体化发展，最终帮助成员国实现可持续发展。根据上合组织环保信息共享平台网站上的介绍，信息平台的建议目标有三个：（1）促进环保政策、法律法规、环境污染防治、生态恢复与生物多样性保护等方面的合作与交流；（2）加快生态环保信息系统建设，提高环境管理效率和效果，提升上合组织区域环境保护能力；（3）推动环保技术创新和环保产业发展，服务区域绿色经济发展。[1]从措辞来看，该平台将建设目标和任务制订得过于宏大和笼统，且与"一带一路生态环保大数据服务平台"目标重合，在成员国合作意愿不强的情势下，这样宏大的目标很难达成，是平台建设停滞的原因之一。因此，应该将平台的建设目标和任务向务实方向转变。

---

〔1〕 参见《上海合作组织环境信息共享平台简介》，载 http://www.scoei.org.cn/ptjj/zxjs/487875.shtml，最后访问日期：2021 年 8 月 23 日。

上合组织环保信息平台应该按照服务市场主体的目标，以为参与上合组织地区环境治理的私主体提供环境信息、环境法律培养和政策指导为建设任务。首先，信息平台的任务是收集相关数据。上合组织成员国环境信息收集是平台建设的基础，在信息收集过程中要进一步扩展信息体系所涵盖的指标数量，包括长期、短期和中期指标，以及不同行业和领域的环境指标。同时，详细的地理信息不仅能够提升成员国环保领域信息化水平，也将帮助市场主体在建设环境项目和经济活动时做出有利于可持续发展的决策，对上合组织地区的环境改善起到不可或缺的作用。其次，在完成足够环保信息数据积累的前提下，平台通过大数据技术实现对信息的"深加工"，为市场主体提供目标国家环境信息的"尽调"服务，帮助私主体进行决策。最后，致力于上合组织地区环境标准的制订与研究，引导市场主体实现绿色发展。

（二）调整上海合作组织环保信息平台服务的对象

上合组织环保信息平台将服务范围列得非常广，包括上合组织框架下的国家环保政府机构、科研机构、企业和公众以及相关国际组织等。[1]从网站的访问量来看，从 2018 年开放以来 4 年多的时间，平台访问量不到 10 万次，[2]表示该平台的使用率不高，平台所列服务对象并没有使用该平台。造成平台访问量少的原因有很多，包括平台内容少、处于建设中等客观原因，但最主要的原因是平台服务对象不明确，平台内容缺乏对服务对象的吸引力。因此，平台应该调整服务对象，确定重点服务对象，针对重点服务对象调整平台的内容。即以市场主体为主要服务对象，社会公众和其他机构是次要目标。

平台的环境信息服务的对象整体来讲，应包括三个层面的受众：首先是重点服务对象——参与环境治理的市场主体。市场主体是指投资者和贸易者等商主体，上合组织的经济合作主要是通过市场主体的活动实现，企业家们需要及时了解和掌握各国相关的政策和信息及发展变化，这对他们作出正确决策、取得成功非常重要。市场主体是成员国间最活跃的合作主体，也是最愿意获取和研究目标国家环境信息的主体，有能力通过信息平台获取服务的

〔1〕参见《上海合作组织环境信息共享平台简介》，载 http://www.scoei.org.cn/ptjj/zxjs/487875.shtml，最后访问日期：2021 年 8 月 23 日。

〔2〕笔者至少为该平台贡献了上百次的访问量。参见上海合作组织环境信息共享平台网站访问量，载 http://www.scoei.org.cn/，最后访问日期：2022 年 5 月 23 日。

主体。因此，为提高平台的活跃性，应该围绕如何为市场提供有效的环境信息进行建设，让市场主体愿意使用该信息平台。其次是社会公众，公众是生产和建设项目的参与者，对环境信息分享的要求不高，希望获得相关环境项目的环境信息公开，其对专业的环境信息没有太多的兴趣。因此，平台应当实时更新信息新闻报道，让公众了解一些重点项目的进展情况。同时环境信息的公开确保了所有社会群体的利益，提高公众的环保意识，公众通过平台获得足够的信息，才能真正参与到环境决策中去，成为促进区域可持续发展的参与者。最后是成员国政府及上合组织的机构，成员国和上合组织机构通过信息平台了解成员国对环保合作的落实情况，掌握成员国的环保动态，交换信息，及时应对突发环境事件等。

由于上合组织成员国家的文化、宗教及社会制度差异大，信息平台建设应致力于实现上合组织与服务对象的双向沟通，既要满足服务对象的信息需求，又要确保服务对象能够理解和使用信息共享平台提供的环保信息。如果只是一个信息发布平台，服务者对信息理解不同或不能理解，该平台就无法发挥其应有的作用，还可能引发各类矛盾。

（三）充实平台的服务内容和形式

目前平台的内容太少，主要以新闻报道和发布上合组织活动信息为主，缺少实质性内容，需要进一步加强内容建设。环境信息共享平台分享的信息一般包括三大类：监测监控数据、业务数据和政务信息。[1]监测监控数据是指对成员国环境质量和污染源的监控，这是环境数据共享的核心数据之一，是上合组织对各项环境指标进行管理的基础。要保障监测监控数据的可靠性就必须保障监督点位及密度的选址与设计符合科学规律，同时需要成员国加强合作，对于发展水平落后的国家在技术和资金方面给予一定的支持，帮助其建立起环境监测体系，并能够及时上传信息平台。业务数据是指在进行环境管理各项业务过程中产生的业务办理结果数据，共享业务数据可以破除成员国相关部门之间的沟通障碍，提高行政效率。环保政策信息是指成员国环境管理机构在日常办公中所产生的大量文档信息资料，办公信息共享有利于公众、企业及其他机关与组织随时查询相关的信息，方便对该国的政策、法

---

〔1〕　参见刘新萍、周嘉颖：《环境数据共享的研究评述：平台建设与制度框架》，载《合肥工业大学学报（社会科学版）》2018 年第 5 期。

规及经济环境做出评估,吸引更多的外国投资。

上合组织是一个综合性的国际组织,平台共享的信息应该是综合式的环境数据共享,不能是专项式数据共享。综合式的环境信息共享数据范围应该非常广泛,包括水、土壤、生物多样性、大气、污染物等的环保政策和法规、监测数据及环境项目信息等,为企业、公众及成员国政府、机构与其他组织提供一站式的环保信息服务。专项式的环保信息共享仅限于某一领域的信息,由某一环保专业机构进行发布,专业和针对性都较强,例如中亚四国签署的《关于水文气象领域合作的协议》仅就锡尔河流水文、气象监测和数据共享开展合作。根据平台的定位和目标,上合组织成员国环境信息共享平台至少提供以下 5 项主要内容:环保数据信息服务建设,环保信息应用系统建设,环保信息发布和共享的门户网站建设,针对环境科研与创新平台建设,环境信息共享平台基础设施建设等。[1](1)环境数据信息服务建设。对环保政策法规、环境标准、环境状况、环境新闻、环境合作战略与计划、联合研究和培训项目、环境监测和统计信息、基础地理信息和遥感信息等方面的海量、异构及多类型相关信息进行综合收集、交换、管理、共享、分发和服务,主要包括信息安全、信息标准、数据交换系统、数据中心等建设内容。(2)环境信息应用系统建设。着眼于不同区域、不同类型的环境问题,建设和开发有针对性的专题信息应用服务系统,为改善区域环境提供科学技术支撑。(3)环境信息发布与共享门户网站建设。根据信息发布与共享内容、形式和格式的要求,提供政务门户发布、公众门户发布、移动发布等系统的建设,为不同用户群体提供相应的信息服务。(4)环境科研和创新平台建设。开展上合组织区域环保合作及能力建设,技术交流与培训平台建设;推进环境信息的科学化建设,形成产、学、研相结合的集技术研究、成果转化、标准制定、人才培养于一体的工作平台。(5)环境信息共享平台基础设施建设。建设可以即时通信、实时共享的视频会商系统,并作为基本物质保障。由于信息共享平台正处于建设中,其是否能实现这个方面的建设目标,还有待于成员国的共同努力。

上合组织环保信息共享平台的建设还面临着一个非常现实的问题,即环保信息的共享方式问题,不同的共享方式对服务对象的资源获得的范围与成

---

[1] 参见《上海合作组织环境信息共享平台简介》,载 http://www.scoei.org.cn/ptjj/zxjs/487875.shtml,最后访问日期:2019 年 9 月 23 日。

本就会不同。如果完全采取线上共享的方式，对于那些基础设施落后的国家和地区来讲，公众、小企业、基层政府的很难获取信息，同时也很难发布信息。同时，共享的信息是否能免费获取也影响了平台信息的权威性。卫星遥感数据是环境管理当中非常重要的信息来源，目前为止世界各国对商业和工业遥感数据都是有偿使用，并没有免费使用的情况。持有遥感技术与数据的基本都是大企业，政府一般是向企业购买数据，如果共享平台免费共享遥感数据，将破坏当前的市场秩序，如无强大的资金支持，该行为也不会持久。因此，信息共享平台的共享应该采取多元方式，既有线上的共享，也有线下产品，既有免费获得的信息，也有付费的信息。线上通过互联网进行信息发布和产品订购，也可以在成员国书店、超市等购买各类出版物。由于当前卫星遥感数据售价较高，信息平台可通过募捐的方式获取资金，对成员国的中小企业进行补贴，降低其获得信息的成本。

三、建立生态环保合作委员会

上合组织成立至今，在环保合作领域只存在定期的会议机制，并没有设立专门的机构部门。虽然本节第一部分提出，可以通过变通秘书处职能，让秘书处成为环保合作的常设机构，但随着环境保护问题已发展到威胁国家安全的高度，设立专门的环保合作机构是组织发展的必然。上合组织作为一个渐进式的国际组织，根据发展的需求，设立新的部门符合组织宪章的规定。

新设立的环保合作机构可以命名为"生态环保合作委员会"，其主要职责是在保护生态环境领域促进成员国间的合作。上合组织地区成员国间的双边环境合作大多会设立双边合作委员会，委员会的成员都是由双方政府委派，官方合作是上合组织地区合作的主流。因此，上合组织框架下的环保合作亦以官方合作为主。生态环保合作委员会的组成应由每个成员国选派2名代表组成，一名代表负责政策的协调，一名代表负责技术的工作。该委员会可以先作为秘书处的特别机制运作，委员会的主席先由上合组织秘书长兼任。待委员会运行走上正轨后，该委员会上升为上合组织第三个常设机构，委员会的主席由元首理事会直接任命。委员会的工作通过"环保政策委员会会议"、"科学委员会会议"和"全体委员会会议"推进。该委员会主要职责：（1）管理上合组织环境信息共享。负责环境信息的收集、管理和分析，为上合组织环境信息共享平台提供支持和帮助；（2）同成员国和国际组织负责环保问题的有关机制保持工作联系；（3）参与准备涉及环保合作问题的上合组织法律文件起草；（4）参与建立应对重大环境事故与灾难的有效机制；（5）负责成员国间的环境信息交换与通报工作；（6）负责成员国环境纠纷的调解工作。

生态环境退化是所有上合组织成员国都不得不面临的问题，特别是工业发展和人口膨胀引发的中亚和南亚水资源危机，使环境安全问题日益严重。其他非传统安全问题，如恐怖活动、贫穷、人口安全等问题，都与自然环境有直接的关系。人口安全取决于环境的承载力，自然环境恶劣加剧贫穷，贫穷导致过度开发自然资源，同时贫穷是恐怖活动滋生的土壤，即环境安全直接关系其他非传统安全问题，各种威胁相互影响，每一种威胁都存在着产生其他威胁的风险。[1]上合组织一直将反恐、经济发展作为合作的重要领域，但随着这两项合作的不断推进，引发各国民众对环境问题的关注和担心，加强环保合作是上合组织进一步深化合作的必然。环保合作的深化需要有专门的机构负责，将环保合作从信息交换与共享向合作治理和合理利用共享资源方向推进。另外，设立的专门的环保合作机构，也为成员国间的多边环保谈判提供了场所，同时也方便成员间的技术和资金的募集和援助。

第三节　上海合作组织环境合作实现路径

上合组织成员都参加了至少一个的区域环保合作机构，总体来看，其他各种区域的环保合作虽然取得了一定的成绩，但都存在解决方案具有临时性的缺点，成员国遵守情况差的问题，不能从根源上解决问题。由于上合组织地区的环保问题与其他各种问题交织在一起，环保问题要和其他地区问题放在一起综合考虑，才能有真正解决问题的出路。

一、环境合作、贸易和投资一体化发展

上合组织是一个综合性的区域组织，经过多年的发展，上合组织将地区经济发展和保障环境安全作为组织的宗旨之一，致力于推进成员国间的贸易

---

〔1〕　参见古祖雪：《联合国改革与国际法的发展——对联合国"威胁、挑战和改革问题高级别小组"报告的一种解读》，载《武大国际法评论》2006年第2期。

和投资便利化，促进成员国间的环境合作。由于上合组织一直分部门合作，使上合组织成员国间的合作一直是贸易合作、投资合作与环境合作是分别进行的，由成员国不同部门负责，三者之间没有交集，影响了上合组织的合作效率。为促进成员国间的合作，将合作落在实处，应该将环境合作与贸易和投资合作相关联，有助于环境合作向务实方向发展。

首先，在上合组织现有机构整合过程中，增加上合组织秘书处的职能。根据《上海合作组织秘书处条例》的规定，其主要职能是落实领导人达成的合作协议，其自主性很小，这导致上合组织的合作一直停留在倡议阶段，被真正落实的合作内容不多。上合组织这种"大会议、小机构"的现象在今后上合组织发展过程中应该会逐渐改善，通过整合现有机构，赋予现有机构（特别是上合组织秘书处）更大的权力，再增设新的常设工作机构，摆脱目前上合组织"只倡议不落实"的困境。上合组织秘书处的职能当中，协调作用应该特别加强，由于上合组织没有专门负责经贸合作的机构，也没有专门负责环境合作的机构，秘书处作为组织唯二的常设机构之一要肩负起协调经贸合作、环境合作的职能。由秘书处负责全面协调，有利于实现贸易、投资和环保的合作的一体化发展。近年来上合组织通过的多个经贸合作文件和环保合作文件，这些文件由秘书处统一负责落实，能够实现三者的统筹安排，将环保理念融入经贸合作中去，以贸易合作和投资合作的方式达成环保合作。环保合作应该是能促进经贸向更高质量的方向发展，而不能只追求保护环境，阻碍或断绝了经贸发展的可能，可持续的发展是保护人类社会得以延续的正确选择。因此，上合组织在推进环保合作时，应向环境合作、贸易和投资一体化发展的方向努力。例如，中国和哈萨克斯坦苏木拜河联合引水工程改造工程项目，该项目的初衷是改善当地的农业灌溉用水条件，但工程本身清理河道淤泥、建设分水闸的行为有效地实现了河道的"公平合理"使用，有利于两国边境地区经济社会可持续发展，取得良好的经济和社会效益，是经济和环保一体发展的范例。地区组织一体化发展一直是各区域性国际组织努力的目标，也是实现地区资源整合实现全球治理的必然要求，而目前上合组织成员国间的合作多是以环境项目的形式出现，与组织一体化发展的方向差距很大。因此，增加上合组织秘书处的职能，让其在组织中发挥更大的作用，负责统筹贸易、投资和环保合作工作，有利于"共商共建共享"全球治理模式在上合组织地区的实现。

其次，上合组织环境信息共享平台应该在实现环境、贸易和投资一体化发展发挥重要作用。建设中的上合组织成员国环境信息共享平台不应仅是一个信息发布平台，还应具有引领绿色贸易和绿色投资的作用。该信息平台除发布成员国环境法规、环境标准、环保信息外，还应当成为成员国内有重要环境影响的工程项目的招标信息发布平台、环境影响评价听证会、绿色商品和技术贸易信息发布平台。通过内容广泛的信息发布平台，将环保标准与法规的实施与贸易和投资行为紧密地联系在一起，使环保标准和法规的实施更为容易，能真正实现上合组织地区的可持续发展。因此，上合组织应该积极稳妥地推进信息共享平台的建设，中国为信息共享平台的建设提供了资金、技术和人员，中国的努力使信息共享平台的建设得以实现，但要让平台在上合组织地区绿色发展中真正发挥作用，还需要成员国共同努力。上合组织首脑会议虽然对信息共享平台的建设都表示了支持，但一些成员国由于发展水平不高，在信息收集和发布方面的能力都较为欠缺，这就需要中国等发展水平较高的成员国帮助其加强能力建设。因此，中国除为信息共享平台提供技术和资金外，还要帮助一些成员国进行能力建设，中国应该在人员培训和吸收外国留学生方面向上合组织成员国倾斜。其他成员国也应该配备专职人员负责信息共享平台的建设，共享平台的建设不是由一个国家能够单独完成的，为保证其权威性和全面性，所有成员国都要为平台提供信息，并委派专人负责数据的维护。

最后，上合组织设立专门机构促进环境合作、贸易和投资一体化是组织发展的必然要求。上合组织没有专门的环保合作机构，贸易和投资合作也没有专门的机构的负责，经贸合作事宜由上合组织的"经贸部长会议"讨论并决定，环保合作由"环境部长会议"讨论并决定，通过了《上海合作组织成员国多边经贸合作纲要》《上海合作组织成员国政府首脑（总理）理事会第十三次会议联合公报》《上海合作组织成员国环保合作构想》等软法文件建立大致的合作运行机制。上合组织还设立了"上海合作组织实业家委员会""上海合作组织银行联合体""上海合作组织论坛"等论坛性质的机构，[1]这些机构并没有实质性的权利，上合组织整体的贸易和投资合作与环保合作一样缺乏整体性和强制性。这种松散的合作方式是由上合组织地区复杂的政治和社会

---

〔1〕 参见《上海合作组织的经济合作历程》，载 https://chn.sectsco.org/20231127/1169674.html，最后访问日期：2019 年 10 月 11 日。

环境导致，但随着上合组织的不断发展，必须设立专门机构负责相关领域的合作事宜。上合组织应分别设立经贸委员会和生态环保合作委员会，经贸委员会负责投资和贸易合作，生态环保合作委员会负责环保合作，在生态环保合作委员会中还应设立环保、贸易和投资一体化分委员会。环保、贸易和投资一体化分委员会成员是由各成员提名的环保、贸易、投资和国际法领域的专家组成，该分委员会有别于由成员国官方人员组成的生态环保合作委员会，环保、贸易和投资一体化分委员会是由以个人身份参加的专家组成，以保证该委员会的中立性。环保、贸易和投资一体化分委员会列席生态环保合作委员会和经贸委员会的工作会议，负责研究环保政策与贸易和投资政策的协调，协同经贸委员会和生态环保合作委员会制订上合组织框架下的绿色经贸合作方案、起草合作协议等。

二、水、能源、粮食的一体化治理

早在 1983 年联合国大学发起了一个能源与粮食关系的研究计划，提出能源供应与粮食生产具有非常密切的联系，联合国大学还先后两次召开过"能源、粮食和生态系统关系"的研讨会。[1]世界银行、印度政府及一些国际学术会议都曾就水、能源和贸易的关系问题展开过研究。最终，2011 年波恩会议上提出水、能源、粮食一体化治理的概念。[2]波恩会议主题是"水、能源、粮食一体化：绿色经济的发展之路"，该会议是 2012 年"里约+20"峰会的预备会议。该会议提出水、能源、粮食一体化有助于国际社会应对气候变化和包括人口增长、全球化、经济增长和城市化在内的社会变化。[3]人口增长、全球化、经济增长和城市化等社会问题给水、能源和粮食供给造成越来越大的压力，国际社会一直在努力寻求解决三者供应的短缺和相互冲突等问题。波恩会议之后，水、能源和粮食一体化问题越来越得到国际社会的重视，联合国大学、联合国经济与社会委员会、亚太经社理事会、联合国粮农组织、国际可持

---

〔1〕 See Lgnacy Sachs et al., *Food and energy: strategies for sustainable development*, United Nations U-niversity Press, 1990, p. 90.

〔2〕 See Aiko Endo et al., "A review of the current state of research on the water, energy, and food nex-us", *Journal of Hydrology: Regional Studies*, Vol. 11, 2017, pp. 20–30.

〔3〕 See Holger Hoff., "Understanding the Nexus: Background paper for the Bonn2011 Conference", *Stockholm Environment Institute (SEI)*, 2011.

续发展研究所等机制都就这一问题发布了研究报告。[1]国际社会普遍接受了水、能源和粮食关系密切，一体化治理有助于提高全球应对气候变化的能力。

前文已经提到中亚地区解决水危机应该采取水、能源和粮食一体解决，中亚解决水危机的模式同样在整个上合组织地区都适用。上合组织国家除俄罗斯外，其他成员国都面临着或是水或是能源短缺问题，各国都把粮食自给作为非传统安全的最重要方面，水和能源的供给是决定粮食安全重要因素，而水和能源的利用与粮食的生产对环境产生极其重大的影响，过度开发水资源导致环境恶化，不合理的能源开发和无序的粮食生产必然导致环境污染。水、能源和粮食三者之间彼此影响，呈现传导效应特征，目前上合组织地区三个领域政策治理的相对分离的传统政策设计已经无法适应可持续发展的现实需求，应建立应对水、能源和粮食危机的多边机制，保障国家、地区及至全球安全。[2]即，三者之间要建立联动传导治理机制，合理有序的使用和开发，如果成员国采取竞争性开发和利用，则将导致上合组织地区的生态更进一步的恶化，甚至会影响到上合组织地区人民的生存，因此，三者联动治理是提高环保合作效率，促进可持续发展的理想方式。

水、能源、粮食一体化治理对治理者提出了极高的技术和管理水平要求，该模式要求治理措施和手段需要根据地区、部门的不同做出调整，治理方法也要根据长期目标、中期目标及短期目标等进行调整，[3]当前中亚的技术水平还远远达不到。上合组织要在水、能源和粮食联动治理方向走得更远，需要采取以下措施：一是加强基础研究和数据信息收集，分析链接的互动关系；二是通过合理规划设计与政策分析，保障水、粮食和能源安全；三是通过技术创新，提高资源和能源的利用效率。[4]

---

［1］ See Aiko Endo et al. , "A review of the current state of research on the water, energy, and food nexus", *Journal of Hydrology*: *Regional Studies*, Vol. 11, 2017, pp. 20–30.

［2］ 参见张清俐：《加强国际能源、粮食和水资源协同治理》，载《中国社会科学报》2017 年 5 月 8 日，第 1 版。

［3］ See Claudia Ringle. et al. , "The nexus across water, energy, land and food（WELF）: Potential for improved resource use efficiency?", *Current Opinion in Environmental Sustainability*, Vol. 5, 2013, pp. 617–624.

［4］ 参见张清俐：《加强国际能源、粮食和水资源协同治理》，载《中国社会科学报》2017 年 5 月 8 日，第 1 版。

三、加强区域金融机构对投资项目的环境监管

上合组织环保合作一直没有形成常态化的合作模式，从成立以来的合作基本都是以项目合作为主，项目合作使上合组织很难对其进行环境监督。但是项目合作往往都会有金融机构的参与，通过在区域主要的金融机构中推行绿色金融政策，有利于上合组织环境保护政策的推行。遵循绿色金融规则的金融机构在审查项目时，都将社会责任和环境问题的审查和调查工作作为审批工作的重要内容，要求项目开展社会责任和环境评估、适用社会责任和环境标准、并对已经融资且可能具有负面社会责任和环境影响的项目进行监测等。由于上合组织成员国的大多数投资合作项目都涉及融资问题，金融机构在融资时都会有项目签订融资协议，融资协议是双方权利义务的基本法律文件，融资协议中的社会责任和环境条款对项目建设方具有法律拘束力，因此，上合组织的金融机构在一定程度上能够起到促进环保标准的实现和经济可持续发展的作用。

世界银行在上合组织成员国的融资项目大多都努力发挥着促进该地区可持续发展的作用，世界银行是权威的全球性金融机构，绿色融资规则较为完善，但其融资的规模不能满足上合组织成员国发展的需要。亚投行在上合组织地区融资了多个项目，亚投行的融资都遵守了《环境与社会框架》的规定，尽管亚投行的《环境与社会框架》的内容被诟病，[1]但其也引领着融资项目向可持续发展方向发展。上合组织开发银行正处于筹建中，其融资规则加入社会责任和环境标准是毋庸置疑的。

中国作为上合组织的重要成员，要引导和加强亚投行、上合组织开发银行等国际金融机构绿色融资规则的制订，不仅要加入社会责任和环境标准，还要增加磋商和问责机制，磋商和问责机制是公众参与的渠道之一，金融机构还可以通过磋商和问责机制掌握融资项目的进展情况，监督融资方认真履行融资合同义务。亚投行是中国主导建立起来，上合组织开发银行的筹建亦是在中国引导下进行，可以预见上合组织开发银行的绿色融资规则将受到亚投行相关规则的影响，但上合组织开发银行作为筹建中的国际金融机构，其

---

〔1〕　参见甘培忠、蔡治：《亚投行环境与社会保障政策之检思——以磋商程序与问责机制为重点》，载《法学杂志》2016 年第 6 期。

绿色融资规则应该在亚投行的基础上进一步完善。上合组织银联体作为上合组织成员间金融合作的重要载体，亦应将绿色融资作为合作的内容之一，中国作为上合组织银联体最大贷款规模银行的成员国，[1]应在绿色融资合作中发挥表率作用。上合组织银联体是松散论坛形式，可通过制订绿色融资示范合同向银联体成员推荐的形式，逐渐形成有上合组织地区特色的绿色融资模式。中国政府要积极地组织各国专家研究和起草绿色融资示范合同，该示范合同要体现上合组织地区的特点，便于被广为接受。

此外，中国境内的银行在对海外项目融资积极发挥着绿色融资的引导作用，目前，中国已有21家主要银行接受了环境和社会风险管理实践，绿色金融项目约占这些银行信贷项目的10%左右，仅有少数先进国家绿色金融项目能够达到约20%。此外，两家中资银行采纳了赤道原则（EPs），三家银行加入了联合国全球契约（UNGC），五家基金加入了联合国支持的负责任投资原则（UNPRI），完全按照国际标准运行。[2]境内银行的绿色融资导向不应只建立在银行自愿的基础上，政府应当加强相关方面的立法，通过融资的方式规制企业的社会责任，然而中国国内的立法还不够完善，需要进一步过关。中国当前绿色资金的法律文件以指导性文件居多，立法较少。法律主要有2023年修订的《中华人民共和国公司法》第20条要求企业承担社会责任，但没有专门对金融企业的社会责任作出规定。相关政府文件主要有2007年原国家环保总局、中国人民银行和原银监会联合发布的《关于落实环保政策法规防范信贷风险的意见》规定金融企业的社会责任；2009年中国银行业协会公布的《中国银行业金融机构企业社会责任指引》确立了中国银行业社会责任的标准；在绿色"一带一路"倡议的指导下，中国的金融机构将绿色金融的理念融入日常业务当中，2016年8月中国人民银行、财政部和原环保部等7部委联合印发了《关于构建绿色金融体系的指导意见》，提出建立绿色金融体系的框架。除这些专业性的文件外，中国政府纲领性的战略文件同样适用于金融行业。2015年3月，国家发改委、外交部和商务部共同发布《推动共建

---

〔1〕 中国国家发展银行是上合组织银联体的成员之一，是其中贷款规模最大的成员银行，目前已累计向上合组织成员国发放贷款超过1000多亿美元。参见郭炎兴：《上合组织银联体理事会第14次会议在京召开　国开行累计向上合成员国发放贷款超千亿美元》，载《中国金融家》2018年第6期。

〔2〕 参见蒋希蘅：《绿色，是"一带一路"的底色》，载 https://baijiahao.baidu.com/s? id = 1631467201735290860&wfr=spider&for=pc，最后访问日期：2024年4月20日。

丝绸之路经济带和 21 世纪海上丝绸之路的愿景与行动》文件，首次提出
"一带一路"倡议将"强化基础设施绿色低碳化建设和运营管理，在建设中
充分考虑气候变化影响"；2017 年 4 月商务部、外交部、原环保部和国家发
改委出台了《关于推进绿色"一带一路"建设的指导意见》，就"一带一
路"绿色发展顶层设计和微观支持作出规定，明确了绿色项目的识别、布
局和资金支持等指导方向。2017 年原环保部印发的《"一带一路"生态环
境保护合作规划》提出推动资金融通和遵守法律法规等。虽然国内关于绿
色融资的规定和文件很多，但国内绿色融资的规范性文件明显刚性不足，
并且金融机构的社会责任和环境标准都使用的是西方标准，许多内容不符
合东方文化，在上合组织成员国适用时出现水土不服现象。因此，一方面
中国政府要积极增加国内绿色融资政策指导性文件的拘束力，另一方面还应
该致力于研究符合东方文化特色的社会和环境责任标准。国内金融机构可在
人民银行牵头下也制订出一个绿色融资示范合同，率先在境内金融机构实行，
获得成功后，向上合组织银联体推荐，争取成为上合组织银联体绿色融资示
范合同的初始版本。

第四节 上海合作组织框架内的环境合作激励机制

由于地区安全、能源及反恐等问题是上合组织成员国最关切的问题，也
是环境合作时不能忽略的问题，推进成员国的环境合作是为了让上合组织区
域的人民生活更美好，为推进环境合作对消极合作的国家采取制裁措施，可
能会导致被制裁国家经济陷入困境，人民生活更加贫困，进而成为恐怖主义
的温床。因此，上合组织的区域环境合作应以激励措施为主，鼓励成员国参
与环保合作，避免减损上合组织地区民众的既得利益。激励机制应重点采取
市场激励和赋能激励，"亚投行"对项目投资具有引领作用，"中国气候变化
南南合作基金"和"应对气候变化南南合作'十百千'项目"也具有激励使
用清洁技术的作用。市场激励措施中重点是受益补偿机制与清洁发展机制，
中国和俄罗斯应发挥引领作用。赋能激励要帮助对完成环境保护目标有困难
的国家加强能力建设，如为该国提供人员培训、环境法律人才培养、帮助其
建设数据收集和系统观测的网站或组织等。

一、环境激励机制提高成员国环境合作的积极性

法律对社会的调控主要有两种方式：一是采取激励措施鼓励行为主体主动履行义务；二是采取惩罚措施震慑各行为主体不得不履行义务。在法社会学中，提倡针对法律功能形态和运行机制的研究主要放在行为激励和利益调整方面。从斯德哥尔摩会议后，国际社会发现通过惩罚和行政命令等方式推行环境政策成本高昂，效率低下。从 20 世纪 80 年代开始，西方工业发达国家将福利经济学、制度经济学、环境经济学理论引入到环境法领域，美国等国家将环境经济政策和市场激励机制作为法律调整手段，并取得了成功，经济激励措施开始在环境法领域被广泛采取。由于经济机制本身具有诱致性、灵活性、市场亲和性和节约性等特点，企业和民众更容易接受，环境资源法越来越多地采用经济政策、经济手段和市场经济机制。[1]

环境激励措施是指，在可持续发展的前提下，基于经济政策与环境资源政策的不可分割性，通过经济手段的运用，从影响成本和效益入手，以经济效益为中介，实现个人利益与公共利益相互促进的法律调整与实施模式。[2]激励措施表现为对行为本身的激励和行为背后利益的调控，引导社会成员形成积极的法律秩序。[3]由于各国环境与生产密切相关，采取经济手段来激励企业与公民保护环境，与惩罚性机制相比，更容易让人接受。另外，国际环境法治以软法为主要特征，[4]本身强制执行机制弱，国际环境法还存在权利与义务的不对等性，影响了国家履行环境保护义务的积极性。为促进各国自愿履行环境条约下的义务，减少对立，同时提高各国的履约能力，国际社会从 20 世纪 80 年代就开始采取经济激励措施。例如，世界环境与发展委员会编著的《我们共同的未来》的报告中就提出要利用经济手段促进环境保护和实现可持续发展。1987 年《关于消耗臭氧层物质的蒙特利尔议定书》是世界上第一个规定激励措施的国际条约，该议定书第 2 条第 8 款第 a

---

〔1〕 参见蔡守秋：《论当代环境资源法中的经济手段》，载《法学评论》2001 年第 6 期。

〔2〕 参见张璐：《环境产业的法律调整——市场化渐进与环境资源法转型》，科学出版社 2005 年版，第 8 页。

〔3〕 参见付子堂：《法律功能论》，中国政法大学出版社 1999 年版，第 63-81 页。

〔4〕 参见［法］亚堂山大·基斯：《国际环境法》，张若思编译，法律出版社 2000 年版，第 16 页。

项规定："作为公约第 1（6）条内规定的一个区域经济一体化组织成员国的任何缔约国，可以协议联合履行本条及第 2A 至 2J 条内规定的关于消费的义务，但其总共消费的计算数量之和不得超过本条及第 2A 至 2J 条规定的数量。"蔡守秋教授认为，该条创立了一种市场机制，[1]在公约设定的消费总量范围，缔约国通过颁发许可证的方式控制消费量，达成消减有害物质使用的目的。此后订立的环境条约，如气候变化的系列公约等，都引入了激励机制。希望通过激励机制，兼顾环境、经济和社会效益，实现人类的可持续发展。

国际社会积极采取激励措施促进各国履行环境义务主要有以下几个原因：首先，是由环境义务的性质决定的。国家保护环境的义务是一项持续性的、非对抗性义务，且该义务不以互惠为基础，缔约国维持某种事实上的情势或者条件，而不是要达成某种结果。[2]此类义务的履行需要各国善意合作，协调行动。但由于国家履行条约义务并不能获得即期的利益，国家履约的动力较小，同时违反义务时的惩罚机制也非常软弱。因此环境义务的履行需要相应的激励机制，确保发展水平不同的国家能普遍参与国际环境条约，并能善意履行条约义务。其次，是由世界政治格局和经济发展的不平衡决定的。环境问题涉及各国国内多方面的利益群体，当参与国际环境行动的成本过高、预期利益又不确定时，对经济发展水平低的国家来说，履约会增加其经济成本时，其参与环境治理的积极性必然不高。主权原则是国际环境法的基石，环境义务的履行建立在国家同意的基础之上，如各国不履行条约义务，将无法实现多边环境条约的目标。针对这一问题，为促进更多国家（特别是发展国家）认真履约，国际社会依据"共同但有区别责任"制定了许多激励措施，如资金激励、技术援助等，不断扩大环境合作的范围，在应对气候变化等方面取得较好的效果。最后，环境问题的复杂性。环境问题不仅涉及环境、生态问题，还涉及国家的经济和政治问题。例如，为应对气候变化要节能减排，节能减排就会涉及排放温室气体的产业、就业及国家经济发展等问题。如为了保护臭氧层，国际公约要求淘汰受控制物质的生产和消费，这影响了该产业的生产，增加了相关产业的生产成本。在这种情况下，只要求各国履行淘

---

〔1〕 参见蔡守秋：《论当代环境资源法中的经济手段》，载《法学评论》2001 年第 6 期。

〔2〕 See Murase Shinya, "Perspectives from International Economic Law on Transnational Environmental Issues", *The Hague Academy of International Law*, Vol. 253, 1996, pp. 283–431.

汰和控制物质的义务，而没有经济激励将会增加各国的财政负担，特别是发展中国家无论是在技术还是资金方面都存在严重困难，其自愿履约的可能性不大。因此，需要激励机制，帮助各国（特别是发展中国家）进行能力建设和履行条约。

国际环境法中的激励措施按不同的方法，可分为不同的类别。第一，按照激励措施的性质其分为两大类：国际赋能激励和奖赏性激励。国际赋能激励包括国际环境主权激励、公民环境权利激励、全球治理的参与激励、全球环境条约的履约激励等。奖赏性激励包括国际组织特别是联合国及其专门机构设立和颁发的各类环保奖励。[1]第二，依据激励措施的目的和宗旨可分为两类：一类是旨在促进能力建设的措施，包括技术援助、资金支持、优惠条件、技术转让、知识培训和教育等；另一类是旨在降低缔约国实施多边环境条约成本、促进国际环境治理的措施，包括排放权贸易机制、清洁发展机制等，以市场为导向的，基于成本效益分析运作的措施。[2]第三，按照采用的方法和采取的手段，环境激励措施可分为技术援助、资金支持和市场激励三大类。本节采用第三种分类方式。

二、上海合作组织框架内的环境技术激励

环境问题是由多种因素造成的，但环境问题的解决，科学技术是其中非常重要的一个方面。环境问题的有效解决很大程度上得益于环境技术的不断发展与进步，国际环境合作，环境技术的转移与扩散是合作最重要的部分。[3]然而，环境技术开发成本高，但其经济效益性弱，使企业没有开发和主动使用的动力。环境技术激励措施是激励主体运用各种激发方式激励企业积极从事和采用环境友好型技术，是一种外部性的激励机制。由于使用环境友好型技术会增加企业成本，低发展水平国家的企业没有积极性也没有能力去开发和使用，在缺乏技术和资金的前提下国家也没有积极性激励企业搞环境技术的创新。然而，环境的不断退化迫使人类必须采取环境友好型技术，而低发展

---

[1] 参见何艳梅：《环境法的激励机制》，中国法制出版社2014年版，第341页、第358页。

[2] 参见兰花：《多边环境条约的实施机制》，知识产权出版社2011年版，第112页。

[3] 参见兰丹：《环境技术国际转移的机制研究和政策分析——基于寡头垄断古诺竞争模型》，暨南大学2014年硕士学位论文。

水平又没有能力采用环境友好型技术，又由于环境是全球公共物品，具有极高的相互高度依存性，迫使发达国家不得不向低发展水平国家提供环境技术援助和转让来提高环境保护的行动效果。上合组织成员国虽然都是新兴国家，但发展水平较好的国家有帮助低发展水平国家获取环境友好型技术的意愿，这是在上合组织框架下能够开展有效的环境合作的前提条件。

世界各国国内常采取的环境技术激励措施有技术创新税收优惠、政府采购、政府资金支持、国家信贷支持等。[1]国内法的环境技术激励是以存在最高权力为前提，而国际社会并无最高机关，为鼓励低发展水平国家积极使用环境友好型技术，国际社会常采取的激励措施有低价或无偿的技术转让、资金支持和绿色信贷等鼓励低发展水平国家使用环境友好型技术。在全球多边条约体制下，根据"共同但有区别责任"原则，由发达国家作为激励方，发展中国家是被激励方，明确规定了双方的激励责任和义务。如《控制危险废物越境转移及其处置巴塞尔公约》在缔约国境内设立了数十个区域中心，专门负责提供人力资源培训、促进技术转让、提供信息、提供咨询服务和开展宣传活动，协助各区域内的发展中国家和经济转型国家实现公约的各项目标。[2]《生物多样性公约》第 20 条规定，"发展中国家缔约国有效地履行其根据公约作出的承诺的程度将取决于发达国家缔约国有效地履行其根据公约就财政资源和技术转让作出的承诺，并将充分顾及经济和社会发展以及消除贫困是发展中国家缔约国的首要优先事项这一事实"，即发展中国家履约的程度取决发达国家的技术转让。其他环境公约如《关于消耗臭氧层物质的蒙特利尔议定书》《〈生物多样性公约〉卡塔赫纳生物安全议定书》《关于持久性有机污染物的斯德哥尔摩公约》等，也规定发达国家应当向发展中国家进行技术援助，优惠转让技术，应向发展中国家提供及时和适当的技术援助。有的公约还将技术激励与对发展中国家的财政援助结合起来，使技术转让有充足的资金保证。例如，《生物多样性公约》第 16 条规定，"技术的取得和向发展中国家转让，应按公平和最有利条件提供或给予便利，包括共同商定时，按减让和优惠条件提供或给予便利，并于必要时按照第二十和二十一条设立的财务机

〔1〕　参见谢芳成：《论环境技术创新激励机制的建立与完善》，载中国法学会环境资源法学研究会年会主编：《资源节约型、环境友好型社会建设与环境资源法的热点问题研究——2006 年全国环境资源法学研讨会论文集（四）》。
〔2〕　参见兰花：《多边环境条约的实施机制》，知识产权出版社 2011 年版，第 113 页。

制"。这些公约项目的技术援助虽然存在许多问题，如有关条款多使用鼓励性的"弹性"语言而且没有任何责任机制保障，法律效力薄弱，与知识产权保护、竞争政策、投资与贸易自由化等方面的冲突，缺乏资金等，[1]但是在全球环境公约框架下的技术激励制度依然具有积极的意义，也取得了一些成绩。[2]上合组织所有的成员国都参加了《控制危险废物越境转移及其处置巴赛尔公约》《生物多样性公约》《保护臭氧层维也纳公约》《联合国气候变化框架公约》《京都议定书》《联合国防治荒漠化公约》等多个全球性公约，这些在多边环境公约下的技术激励措施为上合组织成员国提供了很大的帮助，但其并不是上合组织框架下的激励措施。

上合组织成员都是发展中国家，上合组织框架内没有达成多边环境条约，"共同但有区别责任"原则无适用的条件。尽管如此，上合组织成员国经济发展水平也存在很大差异，中国相对发展水平较高，技术水平相对较好，与其他国家基本都有环境合作，"一带一路"倡议以绿色发展为共建国提供绿色金融，同时亚洲开发银行、亚投行等国际金融机构一直以来在上合组织地区发展中占有非常重要的地位，致力于发展当地的经济和保护当地生态环境，因此，在上合组织框架内的技术激励的设计中，中国、亚洲开发银行和亚投行应该有资格承担激励方的责任，通过信贷和双边合作的方式激励成员国采取环境友好型技术。特别是中国努力为在上合组织地区实现可持续发展做出许多实质性工作。例如，中国推行的"一带一路"倡议将生态安全视为安全内核，[3]

---

〔1〕 参见刘恩媛：《跨境环境损害防治的国际法律问题研究》，知识产权出版社 2018 年版，第178 页。

〔2〕 许多全球多边条约为激励发展中国家履约都成立了专门的基金，例如，《关于消耗臭氧层物质的蒙特利尔议定书》框架下的"多边基金"；《粮食和农业植物遗传资源国际条约》框架下设立的"全球作物多样性信托基金"；《国际湿地公约》框架下设立的"湿地未来基金"、"瑞士非洲赔款基金"和"小额赠款基金"；《保护世界文化和自然遗产公约》框架下设立的"世界遗产基金"；《2006年国际热带木材协定》框架下设立的"巴厘伙伴关系基金"；《联合国气候变化框架公约》下设立的四个基金："气候变化特别基金""最不发达国家基金""适应性基金""绿色气候基金"；《控制危险废物越境转移及其处置巴塞尔公约》构架下设立的"技术合作信托基金"等。这些基金的资金来源各不相同，有的是来源于缔约国自愿捐款，如技术合作信托基金、湿地基金等；有的是源自强制性分摊或指标分摊的基金，如"世界遗产基金""适应性基金"；有的是自愿捐款和强制分摊相结合，如"全球环境基金""小额赠款基金"等。

〔3〕 参见李志斐：《环境安全与"一带一路"：战略实施与安全挑战》，载张洁主编：《中国周边安全形势评估（2016）——"一带一路"：战略对接与安全风险》，社会科学文献出版社 2016 年版，第217-231 页。

大力推动绿色丝绸之路的建设，为"一带一路"共建国家提供绿色信贷、援助及培训官员等。上合组织成员国都是"一带一路"的共建国家，习近平主席多次表示，要依托上合组织推进"一带一路"，让共建国家搭中国发展的便车，使中国充当上合组织的激励方成为可能。当然，由于不存在条约义务，上合组织框架内的技术激励是自愿行为不是强制义务。

技术激励的核心是国际技术转让，在现行的国际法框架下，环境技术转让的每个环节和参与主体都面临着诸多法律障碍，这需要出让方和受让方及国际社会都要做出一定的法律调整，才能找到合适的方法。[1]合适的方法不是让成员国对中国的环境友好型技术实施强制许可，[2]或提高某些产品的关税。强制许可制度会挫伤企业研发的积极性，高关税会影响到区域的贸易自由化。合适的技术激励应当充分考虑国际产品的市场竞争、环境贸易政策、国家福利、企业竞争力等因素，有效的环境技术激励机制包括能力建设、利益相关之间的合作机制、适宜的政策环境和国家技术创新体系。[3]因此，中国可采取的技术激励措施主要有三种方式：一是中国通过国内法激励"走出去"的企业在投资地采取环境友好的技术，例如，为企业提供低息的绿色信贷、给予税收优惠等。国内法激励企业实施较为容易，风险小，易于为企业接受，也符合市场规律。二是向其他成员国提供绿色信贷和技术升级的援助资金。绿色信贷和援助资金的条件是接受国用于改善本国的技术生产条件，其该贷款和援助资金必须是购买一定比例中国的相关技术或产品。这种方式既帮助了其他成员国，还能够推动中国的技术和高附加值产品的出口，实现了双赢。三是帮助其他成员国加强能力建设，比如培训相关人员、共享环境信息、开设论坛等。

三、上海合作组织框架内的资金激励机制

资金机制或称财务机制，是指为促进缔约方遵守国际环境条约中的承诺，

---

〔1〕　参见秦天宝、周琛：《国际环境技术转让的法律障碍及其克服》，载《江西社会科学》2011年第3期。

〔2〕　国内有学者主张，为推动低碳技术的转移，应建立强制许可制度。参见马碧玉：《低碳专利技术转移之路——以专利强制许可制度促进低碳专利技术国际转移》，载《云南大学学报（法学版）》2010年第5期。

〔3〕　参见周冯琦：《应对气候变化的技术转让机制研究》，载《社会科学》2009年第6期。

依据多边环境条约向发展中国家提供财政资金支持而形成的一系列程序、机构和运作规则。[1]大多数情况下出资方是发达国家，接受资金援助的都是发展中国家。然而，多边环境条约没有规定出资方是发达国家，我国亦为气候变化基金出资方，中国出资的"中国气候变化南南合作基金"也向发展中国家提供资金激励。[2]

　　资金机制最先在《斯德哥尔摩宣言》《我们共同的未来》《里约宣言》《21世纪议程》等重要的国际环境法文件提出，目的是提高发展中国家履行多边环境条约的能力。由于缺乏技术和资金，发展中国家缺乏履行多边环境条约的能力和意愿，因此，提高缔约国履约能力和意愿是激励机制的关键。资金机制作为重要的环境激励措施，目标也是提高发展中国家的履约能力和意愿而设立的，故整个资金机制的核心是如何保障发展中国家有充足的资金和环境资金的有效使用。多边环境条约都有明确的资金机制条款，多边环境条约中的资金机制有两种类型：一类是将全球环境资金作为资金机制的运作实体；另一类是建立专门的基金运作。全球环境基金在环境条约的资金机制中占有非常重要的地位，负责运行多个多边环境条约的资金机制，[3]其重点资助四个领域，即气候变化、生物多样性、国际水域及臭氧层保护，近年来

----

〔1〕参见兰花：《多边环境条约的实施机制》，知识产权出版社2011年版，第120页。

〔2〕2015年中国宣布建立"中国气候变化南南合作基金"，作为"绿色气候基金"的补充。参见《中国200亿元建"中国气候变化南南合作基金"》，载 https://www.ccchina.org.cn/Detail.aspx?newsId=55652&TId=66，最后访问日期：2017年8月1日。

〔3〕全球环境基金成立于1991年，是目前世界上最大的环境保护基金，是专门的环境金融机构。到1990年世界银行有17个捐助国承诺将资助未来的全球环境实体。世界银行根据1991年第五号决议成立了全球环境基金。该基金建成之初试运行了3年，筹资到13亿美元。1991年10月，世界银行与联合国开发计划署和联合国环境规划署共同签署三边协议。全球环境基金的治理和运营机制正式形成。为提高发展中国家在全球环境基金决策时的影响力，1994年全球环境基金进行了重组，与世界银行分离，成为一个独立的常设机构。但实际上世界银行一直是全球环境基金信托基金的托管机构，并为其提供管理服务。基金捐款国主要是发达国家，中国也是捐款国之一，定期向基金捐款。基金的宗旨是以提供资金援助和转让无害技术等方式帮助发展中国家实施防止气候变化、保护生物物种等项目。基金运用方式是向受援国提供赠款或其他形式的优惠资助，资助受援国在气候变化、生物多样性、国际水域和臭氧损耗等领域的项目及这些领域相关的土地退化方面的项目，促进受援国实现环境的可持续发展，实现全球环境保护的目的。全球环境基金目前受托成为《生物多样性公约》《联合国气候变化框架公约》《关于持久性有机污染物的斯德哥尔摩公约》《联合国防治荒漠化公约》《关于汞的水俣公约》的资金机制。另外《保护野生动物迁徙物种公约》下的项目通过《生物多样性公约》也纳入到全球环境基金的资助范围。参见华玛欣：《全球环境基金的产生和发展——以国际气候变化法的资金机制为视角》，复旦大学2012年硕士学位论文。

开始重点资助土地退化和持久性有机污染物等领域的项目。专门的环境基金是多边环境公约下成立的专门性基金，如《关于消耗臭氧层物质的蒙特尔议定书》框架下的"多边基金"、《粮食和农业植物遗传资源国际条约》框架下设立的"全球作物多样性信托基金"、《保护世界文化和自然遗产公约》框架下设立的"世界遗产基金"等，负责本条约项目的资金激励。各基金不存在竞争关系，而是相互合作关系，主要是全球环境基金与其他公约基金合作，如全球环境基金与《关于消耗臭氧层物质的蒙特尔议定书》下的多边基金互为补充，为俄罗斯联邦及东欧和中亚的一些国家的项目提供资助，使其逐步淘汰损耗臭氧层的化学物质的使用。环境基金是资金激励主要主体，是资金激励运行的关键所在，但实际运行中除规定了强制分摊机制的环境基金的资金有保证外，其他靠捐款的基金来源很不稳定。为应对全球生态退化的问题，需要有更多的资金资助，但在当前全球经济不景气的背景下，各国经济都面临困难，各国对向环境基金提供更多资金的呼吁响应度较低。但从总体上说，资金供给远远小于需要，比如中国应对气候的资金需求大约为 2.5 万亿元，由于政策设定和体制安排、信息不对称及经济效益难评估等原因，导致气候资金缺口大的问题短期内无法得到缓解。[1]联合国环境规划署 2015 年《全球适应报告》称，2014 年针对发展中国家适应气候变化的双边和多边融资预计为 184 亿美元，比过去 5 年增长了 8%~9%，但是仍远远未达到 2030 年的资金需求。[2]由于资金缺口巨大，需要区域组织配合来弥补多边环境基金的缺口。

上合组织成员国都参加了多个多边环境条约，都符合公约规定的应当受资助方的条件，上合组织的所有成员国都积极参与多边环境条约的公约，都接受环境基金的资助，但由于资金有限，许多工作都进展缓慢。例如，除俄罗斯外，上合组织其他成员国都面临着荒漠化和干旱的威胁，中国、印度、巴基斯坦、哈萨克斯坦、吉尔吉斯斯坦、塔吉克斯坦、乌兹别克斯坦等国都

---

〔1〕　参见《报告称中国气候资金需求超 2.5 万亿元》，载 http://www.chinanews.com/ny/2015/12-10/7664703.shtml，最后访问日期：2017 年 8 月 1 日。

〔2〕　参见《联合国环境规划署 2015 年年度报告》，载 https://wedocs.unep.org/bitstream/handle/20.500.11822/7544/-UNEP_2015_Annual_Report-2016UNEP-AnnualReport-2015-EN.pdf.pdf?sequence=8&amp%3BisAllowed=y%2C%20Chinese%7C%7Chttps%3A//wedocs.unep.org/bitstream/handle/20.500.11822/7544/-UNEP_Annual_Report_2015-2016cs6_UNEP，最后访问日期：2024 年 4 月 20 日。

根据《联合国防治荒漠化公约》制订了国家行动计划，还制订了许多分区项目各国合作防治荒漠化。[1]全球环境基金给予的资助远远满足不了实际的需要，例如，全球环境基金每年资助中国防治荒漠化的资金为 995 万美元，[2]而中国政府制定的到 2021-2030 全国防沙治沙规划要求全国各级政府保障防沙治沙资金投入，在 2021 年中央就投入资金超 200 亿，地方政府还要投入，[3]资金缺口很大。中国防治沙化的资金缺口只是全球环境激励的一个缩影，由于中国防治荒漠化成果显著，已经是全球环境基金就防治荒漠化项目获得资金最多的国家，而干旱少雨、土地沙化严重的中亚国家，塔吉克斯坦和吉尔吉斯斯坦每年只能从全球环境资金获得 278 万美元、304 万美元资助。[4]沙尘暴问题多年一直困扰着中亚国家，我国也饱受起源于哈萨克斯坦和蒙古国沙尘暴的跨界侵袭，[5]因此，治沙需要各国通力合作。多边环境基金的资金缺口可以由区域组织的资金激励计划来补充，上合组织在本区域的资金激励中应该发挥作用。

由于上合组织成员国没有签订区域环境条约，没有建立区域框架下的资金激励机制规则。中国努力为保护全球生态环境贡献力量，亦有"应对气候变化的参与者和领导者"的决心和律动，特别是在推出绿色"一带一路"倡议后，中国设立了系列环境资金为世界绿色发展提供融资，为在上合组织内推行环境资金激励措施提供了可能。2015 年中国宣布出资 200 亿元建立"中国气候变化南南合作基金"；2016 年启动了在发展中国家设立 10 个低碳示范区，开展 100 个减缓和适应气候变化项目及 1000 个应对气候变化培训名额的合作项目（即"应对气候变化南南合作'十百千'项目"），帮助发展中国

---

〔1〕 参见李康民：《联合国防治荒漠化公约——亚洲防治荒漠化的战斗（2006）》，载《世界环境》2006 年第 4 期。

〔2〕 These indicative allocations were set out in the document GEF-6 Indicative Star Allocations（GEF/C. 47/Inf. 08–July 1, 2014）.

〔3〕 参见《〈全国防沙治沙规划〉（2021—2030 年）印发》，载 https：//www. gov. cn/xinwen/2023-01/04/content_ 5734961. htm#:~.text =%E5%8A%A0%E5%BC%BA%E8%B5%84%E9%87%91%E4%BF%9D%E9%9A%9C%EF%BC%8C,%E5%8A%A14357%E4%B8%87%E4%BA%A9%E3%80%82，最后访问日期：2024 年 7 月 16 日。

〔4〕 These indicative allocations were set out in the document GEF-6 Indicative Star Allocations（GEF/C. 47/Inf. 08–July 1, 2014）.

〔5〕 参见张望英、谷德近：《关于沙尘暴防治的国际环境法的发展》，载国家环境保护总局等：《适应市场机制的环境法制建设问题研究——2002 年中国环境资源法学研讨会论文集（下册）》。

家提高绿色融资能力；[1]2017 年中国与 20 多个国家及欧盟签署了《"一带一路"防治荒漠化合作机制》，中国随后的推出的实施文件《关于推进绿色"一带一路"建设的指导意见》（以下简称《指导意见》）中明确规定，鼓励符合条件的"一带一路"绿色项目按程序申请国家绿色发展基金、中国政府和社会资本合作（PPP）融资支持基金等现有资金（基金）支持。发挥国家开发银行、进出口银行等现有金融机构引导作用，形成中央投入、地方配套和社会资金集成使用的多渠道投入体系和长效机制。[2]中国设立的基金和项目正处于稳步推进中，中国这些基金的运行与中国的对外援助机制的改革相适应，通过投资和信贷等方式激励上合组织其他成员国努力推进清洁能源、防灾减灾、生态保护、气候适应型农业、低碳智慧型城市建设等方面的合作。

中国设立的众多国内基金以服务"一带一路"（含上合组织成员国）共建国家为目标，为符合条件的上合组织成员国家的环保项目提供融资，例如，丝路基金融资的巴基斯坦卡洛特水电项目采用了"世界最严"的 IFC 的环境和社会责任框架及相关标准，各项环境保护工作得到了有效落实，积极履行企业社会责任，关注当地社区可持续发展。[3]为解决资金不足问题，绿色基金与非洲开发银行（AfDB）、欧洲某开发银行、泛美开发银行（IDB）等国际多边开发银行，JP 摩根、高盛、法国 Amundi 资管公司、德国复兴信贷银行（KfW）等国际一流金融机构，全球领先的可再生能源投资公司马斯达尔（Masdar）、全球最大海水淡化公司 IDE 等多家国际机构均与绿色投资基金建立了合作伙伴关系。[4]中国绿色基金对上合组织成员国的绿色融资，解决了成员国绿色股权投资不足、合作机制缺失等问题，是目前上合组织框架下资金激励的主要表现形式。

国内资金主导下的资金激励存在一个问题，即中国国内法下的环境资金激励会让上合组织成员国产生不信任感，"一带一路"共建国内出现的反华声

---

〔1〕 参见柴麒敏：《中国气候变化南南合作助推"一带一路"沿线发展中国家低碳发展》，载 https：//www.chinagoinggreen.org/？p=7395，最后访问日期：2019 年 6 月 7 日。

〔2〕 参见章轲：《"一带一路"防治荒漠化合作机制启动 建立四种资金渠道》，载 https：//www.yicai.com/news/5343197.html，最后访问日期：2019 年 6 月 7 日。

〔3〕 参见《共建绿色"一带一路"13 个案例》，载 http：//obor.bisu.edu.cn/art/2019/9/27/art_16668_230999.html，最后访问日期：2019 年 10 月 4 日。

〔4〕 参见《"一带一路"绿色投资基金设立 已获多家国际机构参与》，载 https：//www.chinanews.com.cn/cj/2019/04-28/8822377.shtml，最后访问日期：2019 年 10 月 4 日。

音证明了这一点，因此上合组织框架下的资金激励还应该在上合组织机构主导下开展比较好。上合组织框架下的资金激励未能形成区域机制是因为缺乏国际融资机构，亚投行虽然在上合组织地区较为活跃，但是没有在其中发挥主要作用，筹建中的上合组织开发银行比较适合充当上合组织框架下资金激励的国际金融机构。上合组织开发银行正式运作后，上合组织框架下的资金激励会形成上合组织开发银行与中国绿色基金并存的模式。

四、加强多边环境公约履约能力建设

履约能力主要是指履行多边环境公约义务的实际能力。对具体的缔约国家而言，履约能力主要是指就环境公约范围内的事项，缔约国按照承诺完成履约的时间、履约的质量的能力，也是缔约国在履行环境保护义务的时间、质量、安全、服务和宣传等方面的综合管理能力。概而言之，履约能力就是缔约国的执行能力和综合管理能力。上合组织的环境合作是全球多边环境合作的有机组成部分，通过区域合作加强成员国的多边全球环境条约的履约能力建设，是上合组织环境合作的内容之一。

由于履行多边环境条约需要改革技术、改变消费习惯、使用清洁能力及选择合理替代品等，对缔约国的履约提出较高的技术要求、资金要求和行政管理能力要求。上合组织成员国由于缺乏技术、资金及国家管理水平低等原因，面临着履约困难等问题。虽然多边环境条约和国际组织都主张要加强发展中国家履约能力建设，但具体实施则面临许多问题。只有技术和资金，国家管理能力落后仍然不能履行好条约义务，加强能力建设其实是加强国家管理能力的建设。下面以保护臭氧条约的履行为例，讨论如何加强上合组织成员国行政管理能力的建设。

保护臭氧层是公认的国际社会最成功的环境保护行为，全球淘汰了近99%的消耗臭氧层物质生产和使用，臭氧层耗损得到有效遏制。[1]所有的上合组织成员国都是《保护臭氧层维也纳公约》的缔约方，除塔吉克斯坦外，其他成员国都是《关于消耗臭氧层物质的蒙特利尔议定书》的缔约方，上合

---

〔1〕 参见《〈关于消耗臭氧层物质的蒙特利尔议定书〉缔结 30 周年暨 2017 年国际保护臭氧层日纪念大会在京召开，制冷空调行业获嘉奖》，载 http://www.chinacraa.org/craa_news_show.aspx? id = 3281，最后访问日期：2019 年 6 月 10 日。

组织成员国都面临了加强履约能力建设的问题。为履行条约义务，需要淘汰消耗臭氧层物质，实现替代品技术创新，加强多边贸易执法合作等。这些义务的履行需要缔约国拥有资金、技术及高水平的国家管理能力。

第一，加强消耗臭氧层物质管理法律法规的立法和执行。市场具有逐利性，无立法要求，企业出于成本考虑不会主动替代消耗臭氧层物质，这要求国家要进行相关的立法或修改现行的国家法律。例如，中国为了履约新修订和制订了《中华人民共和国环境保护法》《中华人民共和国大气污染防治法》《中华人民共和国环境影响评价法》等多部法律。不断加强执法，确保消耗臭氧物质的生产、使用、进出口管制制度切实履行。中国各省为执行《关于消耗臭氧层物质的蒙特利尔议定书》专门协调地方成立了由政府牵头、各相关部门联合保护臭氧层组织协调机制，推动当地政府和综合部门制定并发布消耗臭氧层物质淘汰的地方配套政策、法规和制度。地方政府负责开展对辖区内消耗臭氧层物质生产和使用的调研，建立数据申报登记制度，建立数据库；宣传鼓励、规范消耗臭氧层物质替代品的使用，建立替代品目录供企业参考；并组织对重点区域、重点行业、重点企业和重点市场的检查和不定期执法检查和抽查，推动企业限期淘汰消耗臭氧层物质，做好企业的后期监督工作。对于新建立项目，严格执行环境影响评价制度，从源头上杜绝消耗臭氧层物质的使用。然而，加强立法和执法要求国家环境部门的官员具有相应的法律素养和科学素养，一些成员国国家的能力明显欠缺，需要对其进行培训。中国主动为"一带一路"共建国提供1500名环境官员的培训树立了一个很好的榜样，中国主动帮助其他成员国是中国单边行为，不是上合组织框架下的环保合作。由于上合组织没有专门的环保合作机构，上合组织框架下尚没有建立定期的环境官员交流机制和为成员国提供环境官员的培训。正在建设中的上合组织成员国环境信息共享平台，按照其建设目标，其负有承担环境信息交流和人员培训的任务，相信等信息共享平台建设完成后必将能够在帮助成员国提高加强履约能力方面发挥重要作用。

第二，组织实施行业消耗臭氧层物质的淘汰计划。行业淘汰计划是国家级战略，要求国家严格控制消耗臭氧层物质行业的生产的新建、改建和扩建项目。按战略的实施需要有资金保证和技术支持。这要求国家认真作为总体计划，制定鼓励企业——特别是中小企业分阶段、分步骤地淘汰相关物质的激励政策，保障企业的积极性。上合组织框架目前没有开展这方面的合作，当生态环保合作委员会成立后，可在该委员会的协调下，为成员国提供相应的技术支持，帮助成员国制订更科学的淘汰计划。

第三，加强国际履约和国际环境合作。根据"共同但有区别责任"原则，为保护臭氧层公约的缔约方更好地履约淘汰和替换消耗臭氧层物质，发展中国家可以从多边基金中获得资金支持。不断加强与缔约方的交流，参与多边环境条约的工作，积极参与对重点管制物质的研究工作，才能获得更好的资金支持。例如，中国多次获得多边基金的资金支持，并于 2017 年的缔约方大会上获得"保护臭氧政策和实施领导奖"。[1]上合组织的环境保护机制应当与多边环境公约机制相互补充，多边环境条约机制基金提供资金，而上合组织没有固定的资金机制，成员国参与多边环境条约机制获得部分资金，上合组织仅为成员国各级履行多边环境条约提供人员和技术支持。

第四，加强上合组织环境信息共享平台的建设，为成员国的环境决策提供技术支持。上合组织环境信息共享平台是在上合组织框架下运行的环境保护合作的实体平台。2013 年上合组织峰会提出"必须继续为加强环保合作[2]而共同开展工作"，中国领导人提出加快建设上合组织环境信息共享平台，旨在为推动区域环保合作和区域可持续发展提供技术支持，在 2018 年平台网站正式开通。按照设计要求，上合组织环境信息共享平台具有以下 5 项功能：（1）环境数据信息服务建设。对环保政策法规、环境标准、环境状况、环境新闻、环境合作战略与计划、联合研究和培训项目、环境监测和统计信息、基础地理信息和遥感信息等方面的海量、异构及多类型相关信息进行综合收集、交换、管理、共享、分发和服务，主要包括信息安全、信息标准、数据交换系统、数据中心等建设内容。（2）环境信息应用系统建设。着眼于不同区域、不同类型的环境问题，建设和开发有针对性的专题信息应用服务系统，为改善区域环境提供科学技术支撑。（3）环境信息发布与共享门户网站建设。根据信息发布与共享内容、形式和格式的要求，提供政务门户发布、公众门户发布、移动发布等系统的建设，为不同用户群体提供相应的信息服务。（4）环境科研和创新平台建设。开展上合组织区域环保合作及能力建设技术交流与培训平台

---

〔1〕 原环保部发布微信公众号：《中国环保部被授予"保护臭氧层政策和实施领导奖"》，2017年 11 月 26 日。

〔2〕 参见《上合组织成员国总理理事会第十二次会议联合公报》，载 https://www.gov.cn/jrzg/2013-11/29/content_2538808.htm.

建设；推进环境信息的科学化建设，形成产、学、研相结合的集技术研究、成果转化、标准制定、人才培养于一体的工作平台。（5）环境信息共享平台基础设施建设。建设可以即时通信、实时共享的视频会商系统，并作为基本物质保障。[1] 按照建设进度，在 2017 年该平台应该具有环境信息发布功能，形成了工作机制，至 2020 年成员国已经实现了信息共享，可为区域环境合作和成员国决策提供支持，但在该平台查询，多数成员国下面都是空白，没有任何信息提供，平台建设远远落后于计划进度。该平台建设是上合组织框架下环境合作重要的载体，按照设计，未来的人员培训、咨询服务及各国的所有的环境信息都可以在平台上完成，如果该平台按计划建设会将上合组织的环境合作推上一个新高度。

---

[1]　参见《上海合作组织环保信息共享平台简介》，载 http://scoei.org.cn/ptjj/zxjs/487875.shtml，最后访问日期：2021 年 6 月 10 日。

上海合作组织环境争端解决机制构想

　　争端解决机制是环境合作机制中重要的组成部分。对于国家层面的争端，谈判、磋商是争端当事方的法定义务；调查与和解亦是较理想的解决方式，可借鉴北美自由贸易区的调查委员会模式，成立上合组织调解委员会。对于私人间或私人与国家间层面的争端，环境争端有时会以投资争端的形式体现，这类环境争端可通过投资仲裁或选择在东道国或投资母国国内环境诉讼的方式解决，既避免国家的直接冲突，也体现了环境保护的民主化，保证了公众知情权和参与权。中国正在努力构建"一带一路"争端解决机制，该争端机制将投资争端和商事争端列为重点，体现中国单边推进上合组织争端解决机制建立的努力。另外，由于金融机构在环境项目合作、绿色投资和绿色贸易中都具有非常重要的影响，通过金融机构监督合作项目履行社会责任，实现绿色发展亦具有可行性。

第一节　上海合作组织区域内环境争端解决方式

　　经济发展往往伴随着对环境资源的开发和利用，高速的经济增长亦代表了高环境风险。上合组织成员国间的合作都将经贸合作列为重点领域，中国依托上合组织的"一带一路"倡议主要的建设内容亦是以资源开发、投资和贸易为主，上合组织区域又是环境脆弱地区，因此，上合组织成员国合作中发生环境损害争端的几率很高。一旦发生环境争端如何解决呢？

　　一般来讲环境争端的解决主要可采用以下四种方式：（1）诉诸国际公法争端解决机制；（2）诉诸非对抗性磋商机制；（3）诉诸国内私法诉讼；（4）诉诸国际投资仲裁机制。这四种方式并不相互排斥，经常被同时适用。

一、国际公法争端解决机制

诉诸国际司法机构或国际仲裁程序是传统的国际公法争端解决方式。尽管上合组织机制内没有关于争端解决机制的规定，但上合组织成员国相互间签订了许多双边投资条约和环境合作协定，例如所有上合组织成员国都与中国签订了双边投资条约，俄罗斯、哈萨克斯坦、印度、巴勒斯坦还与中国签订双边环境协定，上合组织成员国还有许多共同参加的多边环境条约，双边投资条约和双边、多边环境公约为国际诉讼或国家间仲裁解决争端提供了法律的基础。

通过国际诉讼或国际仲裁解决的环境争议是国家间的争议，是受害国采取国际仲裁或国际法院诉讼等方式追究施害国的国家责任，要求施害国由国家承担损害责任。然而，当前国际环境条约倾向于由私人行为直接承担赔偿责任，国家责任的规定很少。国际法委员会虽然一直致力于制订国际责任的条约草案，但至今未能成功。从司法实践来看，国际法院和国际海洋法法庭都受理环境争端案件，欧洲法院也受理欧盟成员国间的环境争端案件，但相关实践案例不多，如"特雷尔冶炼厂案"[1]"盖巴斯科夫——拉基坞洛大坝案"[2]等少数例子。总体来说，目前国际法体系中关于国家承担环境责任的法律基础并不牢固，国际判例中确立的国家承担环境损害赔偿责任的理论非常模糊，责任认定困难。[3]国际司法机构在审理环境争端案件时，很少会认定当事国违反了实体义务，大多是从条约解释与适用方面阐述国家的权利与义务。因此，通过国际司法机制，恢复或补偿环境损害虽然是很重要的功能，但这功能的作用很有限。[4]

---

〔1〕　See Trail Smelter Arbitration（United States v. Canada）, Ad Hoc International Arbitral Tribunal, U. N. Rep. Intl. Arb. Awards, 16. April 1938 and 11. March 1941.

〔2〕　See GabCikovo-Nagymaros Project（Hungary/Slovakia）, Judgment, 1. C. J. Reports 1997, p. 7.

〔3〕　在"特雷尔冶炼厂案"中确立了国家基于相邻关系而产生的义务——"一国不能利用或允许利用其领土对另一国领土造成严重损害"。该项义务已被认定为一项国际习惯法，然而该项义务的模糊性也是非常明显的。第一，"严重损害"的判断标准不明确，如何解释"严重损害"给各国留下太大的空间。第二，该项义务无法保护全球公共领域环境和跨多国的环境资源。第三，该项义务是建立在国家责任基础上的，国家承担责任的条件是非常苛刻的。Jutta Brunnée, "The Responsibility of States for Environmental Harm in a Multinational Context-Problems and Trends", *Cahiers de Droit*, Vol. 34, 1993, pp. 827-845.

〔4〕　参见［英］帕特莎·波尼、埃伦·波义尔：《国际法与环境》，那力等译，高等教育出版社2007年版，第6页。

国际公法解决环境争端应该是极少采用的方式。首先,"一带一路"倡议大幅度地提高了中国企业在上合组织成员国中的投资规模,产生了大量的中国企业和东道国之间的环境争端。从国际法与国内法的关系来看,中资企业或个人在国际司法机构不享有出诉权。[1]如果中国政府代替中国企业或个人在国际司法机构出诉,则将民间争议上升为国家争议,导致成员国间的关系紧张。其次,上合组织没有设立国际司法机制,上合组织成立宗旨要求"平等互利,通过相互协商解决所有问题",即区域内的问题应该在区域内解决,国际公法诉讼或仲裁必然是在上合组织外的机构进行,违背上合组织建立的宗旨。最后,随着"一带一路"倡议的推进,中资企业与东道国间的争议有大量发生的可能性,中国政府不可能在每次争端中都代替中资企业和个人出诉。因此,除个别严重有损中资企业利益的案件外,普通的环境争议不适用采取国际诉讼或国际仲裁方式解决。

二、诉诸非对抗性磋商机制

诉诸非对抗性磋商机制严格来讲,也是属于国际公法争端解决机制范畴的,主要是指多边环境公约建立的"不遵守情势机制"。上合组织成员国都参加了多个多边环境公约,有重要影响的环境公约为帮助成员国履行环境条约,建立了不遵守情势机制。环境条约的遵约制度的目标是促进缔约方遵守条约,其制度本身不是争端解决机制,但学者们认为,不遵守情势是由于传统的争端解决机制不足以解决环境争议时所产生,所以不遵守情势机制是一种争端解决制度。[2]不遵守情势机制是以非对抗方式,通过向条约机构申诉的方式解决争议。它不同于传统争端解决程序,更像是争端预防机制。首先,传统的争端解决程序是在争端后开始发生作用,而不遵守情势机制却是争端尚未发生时,针对不履行条约义务的国家发生作用的程序。如果不履行义务的情况尚未导致缔约方间发生争端,通过不遵守情势机制纠正了一国不履行义务

---

〔1〕 在 2004 年 9 月在巴西里约热内卢召开的第四届美洲绿色会议上,与会代表提议建立"国际环境法院",学者们提出的设计方案是个人和国家都是该法庭的合格主体,但该提议最终没能实现。

〔2〕 See Jeff Trask, "Montreal Protocol Noncompliance Procedure: The Best Approach to Resolving International Environmental Disputes?", *The Georgetown Law Journal*, Vol. 80, 1992;参见金慧华:《试论〈蒙特利尔议定书〉的遵守控制程序》,载《法商研究》2004 年第 2 期;朱鹏飞:《国际环境争端解决机制研究——国际公法的视角》,华东政法大学 2009 年博士学位论文。

的情势，就避免了争端发生。如果不履行义务的情况已经导致了缔约国之间产生争端，不遵守情势机制仍则可以起到解决争端的作用。[1]其次，传统争端解决方式仅争端方参与，而不遵守情势机制是一种多边的解决方式，所有的缔约方都参与磋商，任一缔约方都可帮助申请国解决面临的困难。从《关于消耗臭氧层物质的蒙特利尔议定书》率先建立"不遵守情势机制"后，国际上主要的环境条约都相继建立了该机制。实践中，相邻国家可能更关注邻国是否履行的条约义务，上合组织成员国有提请条约机构注意邻国履约情况的可能。

从广义的角度来看，非对抗性磋商机制还包括其他国际组织为缓解项目与当地的环境冲突，确保资助的项目能够履行保护环境的社会责任，建立的申诉制度。例如，世界银行于 1993 年成立了监察组（The Inspection Panel）[2]，该监察组处理世行项目建立和运营中存在的有损害人民或环境的申诉，也是非对抗性解决环境争议的一种方式。但该机制只是给当地民众与世界银行高层提供沟通的渠道，在解决争端方面作用有限。

上合组织近年来经贸往来不断增长，上合组织的成员国都是"一带一路"共建国家，"一带一路"倡议大大推动了中国对上合组织成员国的投资，导致在上合组织成员国发生的环境争端往往伴随着投资行为，争端表现多为与环境有关投资争端。投资争端向环境条约的条约机构申诉的可能性很小，故环境条约的"不遵守情势机制"适用的空间实在有限。对于世界银行等国际金融机构融资的项目，世行等金融机构所设立的非对抗磋商机制具有一定的可行性。另外，上合组织可使用"一带一路"的相关机制，"一带一路"倡议的支柱性金融机构是亚投行，亚投行虽然也发布了项目融资需要达到的环境标准，但亚投行没有建立独立的问责机制。因此，非对抗性磋商机构只是为解决上合组织成员国的国际环境争端提供一种可能，实践意义不大。

三、国内私法诉讼

国内私法诉讼，即由环境争端的当事方通过在东道国或投资者母国的法

---

〔1〕　参见朱鹏飞：《国际环境争端解决机制研究——国际公法的视角》，华东政法大学 2009 年博士学位论文。

〔2〕　世界银行监察组是世界银行独立的问责机制，由世界银行董事会 1993 设立，1994 年开始运营。该监察组为世界银行提供了一个论坛，所有的民间组织都可以就世行项目中存在的有损害环境或人民的行为向世行最高层申诉。该监察组是国际金融机构成立的第一个"交互式"问责机构。具体内容参见 Resolution IBRD 93-10 and Resolution IDA 93-6.

院提起环境争议诉讼行为，谋求司法救济的一种私法途径，这种诉讼以东道国或投资母国的国内法为基础。通过国内私法诉讼来解决环境纠纷有几个明显的优点：一是可以避免适用国家责任法时存在的诸多不确定性，避免民间争议上升为国家间争端，各国政府更乐于接受。二是环境争端的当事方多数是公司企业等私人实体，不是某个政治实体或国家，公司企业的经济活动是目前世界环境面对的主要挑战。[1]环境损害受害者直接起诉公司企业加害者更充分体现了污染者负担原则。投资者起诉东道国，体现对东道国主权的尊重。三是提高了环境污染受害者的地位，[2]为受害者提供了更为直接的救济途径，也有助于发展环境问题的人权进路。四是国内诉讼成本低于国际投资仲裁，从成本效益的角度考虑，国内诉讼更经济适用。1992年的《里约宣言》第10条原则规定，国家"应规定人人都能有效地使用司法和行政程序，包括赔偿和补救程序"。从1992年开始，国内诉讼解决环境争端制度发展非常迅速。经济合作与发展组织和欧盟等发达国家组织认为国内私法诉讼体现了污染的实际经济代价内部化，[3]欧美等国纷纷立法，鼓励通过国内诉讼解决跨国公司在东道国发生的环境损害赔偿争端，被学者们称为国际环境损害责任私法化。[4]欧美等国的法院也成功地审理多起相关的案例，例如，"阿莫科·卡迪兹号案"[5]"德国农民诉法国化工厂案"[6]"阿尔萨斯钾矿案"[7]等。欧美国家的司法案例被学者们广为称赞，进而对国际环境公约的制订也

〔1〕 See Mikael Jedenberg, "Liability of Private Entities for Transboundary Environmental Damage under International Law", Göteborg University, 2001, p. 10.

〔2〕 See Thomas Gehring, Markus Jachtenfuchs, "Liability for Transboundary Environmental Damage Towards a General Liability Regime?", *European Journal of International Law*, Vol. 4, 1993, pp. 92–106.

〔3〕 参见［英］帕特莎·波尼、埃伦·波义尔：《国际法与环境》，那力等译，高等教育出版社2007年版，第257页。

〔4〕 See Thomas Gehring, Markus Jachtenfuchs, "Liability for Transboundary Environmental Damage Towards a General Liability Regime?", *European Journal of International Law*, Vol. 4, 1993, pp. 92–106；参见那力编著：《国际环境法》，科学出版社2005年版，第54页；王秀梅：《国际环境损害责任私法化析论》，载《盐城师范学院学报（人文社会科学版）》2007年第3期。

〔5〕 See 699 F. 2d 909；1983 U. S. App. LEXIS 30801；37 Fed. R. Serv. 2d（Callaghan）589；19 ERC（BNA）1596.

〔6〕 参见 Poro v. Houillières du Bassin du Lorraine；［美］伊迪丝·布朗·韦斯等：《国际环境法律与政策》，中信出版社2003年版，第563页。

〔7〕 See District Court Rotterdam, 8 January 1979, NJ 1979, no. 113；16 December 1983, NJ 1984, no. 34；Court of Appeals The Hague, 10 September 1986, TMA 1987, no. 15.

产生了非常大的影响，越来越多的多边环境民事责任公约规定由加害者来承担第一位的赔偿责任，如油污赔偿的系列条约、核事故赔偿的公约、工业事故跨界损害的公约等，都鼓励通过国内程序来解决赔偿问题。

国内诉讼解决国际环境争端也存在着缺陷。第一，国内诉讼解决的争端仅局限于跨国公司发生在东道国境内的环境损害赔偿争议，即只适用于环境民事赔偿责任。[1]投资者很少会在东道国起诉东道国。第二，国内法中多数环境法规都属于行政法而不是私法，诉因是各国法院受理国际环境纠纷案件时遇到的第一个难题。欧美国家的法律工作者为解决诉因问题，提出空气、水等媒介对人身或财产的损害亦属于传统的侵权法和财产法的范畴，法律承认受害人享有私法上的权利，[2]因此以侵犯财产权或人权权利作为诉因。这就使环境纠纷的性质发生变化，国内法院审理的已不是环境争端。第三，由于各国法治发达程度不同，同样的事件在不同国家诉讼获得完全不同的结果。如果诉讼发生在更倾向于保护投资者的利益国家，则受害人将得不到赔偿或得不到充分赔偿。因此，在上合组织成员国都实行相同或相近的环境标准和环境责任度，才可能真正实现公司企业普遍通过国内诉讼解决环境争端。我们面对的现实是，上合组织成员国由于文化差异和经济发展水平的不同，统一环境标准的可能性是没有的。统一各国相关立法实现不论在哪国起诉都能获得相同的赔偿只是存在于想象当中，在目前"分而治之"的国际政治格局下是不可能实现的。特别是苏联加盟共和国的上合组织成员国一直在努力"去苏联化"，[3]对统一环境责任法律制度等问题非常谨慎，加入多边环境公约态度不积极，[4]致使跨国公司对通过成员国国内诉讼解决环境损害争端存在普遍质疑。上合组织成员国基本都是发展中国家，部分国家其国内的环境法制并不健全，有的国家政治局势动荡，贪污腐败现象严重，存在司法不公

---

[1]　在理论上国内诉讼还包括行政诉讼，要求东道国政府关闭外资企业或终止某一项目，但行政诉讼往往涉及外国投资者与东道国的投资纠纷，所以国内诉讼一般是环境民事赔偿诉讼，不包括行政诉讼。

[2]　See Gerrit Betlem, "Liability for Damage to the Environment", in A. S. Hartkamp et al. eds. , *Towards a European Civil Code*, Kluwer Law International, 1998, pp. 473-491.

[3]　参见潘文军:《 "去苏联化"甚嚣尘上》，载《中亚信息》2011年第2期。

[4]　不只是上合组织成员国，即便是对环境保护持最积极态度的欧洲也对统一环境责任制度持谨慎态度。参见［英］帕特莎·波尼、埃伦·波义尔:《国际法与环境》，那力等译，高等教育出版社2007年版，第270页。

现象，国内诉讼解决的效果很令人怀疑。虽然环境损害的受害者也可以选择到投资母国（如中国）提起针对该国资本企业的诉讼，或者跨国公司回到母国起诉东道国，但这会遇到管辖权、国家豁免权、判决承认与执行等法律障碍，目前尚无上合组织成员国国内法院受理过该类案件，即使是中国法院受理海外环境争端案件的可能性也不大。因此，环境争端国内诉讼解决只是为环境损害受害者提供一种选择，在其他类型的环境争端中适用的可能性不大。

四、国际投资仲裁解决

外国资本的逐利性与东道国的环保利益发生冲突，是各国经济发展中都会面临的问题。投资者与东道国的争议，无论是通过国际公法争端解决机制，还是通过国内私法诉讼解决机制解决，投资者和东道国不享有平等的诉权，通过投资仲裁机制解决，实现了投资者和东道国享有平等诉权。

虽然许多投资条约都规定，投资者与东道国间的投资纠纷可以在东道国当地诉讼解决，但如上文所述，在跨国公司不愿意选择东道国国内诉讼解决投资争端，实践中投资者更倾向独立的国际投资仲裁机构仲裁解决。据联合国贸易发展委员会统计，截止到 2020 年 1 月，已知的投资者与东道国间的仲裁案例总数已达 1104 起，应诉的国家和经济集团共有 124 个，近年来仲裁案件数量不断地上升，2020 年一年就有 68 起诉讼。[1]投资者与东道国发生争议的原因有很多，其中环境争议是近年来的热点。如以美国为例，据学者统计截止到 2012 年，根据美国双边投资协定和自由贸易协定的仲裁中，支付给美国投资者的 6.75 亿美元的补偿款中，有 70%的补偿款与东道国的自然资源和环境政策有关。[2]

投资保护和环境保护都涉及国家实现可持续发展的问题，环境主权赋予了东道国保护本国环境规制外国投资的权利；保护本国国民的利益不受东道国非法侵害是国际法赋予投资母国的权利，两种权利直接对抗必然会引发国际争端，不利于地区的稳定。通过投资仲裁解决与投资相关的环境争端，可以较好地缓和两种权利的对抗。首先，上合组织区域内发生的环境纠纷往往是和企业的投资活动交织在一起，有时就直接体现为投资争端。其次，在投

---

〔1〕 参见联合国贸易和发展会议：《2021 世界投资报告·为可持续复苏投资·概述》，载 https://unctad.org/system/files/official-document/wir2021_overview_ch.pdf，最后访问日期：2024 年 4 月 20 日。

〔2〕 See Simon Cunliffe, "Plain packaging risks lawsuits", *Otago Daily Times*, 2012.

资仲裁中争议双方在投资仲裁机构面前法律地位是平等的，投资者和东道国都享有同等的诉权。再次，投资仲裁往往是在独立的第三方机构，在公正性方面优于国内诉讼。最后，投资仲裁所解决的争议是非国家间的争议，维护国家间良好的外交关系，避免直接对抗。但在上合组织框架内没有解决投资争端的机制，在目前的机制下需要利用域外机制，严重阻碍上合组织成员国利用国际投资仲裁机制解决环境争端。

第二节　上海合作组织环境争端解决面临的问题

上合组织区域内的环境争端解决方式众多，但都不是在上合组织框架下的环境争端解决机制，上合组织在解决环境争端时面临许多问题。

一、上海合作组织框架内环境争端解决机制不成体系

上合组织框架内没有建立争端解决机制，实践中发生各类环境争端时由当事方协商解决。上合组织地区存在其他机制下的争端解决机制，虽然可用来解决本区域内的环境争端，但由于环境争端的种类多，且争端的法律性质不同，可采用的争端解决方式如第一节所述亦是多元化，多元化的结果导致性质相同的环境争端得到不同的甚至完全相反的结果，这势必导致环境争端的结果具有不可预测性，增加了成员国间发生冲突的风险。

首先，国内私法诉讼的司法公正性受到质疑。一般情况下，民事环境损害赔偿纠纷适用国内私法诉讼，国内诉讼既可以避免国内间的对抗，又为受损害者提供了可行的救济措施，同时又可减轻投资母国的责任。多边环境损害赔偿国际公约绝大多数都规定由加害的私主体承担赔偿责任，国家只有在没尽到监管义务时才需要承担国家责任。因此，国际环境损害责任私法化成为趋势。[1]但诉讼地国家决定了诉讼结果，上合组织成员国的法治发达程度差异很大，部分成员国的环境法制非常令人担忧，同时上合组织成员国受政

---

[1] See Thomas Gehring, Markus Jachtenfuchs, "Liability for Transboundary Environmental Damage Towards a General Liability Regime?", *European Journal of International Law*, Vol. 4, 1993, pp. 92–106；参见那力编著：《国际环境法》，科学出版社2005年版，第54页；王秀梅：《国际环境损害责任私法化析论》，载《盐城师范学院学报（人文社会科学版）》2007年第3期。

治因素影响倾向明显，即使在环境法制较好的成员国，也可能无法保证司法的公正性，判决结果具有不可预测性。

其次，与环境有关投资争议至今也没有形成比较理想的争端解决机制。投资者与东道国间的环境争端往往是通过协商方式解决，但结果往往不令人满意。例如，中国企业在俄罗斯贝加尔湖区买地开发，当地居民认为中国企业的开发行为污染了贝加尔湖，要求阻止中国企业的开发行为。由于当地环保组织和社区工作者不断地发起请愿、抗议并提起了诉讼，伊尔库茨克州检察院将两处在利斯特维扬卡镇的中国建筑鉴定为非法，但当地居民继续请愿，要求全面禁止中国企业的开发行为。[1]贝加尔湖区土地开发案不是个例，投资者在成员国家都遇到了类似情况，如中国企业在哈萨克斯坦的土地开发[2]纠纷，黑龙江国际经济技术合作公司诉蒙古案等。

最后，成员国间环境争端解决缺乏规则导向。虽然国际社会存在许多国家间争端解决机制，理论上成员国间的争端可以通过磋商、谈判、调解、和解及仲裁等方式解决，但上合组织成员国家极少利用争端解决机制。成员国间的环境争端还是依赖于谈判，例如，乌兹别克斯坦与塔吉克斯坦关于修改罗贡水坝的争端一直是双方直接谈判，后期虽有世界银行介入，总体上争端解决采用方式是政治谈判。上合组织成员国间的环境争端方式过于单一，经常出现有议不决现象，权利导向现象，比如中亚五国间水资源争端、俄罗斯与白俄罗斯油气争端等。[3]

二、环境争端解决机制依赖于其他国际争端解决机制

目前国际社会没有建立专门的环境争端解决机制，有学者认为环境多边条约创新的履约新机制——不遵守情势机制——是环境争端解决的新方式，[4]与其说不遵守情势机制是争端解决机制，不如说其是争端预防机制，不遵守情

---

〔1〕 参见《贝加尔湖畔居民给普京写信叫停中国人买地建楼："一带一路"生态冲突案例分析》，载 http://www.cbcgdf.org/NewsShow/4854/4118.html，最后访问日期：2021 年 10 月 23 日。

〔2〕 参见《哈萨克斯坦土地法修正案引民众抗议 部分人抗议"中国租地扩张"》，载 http:// www.guancha.cn/Neighbors/2016_ 05_ 18_ 360724_ s.shtml，最后访问日期：2022 年 2 月 3 日。

〔3〕 参见胡晓红：《俄白油气争端解决：权力导向还是规则导向——兼论上海合作组织框架下的环境资源争端解决机制》，载《兰州大学学报（社会科学版）》2008 年第 1 期。

〔4〕 参见朱鹏飞：《国际环境条约遵约机制研究》，载《法学杂志》2010 年第 10 期。

势机制无助于已经发生的环境争端的解决。并且上合组织成员国对参与多边环境公约并不积极,例如前文提到的罗贡水坝纠纷的当事国乌兹别克斯坦和塔吉克斯坦都是《生物多样性公约》的缔约国,修建水坝势必会对流域内的生物多样性造成影响,但争端双方都没有援引《生物多样性公约》义务,不遵守情势机制对该争端的解决没有任何帮助。

环境损害赔偿争议,在许多国家存在通过"保护人权"的诉因进行审理,称为"人权的绿化"。[1]随着可持续发展理念深入人心,上合组织成员国都加强了环境法,有些国家还建立了环境法庭,但多数成员国将环境损害赔偿争端与其他民事纠纷一样处理。环境争议案件受公众舆论影响极大,在公众的压力下,往往作出顺应"民意"的判决。

在国际投资贸易中发生的与环境有关的纠纷,依附于贸易争端解决机制和投资争端解决机制,WTO 和投资仲裁机构都受理过与环境有关的贸易和投资争议。无论是 WTO 还是仲裁机构都没有处理中资企业与环境有关的案例,学者认为利用 WTO 处理环境争议有利于多边环境公约的履行,[2]利用投资仲裁机构解决环境争端有利于环境争端的解决。[3]

三、成员国对现有争端解决机制参与程度低

在当前国际上现有争端解决机制中,上合组织成员国参与度不高。例如,中国参与最多的国际争端解决机制是 WTO,WTO 争端解决机制在解决与环境有关的贸易争议以及争议方面都可以发挥重要作用。但由于其他成员国对WTO 参与程度不高,例如,9 个成员国 3 个观察员国及 14 个对话伙伴国中有9 个国家没有加入 WTO,[4]其他加入 WTO 的成员国中,有 8 个成员国从未

---

〔1〕 参见[英]帕特莎·波尼、埃伦·波义尔:《国际法与环境》,那力等译,高等教育出版社2007 年版,第 250 页。

〔2〕 参见平觉:《WTO 争端解决程序的适用规则——多边环境保护公约能否成为适用规则》,白巴根译,载《世界贸易组织动态与研究》2010 年第 5 期。

〔3〕 See Christina L. Beharry, Melinda E. Kuritzky, "Going Green: Managing the Environment Through International Investment Arbitration", *American University International Law Review*, Vol. 30, 2015, pp. 383-429.

〔4〕 包括土库曼斯坦、吉尔吉斯斯坦、乌兹别克斯坦、白俄罗斯、阿塞拜疆、阿富汗、伊朗、巴林、马尔代夫等国家。载 https://www.wto.org/english/thewto_e/whatis_e/tif_e/org6_e.htm,最后访问日期:2024 年 4 月 21 日。

利用过 WTO 争端解决机制。[1]除 WTO 外，成员国对其他国际争端解决机制参与程序都比较低，例如，在国际投资争端中占有非常地位的国际投资争端解决中心（ICSID），与上合组织成员国相关的案例数量不多。值得注意的是，这些案例都与环境争议无关。从目前的资料来看，几乎找不到上合组织成员国利用国际争端解决机制处理环境争端。

上合组织成员国从政府到企业面对环境争端时，都选择与争端方协商解决，例如，中国与哈萨克斯坦、印度及湄公河流域国家，就水资源争议都采用了直接磋商谈判方式。外资面对环境争端，亦是选择与争议方协商，例如，被视为"一带一路"投资范例的柬埔寨"甘再水电站"，在修建过程中遭遇到当地民众的抗议，经过项目方与当地民众和政府不断沟通协商，修订了环评报告，并对受影响民众进行适当补偿后，该项目得以实施。同样在柬埔寨修建的"柴阿润水电站项目"则因为当地民众的抗议被政府中止了，该项目被停工后，中资企业没有选择法律方式解决争议，依然是选择与政府磋商。[2]通过搜索引擎能够搜索到上千条中资项目因环境问题被当地民众抗议而搁置的报道，但搜索不到中资企业将环境争议提交争端解决机制的报道。

四、环境争端的解决受政治因素影响严重

在全球气候变化的大背景下，全球环境面临退化困境，环境变化进而影响到粮食生产、水资源的利用、工业生产和建设等，同时也改变了国家的生存资源，因此环境问题已成为新的地缘政治争夺对象，或者作为地缘争夺的手段和工具。[3]然而，经济发展与环境的矛盾一直存在，中国的"一带一路"倡议又是以基础设施建设为主，中资企业在共建国家的经济行为经常遭受破坏环境的指责。加上西方学者不断渲染中国生态威胁论，对中资企业在共建国家的投资行为产生负面影响。

---

〔1〕 包括柬埔寨、蒙古、尼泊尔、塔吉克斯坦、埃及、科威特、缅甸、斯里兰卡等国家。载 https://www.wto.org/english/tratop_e/dispu_e/find_dispu_cases_e.htm，最后访问日期 2024 年 4 月 21 日。

〔2〕 参见张洁清等编著：《东盟国家环境管理制度及案例分析》，中国环境出版社 2017 年版，第 52-67 页。

〔3〕 参见王礼茂等：《地缘政治演变驱动力变化与地缘政治学研究新趋势》，载《地理研究》2016 年第 1 期。

第三节　上海合作组织环境争端解决的路径选择

上合组织框架下没有建立争端解决机制，其他可资利用的争端解决机制各有利弊，在现有体制下，上合组织区域内的发生环境争端应当如何选择解决路径呢？笔者认为，在现有体制下，应该区分环境争端的性质，针对不同性质的争端选择不同的解决路径。

一、国家间的争端

国家间的环境争端主要是通过协商、国际法院诉讼、国际仲裁及 WTO 争端解决机制等方式解决。俄罗斯和印度等国很少使用国际司法机构，中国传统上习惯选择解决国际争端的方式都是协商，没有通过国际法院或国际仲裁解决争端的先例。虽然没有先例不代表中国以后也不会诉诸国际司法或仲裁，但传统具有延续性，南海仲裁案加深了中国对国际司法机构的不信任感，中国通过国际司法或仲裁解决国家环境争端的可能性不大。中国参与最多的国际争端解决机制是 WTO，WTO 争端解决机制在上合组织区域内与环境有关的投资和贸易纠纷可发挥一定作用。WTO 规则本身就是为因环境标准引起的贸易纠纷提供有效的争端解决机制，上合组织成员国亦可通过 WTO 解决彼此间的绿色贸易纠纷。WTO 没有关于投资的直接规定，但与贸易相关的投资措施争议也可通过 WTO 争端解决机制解决，有学者提出 WTO 争端解决机制也是解决投资争端解决的途径之一。[1] 由于 WTO 争端机制要求诉讼主体必须是国家，投资者或贸易商不能在 WTO 出庭，故 WTO 争端机制只能解决国家间争议。因此，WTO 争端机制是上合组织成员国可资利用的国家间争端解决机构。但是，上合组织成员国除中国外，对 WTO 争端解决机制的使用率是很低的，并且 2019 年年底由于美国的极力阻挠使 WTO 上诉机构只剩 1 名成员，世贸组织争端解决机制基本陷入瘫痪。[2] 因此，WTO 争端解决机构也不是解

---

〔1〕　参见梁开银：《论 ICSID 与 WTO 争端解决机制的冲突及选择——以国家和私人投资争议解决为视角》，载《法学杂志》2009 年第 8 期。

〔2〕　参见《商务部回应 WTO 争端解决机制"停摆"：中方对此表示遗憾》，载 http://baijiahao. baidu. com/s? id=1652720647454491263&wfr=spider，最后访问日期：2020 年 2 月 28 日。

决上合组织成员国间环境争端的理想选择。

二、环境民事赔偿争议

环境赔偿争议往往是因为跨国公司在东道国的开发行为引起的环境损害责任，这类争议多数采取国内环境私法诉讼的方式解决。国内诉讼包括在东道国国内的诉讼和在投资母国的环境诉讼。中国在上合组织其他成员国都有投资，是上合组织成员国中最大的投资母国，上合组织的国内环境诉讼分为东道国的国内诉讼和中国的国内诉讼。上合组织成员国中，有的国家国内的司法体系较为完善，环境法制较为发达，通过这些国家的国内环境民事诉讼能够取得较为理想的效果。对于发生在法制较为完备国家的环境损害事件，应当鼓励中资企业通过东道国国内环境民事诉讼解决赔偿问题。这将有助于中资企业与当地民众的沟通，体现中资企业的社会责任，树立绿色"一带一路"的观念和口碑。但是，有国家国内局势动荡，行政对司法的影响很大，在这些国家进行的环境诉讼很令人担心。在这种情况下，如放任不管，很容易被别有用心的国家利用，煽动当地民众的反华情绪，不符合中国的长远利益。因此，中国应允许环境损害的受害者到中国诉讼。对于发生在海外的环境侵权事故，人民法院在查明事实和调查取证方面明显存在困难，从方便当事人原则出发，人民法院一般不受理这类案件。然而，根据《中华人民共和国民事诉讼法》的规定，凡在中国领域内进行的民事诉讼，人民法院拥有管辖权。当受害人在东道国不能获得公正赔偿时，中国为监督中资企业认真履行社会责任应该受理这类案件，体现出中国要为"全球生态文明做出贡献"的决心。当然，中国法院受理发生在海外的环境案件面临许多法律障碍，允许环境损害的受害者到中国诉讼只是给受害者提供一个选择，让所有其他成员国的民众都有获得司法救助的机会。

环境民事赔偿争议除通过国内诉讼解决外，还可以通过协商和解方式解决，即使正在诉讼中的环境损害赔偿纠纷也大都是通过庭外和解方式解决纠纷。虽然当前国际投资法的发展方向是加强东道国对跨国公司的管辖，但不论从行使管辖权方面，还是从判决的承认与执行方面，都存在许多法律上的障碍，真正能够成功的案例是少数。从 20 世纪末开始，国际社会强调跨国公

司的社会责任，并试图平衡跨国公司经营行为与承担责任间的矛盾关系，[1]
同时各国加大对破坏环境行为的惩罚力度，法院判罚的金额越来越高。跨国
公司考虑到社会舆论、企业形象、市场的需要和环境执法情况等问题，更愿
意选择与受害人协商，通过协商赔偿问题。印度"博帕尔"案虽然表面的结
果是印度最高法院最后裁定美国联合碳化物集团和联合碳化物（印度）有限
公司赔偿 4.7 亿美元，但该案的判决是建立在印度政府与联合碳化物集团公
司磋商结果的基础上。法院判决的作用是成立一个基金会，由基金会来分配
赔偿金。香蕉杀虫剂案经过多年诉讼后，受害者与被告公司在 2007 年达成案
外和解，被告向原告每人支付金额为 31.12 万美元至 83.4 万美元不等的赔
偿。[2]上合组织是"一带一路"倡议所依托的国际组织之一，在"一带一
路"倡议中，中国是主要投资国，中国政府通过立法、发布政策、金融等手
段大力推进企业的社会责任，要求走出去的企业要尊重当地的风俗，保护当
地的环境。国内环境诉讼无论在哪个国家都耗时很长，整个程序有时会持续
几年的时间。如选择与受害民众协商，达成和解可以缩短结案时间，大大缩
短了案件的审理期限。因此，协商也是解决民事环境争议的一种选择。

三、与环境有关的投资争议

中国与上合组织成员国所签订的双边投资协议的时间都比较早，只有
2011 年重新修订的《中华人民共和国政府和乌兹别克斯坦共和国政府关于促
进和保护投资的协定》中包含环境条款，[3]与其他成员国家的双边投资协定
都没有关于环境的规定。这种现象不符合国际投资法的发展趋势，据联合国
贸易发展委员会报告，国际投资协定持续进行改革，废止和更新的国际投资
协定有 42 项，扩大保留国家的监管空间，实现可持续发展一直是改革的主要
目标。[4]中国应该在修订的双边投资协定中加入环境条款，以便将环境问题

---

[1]　See Richard Meeran, "Liability of Multinational Corporations: A Critical Stage in the UK", labour-Net UK, Cape Dust Cape Campaign, 1999.

[2]　参见刘恩媛：《论对跨国公司环境损害行为的管辖》，载《广西社会科学》2009 年第 6 期。

[3]　中乌双边协定规定"缔约一方采取的旨在保护公共健康、安全及环境等在内的正当公共福利的非歧视的管制措施，不构成间接征收"。

[4]　参见联合国贸易和发展会议：《2021 世界投资报告·为可持续复苏投资·概述》，载 https://unctad.org/system/files/official-document/wir2021_ overview_ ch.pdf，最后访问日期：2024 年 4 月 20日。

也纳入到投资争端机构机制当中。中国对外投资的主体中有限责任公司占投资主体的67.4%，国有企业只占5.8%。[1]这意味着中资企业与东道国间因环境政策引发的争议是普通的外国投资者与东道国间的争议。对这类投资争议的解决方式是东道国诉讼或国际投资仲裁，中国签订的双边投资协定多规定在东道国诉讼或国际投资仲裁。国际仲裁包括根据《华盛顿公约》到 ICSID 仲裁，依据联合国国际贸易法委员会仲裁规则设立的专设仲裁庭，经争议双方同意的任何其他仲裁机构或专设仲裁庭。

ICSID 是去国家化最成功的投资仲裁机构，也是被各国利用最多的投资仲裁机构。国内学者通过对"一带一路"共建国家利用 ICSID 机构的情况数据分析，提出与其他仲裁机构相比，共建国家相关的投资争端提交 ICSID 处理的几率最大（实际情况也如此），ICSID 对"一带一路"区域资争端解决的影响也相应最大。[2]尽管如此，ICSID 并不宜作为上海合作组织的争端解决机制。ICSID 影响虽大，但俄罗斯、印度等4个上合组织成员国不是《华盛顿公约》的缔约国，[3]印度和塔吉克斯坦不论是国民还是作为被诉国家都未利用过 ICSID。根据 ICSID 官网查询结果，ICSID 共受理了43件与上合组织成员国有关案件，上合组织成员国国民为起诉方的案件有14件，国家被诉的案件达29件，上合组织成员国被诉的比例比较高，其国民起诉的比例相对很低，有2个国家只有被诉没有起诉记录，因为还不是 ICSID 的成员国。[4]因此，上合组织成员国对 ICSID 使用率不高。并且，在 ICSID 仲裁员中西欧和北美人任仲裁员裁决的案件比例高达68%，而上合组织成员国国民被委任为仲裁员、调解员和临时委员会成员的比例非常低。[5]上合组织在 ICSID 只有两位现任

---

〔1〕 参见中华人民共和国商务部、中华人民共和国国家统计局、国家外汇管理局：《2015年度中国对外直接投资统计公报》，中国统计出版社2016年版，第34页。

〔2〕 参见鲁洋：《论"一带一路"国际投资争端解决机构的创建》，载《国际法研究》2017年第4期。

〔3〕 ICSID 共有153个缔约国，印度和塔吉克斯坦不是《华盛顿公约》的缔约国；俄罗斯、吉尔吉斯斯坦是签字国，但没有批准。参见 ICSID 官网 Database of ICSID Member States。

〔4〕 截止到2020年年初，巴基斯坦（8件，被诉方）、哈萨克斯坦（5件，起诉方；3件，被诉方）、乌兹别克斯坦（1件，起诉方；8件，被诉方）、塔吉克斯坦（1件，被诉方）、吉尔吉斯斯坦（3件，被诉方）、俄罗斯（5件，起诉方）、中国（6件，起诉方；3件，被诉方）。参见 ICSID 官网案件列表，载 https://icsid.worldbank.org/cases，最后访问日期：2020年2月7日。

〔5〕 参见 "ICSID Caseload-Statistics（Issue 2017-1）"，载 https://icsid.worldbank.org/en/Documents/resources/ICSIDWebStats2017-1（English）Final.pdf，最后访问日期：2017年9月20日。

仲裁员为中国籍，但二人所仲裁案件数都为零。[1]因此，如果选择 ICSID 解决上合组织成员国间投资争议，则会出现，由发达国家的国民裁决上合组织成员国国民所提交的争议的现象。另外，ICSID 与环境有关的投资仲裁东道败诉比例很高，也因此受到多方诟病，认为其在一定程度上阻碍了东道国维护自身的公共利益。[2]因此，引发国际社会对国际投资机构的信任危机，[3]玻利维亚、厄瓜多尔以及委内瑞拉先后退出《华盛顿公约》。[4]故 ICSID 不是解决上合组织与环境有关争议的理想选择。

除 ICSID 仲裁外，上合组织成员国签订的双边投资协定中有选择其他仲裁机构的。例如，在哈萨克斯坦与土耳其、乌兹别克斯坦与奥地利等国家间签订的双边投资协定中选择了国际商会国际仲裁院；在菲律宾与俄罗斯、印度与塞浦路斯等国家间签订的双边投资协定选择了斯德哥尔摩商会仲裁院。[5]这些仲裁机构影响都相对比较小，受案少，且都位于上合组织成员国之外，也不适宜解决上合组织国家间的争议。

第四节　上海合作组织环境争端解决机制的构想

"机制"一词原先是指机器的构造或运作原理，后来被泛指系统的结构和运行原理。机制包括三方面内容：一是系统内部各部分之间和系统与系统之间有什么联系；二是这些关系是如何运作的，彼此间有什么内在逻辑；三是这些关系存在的条件和变化规则。制度有两层含义：一是指成员共同遵守的行为规则的总和；二是指这些行为规则构成的框架，是人们在运用这些规则后的一种状态和体系。机制和制度在国际合作中密切相关，制度是国际合作

[1]　参见 "Arbitrators, Conciliators and Ad Hoc Committee Members"，载 https://icsid. worldbank. org/en/Pages/arbitrators/CVSearch. aspx，最后访问日期：2020 年 2 月 20 日。

[2]　参见黄世席：《可持续发展视角下国际投资争端解决机制的革新》，载《当代法学》2016 年第 2 期。

[3]　参见陈安主编：《国际投资法的新发展与中国双边投资条约的新实践》，复旦大学出版社 2007 年版，第 165 页。

[4]　参见傅成伟：《国家投资争端解决去向》，载 http://www. ccpit. org/Contents/Channel_ 3528/2015/0818/480052/content_ 480052. htm，最后访问日期：2017 年 9 月 4 日。

[5]　参见鲁洋：《论"一带一路"国际投资争端解决机构的创建》，载《国际法研究》2017 年第 4 期。

的基础，机制反应如何运作才能保证制度得到有效执行。国际合作机制是制度与机制相结合的产物，各国为实现共同目的或各自利益而进行互动协调时形成的规则和程序。[1]上合组织的争端解决机制也是制度和机制的结合，它既包括上合组织关于加强成员国争端解决的制度性规则，也有如何进行争端解决的程序性安排。

一、上海合作组织环境争端解决机制的制度设计

解决争端减少分歧是国际组织存在的价值，受上合组织议事规则的限制，建立综合性争端解决机制的可能性比较小，上合组织成员国亦没有建立综合性争端解决机制的意愿。[2]但是，在上合组织成员国经贸关系日益紧密的情况下，特别在"一带一路"的推动下，构建投资和商事争端解决机制的可能性比较高。中国一直致力于推动上合组织争端解决机制的构建。[3]另外，上合组织成员国间签订的双边投资协定往往都会规定争端解决机制，通过双边投资争端机制亦能在环境争端解决中发挥作用。

（一）通过投资仲裁机制解决与投资有关的环境争端

在上合组织内设立投资争端机制，通过投资仲裁在解决环境争议方面具有其他解决方式不具有的优势：一是绝大多数在仲裁中败诉的国家，出于国家声誉考虑，或者慑于金融机构的压力，都主动履行了支付义务。[4]与东道国国内诉讼相比，仲裁裁决更容易获得执行。二是仲裁庭可以运用程序规则、证据规则及概念解释等方式对政府的环境政策做出及时反应。投资条约签订后很难随着科技的发展随时修订，而环境条约一般是框架公约加议定书模式，议定书都是根据科技的发展情况定期修订，各国国内的环境政策也会根据科技的发展随时修订。新的环境标准与过期的投资条约之间的冲突的可能性很

---

〔1〕 参见吴宏伟主编：《中亚地区发展与国际合作机制》，社会科学文献出版社 2011 年版，第 106-108 页。

〔2〕 参见上海合作组织官网，3 月 24 日时任上海合作组织秘书长张明回答了时任塔斯社北京分社社长基里洛夫的提问，载 https://chn.sectsco.org/20220328/825814.html，最后访问日期：2022 年 5 月 10 日。

〔3〕 参见郑学海：《上合组织国家投资、商事争端解决机制的构建》，载 http://m.thepaper.cn/baijiahao_4533646，最后访问日期：2022 年 5 月 29 日。

〔4〕 参见肖芳：《国际投资仲裁裁决在中国的承认与执行》，载《法学家》2011 年第 6 期。

大，如果完全遵守投资条约，则东道国败诉的几率很高，会打击国际社会为应对气候变化采取措施的积极性。因此，近年来，国际仲裁机构的管辖权扩大的趋势明显，[1]国际投资仲裁机构出于保护人权、实现可持续发展的目标，通过程序规则、条约解释等方式对投资条约作出弹性解释，以便适应科技发展带来的变化。[2]

上合组织争端解决机制是"一带一路"争端解决机制的组成部分，国内学者关于"一带一路"争端解决机制的建议都主张共建国共同设立一个新的争端解决机构，并都主张将仲裁作为主要方式。[3]国外的学者亦主张，通过国际投资仲裁来解决投资中遇到的环境问题，[4]国际投资仲裁机构亦有相关的实践，虽然从总体上来看效果不是很理想，但其发展的趋势是向有利于环境保护、实现人类可持续发展的方向努力。因此，通过投资仲裁解决环境争端是一个现实的选择。

首先，国家间环境争端从本质上讲大部分属于投资争端，外国投资者在东道国受到不公正对待时投资者与东道国间的争端就演变为国家间的争端。国家投资仲裁因其具有国际性，部分仲裁员由投资者选择，使投资者受到不公正对待的几率降低，降低了国家间争端发生的几率。对于环境损害赔偿争议，如果东道国法院判决关闭外资企业或停止投资项目，则转变为投资争议；如果东道国法院判决赔偿数额过于巨大，投资者认为其东道国没有受公平公正待遇，同样演变为投资争议，可通过国际投资仲裁机制获得救济。

其次，环境争端往往是伴随投资和建设行为产生，其与投资行为紧密地交织在一起。世界银行、亚投行等国际金融机制明确要求融资项目要履行保护环境的义务，将环境保护列为获得投资的审查项目之一；中国的政策与法律要求，中国的海外投资要尊重当地文化，注意保护当地环境，这都促使环境问题与投资的关系更加紧密。在建立单独的环境争端解决机制非常困难的

---

〔1〕 参见赵秀文、乔娇：《ICSID 仲裁庭管辖权新近发展动向及其改革初探》，载《江西社会科学》2011 年第 6 期。

〔2〕 See Christina L. Beharry, Melinda E. Kuritzky, "Going Green: Managing The Environment Through International Investment Arbitration", *American University International Law Review*, Vol. 30, 2015, pp. 383-429.

〔3〕 参见鲁洋：《论"一带一路"国际投资争端解决机构的创建》，载《国际法研究》2017 年第 4 期；张晓君、陈喆：《"一带一路"区域投资争端解决机制的构建》，载《学术论坛》2017 年第 3 期。

〔4〕 See Christina L. Beharry, Melinda E. Kuritzky, "Going Green: Managing the Environment Through International Investment Arbitration", *American University International Law Review*, Vol. 30, 2015, pp. 383-429.

情况下，投资仲裁是司法解决环境争端的现实选择。

再其次，通过投资仲裁机制解决环境争端有利于避免国家间直接对抗，保持中国与其他成员国的友好关系。上合组织的成员国、观察员国和对话伙伴国都是"一带一路"共建国家，中国是"一带一路"的主要投资国，保护中国海外投资安全是"一带一路"倡议目标实现的保障。外交保护、国际诉讼与仲裁等公法救济方式使中国与共建国家呈对抗性关系，不符合中国愿意让共建国家分享中国发展成果的战略初衷。投资仲裁是投资者与东道国间的对抗，让投资者有机会获得正当的法律救济。当然，如果投资仲裁结果没有被执行或者中国投资在共建国家没有获得公正的对待、公正的司法及公正的补偿等，中国仍旧可以采用公法救济机制保护中资企业安全。

最后，投资仲裁可由企业主动发起，投资仲裁解决环境争议具有灵活性和时效性优点。国际公法救济机制都是不能由企业自行发起的救济机制，需要企业向国家申请，由国家权衡后才开展行动，具有滞后性。对一些时效性强的争端，公法救济机制发挥的作用有限。

(二) 上海合作组织多边争端解决机制

多边上合组织争端解决机制的设立应该采取分步走。国内学者多主张北美自由贸易区（以下简称 NAFTA），或参照中国-东盟自由贸易区（以下简称CAFTA）下的《中华人民共和国与东南亚国家联盟全面经济合作框架协议争端解决机制协议》(模式)。[1] NAFTA 成立了专门的"环境合作委员会"（Commission for Environmental Cooperation，CEC）负责解决所有类型的环境争端，包括国家间争端和非国家间争端，解决方式包括磋商、干预、仲裁等。CAFTA只受理国家间的争端，解决方式包括磋商、调解和调停、仲裁等。无论是采取NAFTA 方式还是 CAFTA 方式，在上合组织框架内都存在极大的困难。第一，NAFTA 的解决是建立在北美自由区的基础之上，CAFTA 也是在东盟向一体化发展的基础上构建的，而上合组织不是以追求经济一体化为主要目标的国际组织，缺乏建立专门争端机构的基础。第二，地缘政治在上合组织合作中的影响非常强烈，成员间相互信任的基础薄弱，导致对区域司法机制的不信任。

---

[1] 参见胡晓红：《中国与上海合作组织成员双边投资条约投资争议解决机制分析——以 ICSID 管辖案件范围为例》，载《烟台大学学报（哲学社会科学版）》2009 年第 4 期；冷昊洋、杨倩：《构建上海合作组织争端解决机制体系》，载《环球人文地理》2015 年第 10 期。

第三，上合组织的文件以软法文件为主，求同存异，而具有拘束力的争端解决规则无法满足成员国求同存异的要求。因此，上合组织框架内的多边争端解决机制不可能采取 NAFTA 方式或 CAFTA 方式。

在当前的国际形势下，上合组织争端解决机制的建立应该分成三步走：第一步，增加上合组织秘书处的职能，让上合组织秘书处具有部分国家间争端解决的职能，比如上合组织秘书处负有斡旋、调解与调停及传递法律文书的职能。秘书处本身不具有仲裁职能，但可以通过协议规定，对发生的争端通过仲裁解决，仲裁庭由争端当事方自行协商如何组成。第二步，在上合组织区域内具有重要影响的金融机构内附设争端解决机构。对非国家间的争端，最佳方式应该是附设在具有地区影响的金融机制下面。比如，亚投行或筹建中的上合组织开发银行内部，专门负责仲裁银行融资的项目中产生的投资争端。该机构的设置要有别于世界银行下的论坛性质，采取磋商机制，世界银行下的监察组只为项目当地民众与世界银行高层提供一个沟通的渠道，其本身并不是世界银行的组成部分。亚投行或上合组织开发银行下设的争端解决机构应是亚投行的有机组成部分，其由亚投行缔约国选派的专家组成，并提供争端调解、仲裁等服务，作出的裁决书和调解书具有法律拘束力。在重要的地区金融机制内部附设，是金融机构的调整问题，由金融机制理事会决定，相对容易达成合意，避免了成员国间的久拖不决的谈判。银行融资的项目，不受缔约国数量的限制，同时裁决也更容易获得执行。第三步，当时机成熟上合组织成员国有建立争端解决机制意愿时，通过多边谈判，在上合组织框架上设立专门的争端解决机构，该机构应该是多元化的，既有磋商程序也有司法程序，这是一个长期的目标。

二、上海合作组织环境争端解决机制的程序设计

由于上合组织整体上以软法为主要规范，缺乏有拘束力的条约，未来建立具有强制力的争端解决机制的可能性不大，因此，上合组织的争端解决机制非常有可能采用软性程序。

第一，建立通知和磋商制度。当发生争端时，如果是国家间的争端，当事国有磋商和谈判的首要义务；如果是与投资或者商事有关的争端，东道国有通知投资者母国的义务。为保证争端解决程序的效率，避免久议不决，应

该为通知和磋商机制设立时间限制，例如，规定 30 天的磋商期满，当事方有采取进一步行动的权利。

第二，尊重争端当事方的意思自治。构建上合组织争端解决机制，必须体现共商共建共享精神，要兼顾成员国各方的利益和关切，争端当事方有选择是否适用上合组织争端解决程序的权利，如果当事国选择了其他争端机制，则上合组织的争端解决程序将终止，防止一方当事国滥用权利，造成混乱。与投资和商事有关的环境争端，尊重成员国当事人协议选择纠纷解决方式和选择适用的法律。

第三，设立调解机制。调解机制属于非对抗争端解决机制，上合组织应当将调解设为仲裁的前置程序，由上合组织设立的机构，例如在现有机制内规定由上合组织秘书处负责调解，将来环境争端应由"生态环保委员会"负责调解环境争端。由于上合组织结构一直都比较松散，通过有拘束力的仲裁解决争端的可能性不大，调解机制在上合组织框架内显得尤为重要，设立调解机制为争端提供了除政治谈判外的另一个政治解决途径，成员国接受程度会比较高，有利于成员国就上合组织框架内的争端解决机制达成合意。

第四，设立仲裁程序。建立仲裁程序是上合组织框架内设立争端解决机制的最终目标，当时机成熟时，在上合组织框架内设立仲裁委员会，负责各类争端的解决。首先，在受案范围方面，仲裁委员会只受理成员国间的争端和投资者与东道国间的投资争端。上合组织的资金不足是一个长期的问题，仲裁程序应该本着节约成本的原则，将数量最多的商事争端排除在外。国际上已经存在多个非常成功的商事仲裁机构，争端当事方有多种选择，不会发生拒绝司法现象。其次，在仲裁员选任方面，在争端方不能达成合意时，应该由上合组织秘书处指定。由于国际投资争端解决机制中，一直存在对裁判者独立性、代表性以及专业性等方面的质疑，国际社会通过了各种仲裁员行为规范、遴选规范及利益冲突规范，但东道国普遍对国际投资仲裁存在不信任感。[1]由上合组织秘书处作为第三方机构指定仲裁员，有助于消除上合组织成员国东道国对仲裁的不信任感。再其次，在裁决效力方面，实行一裁终

---

〔1〕 参见曹兴国：《裁判者信任困境与国际投资争端解决机制的信任塑造》，载《政法论丛》2021年第 3 期。

局。有学者主张上合组织框架内的多边仲裁机制，应该设立上诉机制，增强机构的公正性。[1]笔者认为，上合组织成员国信任感薄弱，上合组织长期处于政治论坛状态，建立具有拘束力的仲裁程序本身就极其困难，如果增加上诉程序，将进一步增加成员国间的不相信感。另外，从节约成本角度，一裁终局更符合上合组织的现实，亦可减少投资者的财政负担。最后，裁决的执行取决于当事方的自愿履行。关于仲裁裁决的执行，国内学者多主张增强裁决执行的强制力。笔者认为，本着有利于上合组织成员国达成合意的角度出发，上合组织成员国对建立争端解决机制的意愿不高，如果将程序设计得过于严格，将进一步打击成员国建立争端解决程序的积极性。裁决作出，由争端当事自愿履行为宜。从目前的国际实践来看，国际上极少出现败诉东道国不履行裁决的例子。

三、中国单边努力解决上海合作组织内的环境争端

上合组织框架下并无争端解决机构，国内学者在研究该问题时，多是从多边角度出发。在上合组织框架内建立专门的争端解决部门的主张得到多数学者的赞同，[2]只是就该专门机构运行的方式有争议。胡晓红教授建议，上合组织框架下设立专门的区域争端解决机制，主持关于环境争端的磋商、调解、仲裁及执行；[3]或者利用现在的多边争端解决机制，比如 ICSID 机构。[4]岳树梅教授建议在上合组织框架上建立类似 WTO 专家小组的争议解决机制。[5]在上合组织框架内设立专门的争端解决机构具有许多优势，但是上合组织从

---

〔1〕　参见林一：《论上合组织内多边投资争端解决机制的独立建构》，载《商事仲裁与调解》2020年第4期。

〔2〕　参见白莉：《中国与中亚国家区域经济合作法律保障机制研究——基于上海合作组织的视角》，载《新疆社会科学》2009年第1期；马瑞霞：《上海合作组织区域经济合作法律制度研究》，山西大学2009年硕士学位论文。

〔3〕　参见胡晓红：《俄白油气争端解决：权力导向还是规则导向——兼论上海合作组织框架下的环境资源争端解决机制》，载《兰州大学学报（社会科学版）》2008年第1期。

〔4〕　参见胡晓红：《中国与上海合作组织成员双边投资条约投资争议解决机制分析——以 ICSID 管辖案件范围为例》，载《烟台大学学报（哲学社会科学版）》2009年第4期；胡晓红：《中外双边投资协定争端解决机制模式选择——以中国与上合组织成员国间 BITs 为视角》，载《甘肃政法学院学报》2009年第2期。

〔5〕　参见岳树梅：《上海合作组织框架下的能源合作法律机制研究》，载《河北法学》2011年第5期。

2001 年至今并没有建立专门的争端解决机构，而且规定"通过相互协商解决所有问题"，就表明成员国无意建立专门的争端解决机制。在上合组织扩容后，建立专门机构的难度进一步加大。近年来中国政府大力加强"一带一路"争端解决机制的建设，虽然多数学者建议建立专门的区域争端解决中心，[1]但在上合组织公布的官方文件中没有找到上合组织准备成立专门的争端解决机构的意向，表明建立多边的争端解决机构异常困难。随着"一带一路"倡议的不断推进，中资企业对新争端解决机制的需求越来越紧迫，在多边机制建立困难的情势下，中国政府开始了单边行为的试验——最高人民法院成立了"国际商事法庭"，受理"一带一路"发生的商事案件。多边专门争端解决机制面临机构的资金来源、信任度、司法主权等问题，至今无论是上合组织还是"一带一路"都没有开始争端解决问题的专门谈判。因此，中国应当积极尝试单边解决上合组织区域内的环境争端。

（一）扩大国际商事法庭的管辖权范围

国际商事法庭是中国新全球治理的又一次实践和单边努力。为了给"一带一路"倡议提供法治保障，为了给"一带一路"倡议提供良好营商环境，中央全面深化改革委员会通过了《关于建立"一带一路"国际商事争端解决机制和机构的意见》，提出了构建诉讼、仲裁、调解有效衔接的多元化纠纷解决机制，形成便利、快捷、低成本的"一站式"争端解决中心。2018 年最高人民法院发布的《最高人民法院关于设立国际商事法庭若干问题的规定》（以下简称《规定》），分别在深圳和西安设立了最高人民法院第一国际商事法庭和第二国际商事法庭。根据《规定》国际商事案件是指："（一）当事人一方或者双方是外国人、无国籍人、外国企业或者组织的；（二）当事人一方或者双方的经常居所地在中华人民共和国领域外的；（三）标的物在中华人民共和国领域外的；（四）产生、变更或者消灭商事关系的法律事实发生在中华人民共和国领域外的。"即国际商事法庭有权受理海外的商事案件。国际商事法院受理商事案件有：（一）当事人依照民事诉讼法第 277 条的规定协议选择最高人民法院管辖且标的额为人民币 3 亿元以上的第一审国际商事案件；（二）高级人民法院对其所管辖的第一审国际商事案件，认为需要由最高人民法院审

---

〔1〕 参见鲁洋：《论"一带一路"国际投资争端解决机构的创建》，载《国际法研究》2017 年第 4 期；张晓君、陈喆：《"一带一路"区域投资争端解决机制的构建》，载《学术论坛》2017 年第 3 期。

理并获准许的；（三）在全国有重大影响的第一审国际商事案件；（四）依照本规定第十四条申请仲裁保全、申请撤销或者执行国际商事仲裁裁决的；（五）最高人民法院认为应当由国际商事法庭审理的其他国际商事案件。即国际商事法庭受理数额巨大或有重大影响的海外案件和部分国内案件。

国际商事法庭建立时参考了新加坡国际商事法院和伦敦商事法院建立的，目的是成为专门处理国际商事纠纷的常设审判机构，学界也赞同专门受理国际商事纠纷的设计。[1]因此，按照目前的设计方案和《规定》，环境纠纷不在国际商事法庭管辖案件的范围内，国际商事法庭不能在上合组织框架下争端解决机制中发挥作用。但是，国际商事法庭的这种设计明显不能适应"走出去"的中资企业对公正法律服务的需求。

首先，"走出去"的中资企业需要的司法服务不仅限于商事纠纷，国际商事法庭只受理商事纠纷的设计过于狭隘。国际商事法庭是在"一带一路"争端解决机制的组成部分，是中国公正解决国际争端的单边努力。单边努力不应该只解决商人间的纠纷，中资企业与当地民众产生纠纷的几率非常大，并且环境损害争端涉及的人员范围广、金额巨大，中资企业可能对东道国的司法公正性持怀疑态度，环境纠纷即使不是商事纠纷，中资企业应当也希望能够由其依赖的司法机构解决。新加坡和伦敦等地的商事法庭以吸引相信普通法系司法机构的所有海外案件为目标，其服务对象范围广，案件来源多。以新加坡为例，其国际商事法院服务的对象不是以新加坡企业为重点，其是以吸引海外案件特别是和亚洲有关的国际商事案件为目标，以离岸法院为特色，而中国的国际商事法庭建立的目的是服务于"一带一路"（中资企业），以提高中国营商环境为目标。虽然中国也有建立"离岸法院"的想法，[2]但以中国国际贸易促进委员会对外贸易仲裁委员会半个多世纪的发展历程来看，服务于中资企业是法庭建立之初就深刻地打上的烙印，将来发展成"离岸法院"的可能性不大。国际商事法庭服务群体的定位已经比其他国际商事法庭狭窄

---

〔1〕　参见蔡伟：《国际商事法庭：制度比较、规则冲突与构建路径》，载《环球法律评论》2018年第5期；何其生课题组：《论中国国际商事法庭的构建》，载《武大国际法评论》2018年第3期；申婷婷：《中国国际商事法庭司法运作的困境与路径——以法律适用和判决的承认、执行为视角》，载《河北法学》2019年第8期。

〔2〕　参见申婷婷：《中国国际商事法庭司法运作的困境与路径——以法律适用和判决的承认、执行为视角》，载《河北法学》2019年第8期。

了，再将受案范围限定得过于狭窄，将影响国际商事法庭的国际化地位。

其次，国际商事法庭成为各类海外诉讼的专属法庭是中国参与全球治理的体现，更符合中国的国情。新全球治理观是以"共商共建共享"为目的，"一带一路"是中国新全球治理观的实践，共享不仅指共建国家公民共享经济建设成果，还包括共享公正的司法体系。传统的环境侵权案件的管辖权原则"原就被"原则是一般原则，理论上中资企业环境损害的受害人可以在中国法院起诉中资企业，一般母国为了本国母公司的利益拒绝对该类案件行使管辖权，依据是"不方便法院原则"。[1]中国现行立法中，虽然没有关于"不方便法院原则"的规定，但司法解释承认"不方便法院原则"。按照当前的立法，中国法院等于拒绝受理中资企业在海外（包含上合组织成员国）发生的环境纠纷，这与"共商共建共享"的全球治理观不相符。"一带一路"共建国家中许多国家如上合组织成员国巴基斯坦，环境法制非常不健全，当地民众到当地法院提起环境诉讼有可能不被受理，容易引发当地民众对中资企业的敌对情绪，例如，巴基斯坦公路项目引发当地公众大规模抗议，其中最多的抗议理由是破坏环境。允许中资企业环境损害的受害者来中国诉讼，有助于缓解反华情绪，让共建国家民众共享中国公正的司法体系，有助于让国外民众更好地了解中国。然而，如果适用"原就被"原则，让海外原告到地方法院诉讼，增加了地方法院的负担，中国发展不平衡，有的法院司法水平有待提高，将这类海外诉讼案件集中管辖更符合国情，国际商事法庭以建立"一站式"解决为目标，给海外原告更多的解决方式的选择，增加了其对中国司法公正性的信心，也减少了地方法院的负担和压力。

最后，国际商事法庭扩大管辖范围有助于帮助上合组织环保合作向务实方向发展。国际商事法庭受理"一带一路"倡议的建设过程中发生的海外争端，上合组织是"一带一路"倡议重点依托的国际组织，国际商事法庭也将成为上合组织成员间解决国际纠纷的机构选择之一。由于上合组织环保合作一直是项目合作为主，项目合作中产生各类纠纷是在所难免的，由于上合组织一直没有建立争端解决机制，发生争端时一直是依靠谈判、协商等低效率的方式解决，与蓬勃发展的上合组织经贸合作不相适应，也使上合组织框架下的合作难以向务实方向发展。国际商事法庭扩大管辖范围，对上合组织框

---

〔1〕 参见刘恩媛：《论对跨国公司环境损害行为的管辖》，载《广西社会科学》2009 年第 6 期。

架下的环保合作，特别是项目合作争议，国际商事法庭有权管辖，将极大地调动中资企业与上合组织成员国开展绿色项目合作的积极性，也增加了上合组织环保合作软法文件的可操作性和约束力。

总之，按目前的设计，国际商事法庭不是受理上合组织环境争端解决的机构，但从"一带一路"倡议的长期性和中国的海外战略考虑，国际商事法庭还需要进一步改革，扩大管辖范围是发展的必然。国际商事法庭扩大管辖后，将是上合组织框架下国际私法方式解决环境争端的理想法院，是中国新全球治理观的又一次实践。

（二）中国单边推进双边投资争端解决机制

在上合组织框架下，多边争端解决机制建立困难重重，双边争端解决机制则相对容易，中国通过单边努力可以在短时间内建立。双边的争端解决机制，美国的经验可以借鉴。美国塔夫脱总统期间，在 1911 年与英国和法国签订双边争端解决条约——"塔夫脱条约"（The Taft Arbitration Treaties），该条约规定就双方争端是否具有可裁判性由一个常设的国际委员会审查决定，该国际委员会由双方各派三个委员组成。如果该委员会裁决争议具有可裁判性，则可由双方派专家组成的仲裁庭或提交国际常设仲裁院仲裁。塔夫脱条约虽然最终没有被美国国会批准，但美国学者认为其提出要建立一套双边争端解决机制，具有非凡的意义。[1]美国另一个双边争端解决的尝试是 1913 年以后美国与拉美国家签署的一系列双边条约——"布莱恩和平条约"（The Bryan Peace Treaties）。该条约本身条文很少，第一个布莱恩条约只有五个条款，主要内容是设一个常设的国际委员会，委员会由五个成员组成，双方国家各选派一名本国籍委员和一名第三国国籍委员，第五名成员由双方政府共同选任。该委员会有调查报告权，双方有义务将争议提交该委员会。该委员会也可自行发起调查，但要通知双方政府并要求两国政府与其合作。布莱恩条约同时还规定，双方政府还可以单独采取其他方式解决争端。美国学者认为，虽然条约本身没有提到仲裁，但其实质上是仲裁条约。[2]

---

　〔1〕　See John E. Noyes, "William Howard Taft and the Taft Arbitration Treaties", *Villanova Law Review*, Vol. 56, 2011.

　〔2〕　See *Ingrid Brunk Vanderbilt Law School*, *USA*, and Monica Hakimi *Columbia Law School*, *USA* "The Bryan Peace Treaties", *American Journal of International Law*, Vol. 7, 1913, pp. 823–829.

　　中国的双方争端机制亦可采取常设委员会制，双方国家各选派两名本国籍专家，共同选派第五名委员担任委员会主席，负责受理两国在经济来往中产生的投资者与东道国间的纠纷。该委员会首先对提交的纠纷是否具有可仲裁性进行判断，同时兼具有调解功能。当委员会认为争议具有可仲裁性，且调解不成功时，争议双方可在委员会提供的仲裁员名册中选任仲裁员进行仲裁。在签署多边争端解决条约存在困难的情况下，与其他成员国签订双边的争端解决条约较容易达成。中国与上合组织成员国间所签订的双边投资协定时间过早，现在已不适应经济发展的需要，应该重新修订，在签订或修订双边投资协定时可加入争端解决条款。该机制与上合组织框架内通过"协商解决一切纠纷"的宗旨并不冲突，并且具有可操作性，同时也提高了国际投资仲裁解决争端的比例，降低在东道国国内诉讼解决的几率。

　　总之，上合组织的环境争端通过投资仲裁机制解决符合国际政治的现实。上合组织的投资争端解决机制当前形势下应该提高单边解决的可能性，立足于双边机制，建立多边独立的争端解决机制是长期努力的目标，现阶段的多边争端解决机制附设于重要的区域金融机制，成为金融机构的组成机构，更具有可操作性。

附　录

上海合作组织成员国参与的重要国际环境条约一览表（截至 2018 年年底）

条约 / 国家	国际湿地公约	保护世界文化和自然遗产公约	濒危野生动植物种国际贸易公约	南极海洋生物资源养护公约	联合国海洋法公约	保护臭氧层维也纳公约	关于消耗臭氧层物质的蒙特利尔议定书	控制危险废物越境转移及其处置巴塞尔公约	联合国气候变化框架公约	京都议定书	生物多样性公约	《生物多样性公约》卡塔赫纳生物安全议定书	国际水道非航行使用法公约	联合国防治荒漠化公约
巴基斯坦伊斯兰共和国	√	√	√		√	√	√	√	√	√	√	√		√
俄罗斯联邦	√	√	√		√	√	√	√	√	√	√			√
哈萨克斯坦共和国	√	√	√			√	√	√	√	√	√			√
吉尔吉斯共和国	√	√	√			√	√	√	√	√	√	√		√
土库曼斯坦	√	√				√	√	√	√	√	√			√
乌兹别克斯坦共和国	√	√				√	√	√	√	√	√		√	√
印度共和国	√	√	√	√	√	√	√	√	√	√	√			√
塔吉克斯坦共和国	√	√	√			√	√	√	√	√	√		√	√
中国	√	√	√	√	√	√	√	√	√	√	√	√		√

参考文献

一、著作

1. 中国–上海合作组织环境保护合作中心编著：《上海合作组织成员国环境保护研究》，社会科学文献出版社 2014 年版。

2. 中国–上海合作组织环境保护合作中心编著：《上海合作组织区域和国别环境保护研究（2015）》，社会科学文献出版社 2016 年版。

3. ［美］兹比格纽·布热津斯基：《大棋局：美国的首要地位及其地缘战略》，中国国际问题研究所译，上海人民出版社 1998 年版。

4. 杨泽伟等：《国际法析论》，中国人民大学出版社 2012 年版。

5. 倪世雄等：《当代西方国际关系理论》，复旦大学出版社 2001 年版。

6. 刘恩媛：《跨境环境损害防治的国际法律问题研究》，知识产权出版社 2018 年版。

7. 赵常庆：《中国与中亚国家合作析论》，社会科学文献出版社 2012 年版。

8. 吴宏伟主编：《中亚地区发展与国际合作机制》，社会科学文献出版社 2011 年版。

9. 王缉思主编：《文明与国际政治——中国学者评亨廷顿的文明冲突论》，上海人民出版社 1995 年版。

10. 廖成梅：《中亚水资源问题研究》，世界图书出版公司 2017 年版。

11. 韩缨：《气候变化国际法问题研究》，浙江大学出版社 2012 年版。

12. 兰花：《多边环境条约的实施机制》，知识产权出版社 2011 年版。

13. 何艳梅：《环境法的激励机制》，中国法制出版社 2014 年版。

14. ［英］帕特莎·波尼、埃伦·波义尔：《国际法与环境》，那力等译，高等教育出版社 2007 年版。

15. 韩秀丽：《中国海外投资的环境保护问题研究》，法律出版社 2013 年版。

16. 华珊欣：《"一带一路"沿线国家环境法概论》，社会科学文献出版社 2017 年版。

17. 国冬梅等编著：《上海合作组织区域和国别环境保护研究（2016）》，社会科学文献出版社 2017 年版。

18. ［苏丹］萨曼·M. A. 萨曼、基肖尔·于普勒蒂：《南亚国际河流的冲突与合作：法律的视角》，胡德胜、许胜晴译，法律出版社 2015 年版。

19. 张宁等：《上海合作组织农业合作与中国粮食安全》，社会科学文献出版社 2015 年版。

20. 许健：《全球治理语境下国际环境法的拓展》，知识产权出版社 2013 年版。

21. ［法］亚历山大·基斯：《国际环境法》，张若思编译，法律出版社 2000 年版。

22. 饶戈平主编：《国际组织与国际法实施机制的发展》，北京大学出版社 2013 年版。

23. 王曦编著：《国际环境法》，法律出版社 2005 年版。

24. ［英］戴维·赫尔德、安东尼·麦克格鲁：《治理全球化：权力、权威与全球治理》，曹荣湘等译，社会科学文献出版社 2004 年版。

25. 俞可平主编：《全球化：全球治理》，社会科学文献出版社 2003 年版。

26. 李少军：《国际安全警示录：21 世纪中国面临的安全挑战》，金城出版社 1997 年版。

27. ［美］巴里·E. 卡特、艾伦·S. 韦纳：《国际法》，冯洁菡译，商务印书馆 2015 年版。

28. ［美］路易斯·亨金：《国际法：政治与价值》，张乃根等译，中国政法大学出版社 2005 年版。

29. ［美］康威·汉得森：《国际关系》，金帆译，海南出版社、三环出版社 2004 年版。

30. 余建华等：《上海合作组织非传统安全研究》，上海社会科学院出版社 2009 年版。

31. 蔡守秋、常纪文主编：《国际环境法学》，法律出版社 2004 年版。

32. 张璐主编：《环境产业的法律调整——市场化渐进与环境资源法转型》，科学出版社 2005 年版。

33. 付子堂：《法律功能论》，中国政法大学出版社 1999 年版。

34. 那力编著：《国际环境法》，科学出版社 2005 年版。

35. ［美］伊迪丝·韦斯等：《国际环境法律与政策》，中信出版社 2003 年版。

36. 陈安主编：《国际投资法的新发展与中国双边投资条约的新实践》，复旦大学出版社 2007 年版。

37. 徐祥民等：《国际环境法基本原则研究》，中国环境科学出版社 2008 年版。

38. 马骧聪主编：《国际环境法导论》，社会科学文献出版社 1994 年版。

39. 周忠海主编：《国际法》，中国政法大学出版社 2004 年版。

40. 邵津主编：《国际法》，北京大学出版社高等教育出版社 2010 年版。

41. 王铁崖主编：《国际法》，法律出版社 1995 年版。

42. 王献枢主编：《国际法》，中国政法大学出版社 2001 年版。

43. 梁西主编：《国际法》，武汉大学出版社 2004 年版。

44. 程晓霞、余民才主编：《国际法》，中国人民大学出版社 2011 年版。

45. 李耀芳：《国际环境法缘起》，中山大学出版社 2002 年版。

46. 世界环境与发展委员会编著：《我们共同的未来》，国家环保局外事办公室译，世界知识出版社 1989 年版。

47. ［美］罗斯科·庞德：《通过法律的社会控制、法律的社会任务》，沈宗灵、董世忠译，商务印书馆 1984 年版。

48. ［英］马尔科姆·N. 肖：《国际法》，白桂梅等译，北京大学出版社 2011 年版。

49. 张乃根：《国际法原理》，复旦大学出版社 2012 年版。

二、论文

1. 宋涛等：《近 20 年国际地缘政治学的研究进展》，载《地理学报》2016 年第 4 期。

2. 安铁宝：《中亚战略地位的重要性》，载《新课程学习（上）》2013 年第 9 期。

3. 王礼茂等：《地缘政治演变驱动力变化与地缘政治学研究新趋势》，载《地理研究》2016 年第 1 期。

4. 王礼茂等：《气候变化对地缘政治格局的影响路径与效应》，载《地理学报》2012 年第 6 期。

5. 王文涛等：《全球气候变化与能源安全的地缘政治》，载《地理学报》2014 年第 9 期。

6. 熊琛然等：《印度领衔下的南亚地缘政治特点及其对中国的启示》，载《世界地理研究》2016 年第 6 期。

7. 楼春豪、张明明：《南亚的战略重要性与中国的南亚战略》，载《现代国际关系》2010 年第 2 期。

8. 刘锦前、李立凡：《南亚水环境治理困局及其化解》，载《国际安全研究》2015 年第 3 期。

9. 赵颖：《南亚地区生态环境问题的政治理论透析》，陕西师范大学 2005 年硕士学位论文。

10. 王逸舟：《生态环境政治与当代国际关系》，载《浙江社会科学》1998 年第 3 期。

11. 释冰：《浅析中亚水资源危机与合作——从新现实主义到新自由主义视角的转换》，载《俄罗斯中亚东欧市场》2009 年第 1 期。

12. 秦鹏：《上海合作组织区域环境保护合作机制的构建》，载《新疆大学学报（哲学·人文社会科学版）》2008 年第 1 期。

13. 吉敏丽：《论国际环境法的发展与国家环境主权理念的确立》，载《甘肃政法学院学报》2003 年第 5 期。

14. 王曦：《主权与环境》，载《武汉大学学报（社会科学版）》2001 年第 1 期。

15. 俞可平：《全球治理引论》，载《马克思主义与现实》2002 年第 1 期。

16. 任琳：《中国全球治理观：时代背景与挑战》，载《当代世界》2018 年第 4 期。

17. 杨晨曦：《全球环境治理的结构与过程研究》，吉林大学 2013 年博士学位论文。

18. 苏长和：《为世界和平与发展作出新的重大贡献》，载《人民日报》2017年11月5日，第8版。

19. 沈丁立：《中国方案与联合国宗旨相一致》，载《人民日报海外版》2017年9月25日，第1版。

20. 李敏：《新时代：全球环境治理中的中国实践》，载《人民周刊》2018年第13期。

21. 傅先兰：《国家可持续发展与国际环境合作》，载《世界地理研究》2003年第1期。

22. 王曦：《论国际环境法的可持续发展原则》，载《法学评论》1998年第3期。

23. 刘再辉：《上海合作组织法律问题研究》，西南政法大学2009年博士学位论文。

24. Habib-ur-Rehman Solang，刘思岐：《巴基斯坦环境影响评价制度的法律意义》，载《中国政法大学学报》2015年第5期。

25. 孙壮志：《中亚五国的地缘战略地位》，载《东欧中亚研究》2000年第4期。

26. 陈佳骏、李立凡：《"双重闭环现象"与中亚跨境水资源的治理路径——兼论上海合作组织的参与》，载《国际展望》2018年第3期。

27. 蔡宁、郭斌：《从环境资源稀缺性到可持续发展：西方环境经济理论的发展变迁》，载《经济科学》1996年第6期。

28. 徐慧：《国际环境合作与留易关联的博弈分析》，载《贵州财经学院学报》2009年第4期。

29. 朱京安、杨越：《对绿色壁垒的理性分析及发展走向初探》，载《国际贸易问题》2005年第1期。

30. 薛荣久：《如何跨越绿色贸易壁垒》，载《国际贸易问题》2002年第12期。

31. 张宝珍：《"绿色壁垒"：国际贸易保护主义的新动向》，载《世界经济》1996年第12期。

32. 刘勇：《试论WTO规则与多边环境条约之间的冲突及其解决——关于WTO贸易与环境谈判的若干思考》，载《外国经济与管理》2003年第1期。

33. 李晖：《WTO体系下贸易与环境的法律协调》，复旦大学2010年硕士学位论文。

34. 吴玉萍、岳冠华：《区域经贸合作的环境影响 上海合作组织篇》，载《环境保护》2007年第15期。

35. 张亮：《中国—东盟跨区域环境合作路径——以跨区域投资中环境问题之规制为视角》，载《中南财经政法大学研究生学报》2014年第4期。

36. 李菲等：《上海合作组织环保合作回顾与展望》，载李进峰主编：《上海合作组织黄皮书：上海合作组织发展报告（2017）》，社会科学文献出版社2017年版。

37. 高志刚、韩延玲：《中亚国家区域经济合作模式、机制及其启示》，载《新疆社会科学》2014年第4期。

38. 董亮：《试析南亚区域环境合作机制及其有效性》，载《南亚研究》2015年第2期。

39. 戎玉:《上海合作组织环境安全合作研究》,华东师范大学 2014 年硕士学位论文。

40. 白莉:《中国与中亚国家区域经济合作法律保障机制研究——基于上海合作组织的视角》,载《新疆社会科学》2009 年第 1 期。

41. 胡晓红:《俄白油气争端解决:权力导向还是规则导向——兼论上海合作组织框架下的环境资源争端解决机制》,载《兰州大学学报(社会科学版)》2008 年第 1 期。

42. 胡晓红:《中国与上海合作组织成员双边投资条约投资争议解决机制分析——以 ICSID 管辖案件范围为例》,载《烟台大学学报(哲学社会科学版)》2009 年第 4 期。

43. 马瑞霞:《上海合作组织区域经济合作法律制度研究》山西大学 2009 年硕士学位论文。

44. 鲁洋:《论"一带一路"国际投资争端解决机构的创建》,载《国际法研究》2017 年第 4 期。

45. 张晓君、陈喆:《"一带一路"区域投资争端解决机制的构建》,载《学术论坛》2017 年第 3 期。

46. 冷昊洋、杨倩:《构建上海合作组织争端解决机制体系》,载《环球人文地理》2015 年第 10 期。

47. 聂书岭:《俄罗斯在世界生态评估中排第 32 位》,载《中亚信息》2006 年第 2 期。

48. 胡晓红:《中外双边投资协定争端解决机制模式选择——以中国与上合组织成员国间 BITs 为视角》,载《甘肃政法学院学报》2009 年第 2 期。

49. 谢芳成:《论环境技术创新激励机制的建立与完善》,载全国环境资源法学研讨会主编:《资源节约型、环境友好型社会建设与环境资源法的热点问题研究——2006 年全国环境资源法学研讨会论文集(四)》。

50. 秦天宝、周琛:《国际环境技术转让的法律障碍及其克服》,载《江西社会科学》2011 年第 3 期。

51. 李志斐:《环境问题与"一带一路":战略实施与安全挑战》,载张洁主编:《中国周边安全形势评估(2016)——"一带一路":战略对接与安全风险》,社会科学文献出版社 2016 年版。

52. 马碧玉:《低碳专利技术转移之路——以专利强制许可制度促进低碳专利技术国际转移》,载《云南大学学报法学版》2010 年第 5 期。

53. 兰丹:《环境技术国际转移的机制研究和政策分析——基于寡头垄断古诺竞争模型》,暨南大学 2014 年硕士学位论文。

54. 周冯琦:《应对气候变化的技术转让机制研究》,载《社会科学》2009 年第 6 期。

55. 李康民:《联合国防治荒漠化公约 亚洲防治荒漠化的战斗(2006)》,载《世界环境》2006 年第 4 期。

56. 张望英、谷德近:《关于沙尘暴防治的国际环境法的发展》,载国家环境保护总局等:《适应市场机制的环境法制建设问题研究——2002 年中国环境资源法学研讨会论文集下册》。

57. 法丽娜：《上合组织环境利益协调机制的法经济学研究——以典型国家为例》，载《辽宁大学学报（哲学社会科学版）》2017 年第 2 期。

58. 于宏源：《国际环境合作中的集体行动逻辑》，载《世界经济与政治》2007 年第 5 期。

59. 浦晔、侯作前：《论环境保护中的单边主义及中国的政策选择》，载《中国法学》2002 年第 4 期。

60. 张力、倪艳芳：《中俄环境保护合作优势及问题分析》，载《环境保护与循环经济》2016 年第 3 期。

61. 邓铭江：《哈萨克斯坦跨界河流国际合作问题》，载《干旱区地理》2012 年第 3 期。

62. 邵莉莉：《中哈跨界水资源开发利用的国际环境法规制》，载《中共济南市委党校学报》2016 年第 4 期。

63. 温源远等：《中印环保合作基础及政策建议分析》，载《环境保护》2016 年第 13 期。

64. 王彬：《试论中印环境合作问题》，载《商丘师范学院学报》2008 年第 4 期。

65. 丁菱：《全球治理理论失灵与全球共商共建共享治理新理念的提出》，载《中国冶金教育》2015 年第 6 期。

66. 刘新萍、周嘉颖：《环境数据共享的研究评述：平台建设与制度框架》，载《合肥工业大学学报（社会科学版）》2018 年第 5 期。

67. 李立凡、陈佳骏：《中亚跨境水资源：发展困境与治理挑战》，载《国际政治研究》2018 年第 3 期。

68. 甘培忠、蔡治：《亚投行环境与社会保障政策之检思——以磋商程序与问责机制为重点》，载《法学杂志》2016 年第 6 期。

69. 万霞：《国际法中的"软法"现象探析》，载《外交学院学报》2005 年第 1 期。

70. 徐华炳：《非传统安全视野下的环境安全及其中国情势》，载《社会科学家》2006 年第 6 期。

71. 吴波、刘红良：《印巴水资源纠纷问题探析》，载《东南亚南亚研究》2017 年第 4 期。

72. 吴兴唐：《众说纷纭的"全球治理"》，载《红旗文稿》2010 年第 16 期。

73. 孙凤蕾：《全球环境治理的主体问题研究》，山东大学 2007 年博士学位论文。

74. 段小平：《全球治理民主化研究》，中共中央党校 2008 年博士学位论文。

75. 李刚：《论戴维·赫尔德的全球治理思想》，载《东北大学学报（社会科学版）》2008 年第 3 期。

76. 许健：《论国际合作原则在国际环境保护领域的拓展》，载《天津大学学报（社会科学版）》2010 年第 3 期。

77. 张利平等：《中国水资源状况与水资源安全问题分析》，载《长江流域资源与环境》2009 年第 2 期。

78. 钟华平等:《印度水资源及其开发利用情况分析》,载《南水北调与水利科技》2011 年第 1 期。

79. 罗怿:《阿富汗-巴基斯坦水资源争端及其对地区安全的影响》,载《南亚研究季刊》2019 年第 1 期。

80. 赵晓迪、李忠魁:《印度治沙经验及其对中国的启示》,载《水土保持通报》2016 年第 5 期。

81. 陈文倩等:《基于 DPM-SPOT 的 2000—2015 年中亚荒漠化变化分析》,载《干旱区地理》2018 年第 1 期。

82. 张康生:《巴基斯坦的自然环境及存在问题》,载《环境科学进展》1997 年第 6 期。

83. 白联磊:《印度对上合组织的认识和诉求》,载《印度洋经济体研究》2017 年第 4 期。

84. 薛志华:《权力转移与中等大国:印度加入上海合作组织评析》,载《南亚研究季刊》2016 年第 2 期。

85. 庞大鹏:《上海合作组织扩员后中国需要关注的问题》,载《欧亚经济》2017 年第 5 期。

86. 段海燕:《东北亚环境合作模式的前景分析与推进路径》,载《环境保护》2009 年第 8 期。

87. 王玉娟、何小雷:《加强上海合作组织环保合作 服务绿色丝绸之路建设》,载《中国生态文明》2017 年第 3 期。

88. 李琪:《"中亚"所指及其历史演变》,载《新疆师范大学学报(哲学社会科学版)》2015 年第 3 期。

89. 赵晓佳:《中国与中亚的友好交流研究》,中央民族大学 2011 年博士学位论文。

90. 王进明、胡欣:《贸易与环境关联问题的博弈分析》,载《财经问题研究》2005 年第 12 期。

91. 张清俐:《加强国际能源、粮食和水资源领域协同治理》,载《中国社会科学报》2017 年 5 月 8 日第 1201 期。

92. 蔡守秋:《论当代环境资源法中的经济手段》,载《法学评论》2001 年第 6 期。

93. 王秀梅:《国际环境损害责任私法化析论》,载《盐城师范学院学报(人文社会科学版)》2007 年第 3 期。

94. 金慧华:《试论〈蒙特利尔议定书〉的遵守控制程序》,载《法商研究》2004 年第 2 期。

95. 朱鹏飞:《国际环境争端解决机制研究——国际公法的视角》,华东政法大学 2009 年博士学位论文。

96. 刘恩媛:《论对跨国公司环境损害行为的管辖》,载《广西社会科学》2009 年第 6 期。

97. 黄世席:《可持续发展视角下国际投资争端解决机制的革新》,载《当代法学》2016 年第 2 期。

98. 肖芳：《国际投资仲裁裁决在中国的承认与执行》，载《法学家》2011 年第 6 期。

99. 赵秀文、乔娇：《ICSID 仲裁庭管辖权新近发展动向及其改革初探》，载《江西社会科学》2011 年第 6 期。

100. 蔡伟：《国际商事法庭：制度比较、规则冲突与构建路径》，载《环球法律评论》2018 年第 5 期。

101. 何其生课题组等：《论中国国际商事法庭的构建》，载《武大国际法评论》2018 年第 3 期。

102. 申婷婷：《中国国际商事法庭司法运作的困境与路径——以法律适用和判决的承认、执行为视角》，载《河北法学》2019 年第 8 期。

103. 汪宁：《俄罗斯国际组织外交的几个特点》，载《国际观察》2010 年第 2 期。

104. 张明明：《解析"中国威胁论"》，载《理论前沿》2003 年第 21 期。

105. 陈岳：《"中国威胁论"与中国和平崛起———一种"层次分析"法的解读》，载《外交评论：外交学院学报》2005 年第 82 期。

106. 曾正德：《"中国生态环境威胁论"的缘起、特征与对策研究》，载《扬州大学学报（人义社会科学版）》2010 年第 2 期。

107. 张宁：《中亚一体化合作机制及其对上海合作组织的影响》，载《俄罗斯中亚东欧研究》2006 年第 6 期。

108. 杨恕、王婷婷：《中亚水资源争议及其对国家关系的影响》，载《兰州大学学报（社会科学版）》2010 年第 5 期。

109. ［俄］Е. п. 莫特里奇、臧颖：《苏联解体后俄罗斯远东人口状况研究》，载《黑河学院学报》2016 年第 1 期。

110. 赵华胜：《中俄关系中的上海合作组织》，载《和平与发展》2010 年第 2 期。

111. 李传勋：《俄罗斯远东地区人口形势和劳动力供需问题研究》，载《俄罗斯学刊》2011 年第 1 期。

112. 梁开银：《论 ICSID 与 WTO 争端解决机制的冲突及选择——以国家和私人投资争议解决为视角》，载《法学杂志》2009 年第 8 期。

三、外文

1. Nuno Limão, "Trade policy, cross-border externalities and lobbies: do linked agreements enforce more cooperative outcomes?", *Journal of International Economics*, Vol. 67, 2002.

2. Christina L. Beharry, Melinda E. Kuritzky, "Going Green: Managing the Environment Through International Investment Arbitration", *American University International Law Review*, Vol. 30,

2015.

3. John E. Noyes, William Howard Taft and the Taft Arbitration Treaties, 56 Vill. L. Rev. 535 (2011).

4. Murase Shinya, "Perspectives from International Economic Law on Transnational Environmental Issues", *The Hague Academy of International Law*, Vol. 253, 1996.

5. Gerrit Betlem, "Liability for Damage to the Environment", in A. S. Hartkamp et al. eds. , *Towards a European Civil Code*, Kluwer Law International, 1998.

6. Jeff Trask, "Montreal Protocol Noncompliance Procedure: The Best Approach to Resolving International Environmental Disputes?" *Geo. L. J.* , Vol. 80, 1992.

7. Simon Cunliffe plain packaging risks lawsuits, Otago Daily Times, 2012.

8. Kathryn Gordon, Joachim Pohl, "Environmental Concerns in International Investment Agreements: A Survey", *OECD Working Papers on International Investment*, 2011.

9. Anatole Boute, "Combating Climate Change through Investment Arbitration", *Fordham Int'l L. J.* , Vol. 35, 2012.

10. Andrew Newcombe, "General Exceptions in International Investment Agreements", in Sustainable development in world investment law, Kluwer, 2011.

11. Jorge E. Vinuales, "Foreign Investment And Environment In International Law: An Ambiguous-Relationship", *British Yearbook of International Law*, Vol. 80, 2010.

12. Eric Neumayer, "Pollution Havens: An Analysis of Policy Options for Dealing with an Elusive Phenomenon", *Journal of Environment and Development*, Vol. 10, 2011.

13. Richard Meeran, "Liability of Multinational Corporations: A Critical Stage in the UK", labourNet UK, Cape Dust Cape Campaign, 1999.

14. Editorial Comment, "The Bryan Peace Treaties", *The American Journal of International Law*, Vol. 7, 1913.

15. Erika Weinthal, "Water Conflict and Cooperation in Central Asia", prepared as Background Paper for the UN Human Development Report 2006.

16. Douglas L. Tookey, "The environment, security and regional cooperation in Central Asia", *Communist and Post-Communist Studies*, Vol. 40, 2007.

17. Daniel Bodansky, *The Art and Craft of International Environmental Law*, Harvard University Press, 2010.

18. Craik, Neil, "Recalcitrant Reality and Chosen Ideals: The Public Function of Dispute Settlement in International Environmental Law", *Georgetown International Environmental Law Review*, Vol. 10, 1998.

19. M. A. Fitzmaurice, C. Redgwell, "Environmental non-compliance procedures and international

law", *Netherlands Yearbook of International Law*, Vol. 31, 2000.

20. Stephen C. McCaffrey, *The Law of International Watercourses: Non-navigational Uses*, Oxford University Press, 2001.

21. Erika Weinthal, *State Making and Environmental Cooperation: Linking Domestic and International Politics in Central Asia*, MA: The MIT Press, 2002.

22. Anatole Boute, "The Water-Energy-Climate Nexus Under International Law: A Central Asian Perspective", *Michigan Journal of Environmental & Adminitrative Law*, Vol. 5, 2016.

23. Holger Hoff, "Understanding the Nexus: Background paper for the Bonn2011 Conference", *Stockholm Environment Institute (SEI)*, 2011.

24. Ignacy Sochs et al., *Food and energy: strategies for sustainable development*. United Nations University Press, 1990.

25. Aiko Endo et al., "A review of the current state of research on the water, energy, and food nexus", *Journal of Hydrology: Regional Studies*, Vol. 11, 2017.

26. Claudia Ringle et al., "The nexus across water, energy, land and food (WELF): Potential for improved resource use efficiency?" *Current Opinion in Environmental Sustainability*, Vol. 5, 2013.

27. FAO, "The Water-Energy-Food Nexus: A new approach in support of food security and sustainable agriculture".

28. Shokhrukh-Mirzo Jalilov et al., "Water, Food, and Energy Security: An Elusive Search for Balance in Central Asia", *Water Resources Management*, Vol. 27, 2013.

29. Christine Bichsel, "Liquid Challenges: Contested Water In Central Asia", *Sustainable Developement Law & Policy*, Vol. 12, 2011.

30. Sievers E. W., "Water, Conflict, and Regional Security in Central Asia", *New York University Environmental Law Journal*, Vol. 10, 2002.

31. Flemming Splidsboel Hansen, "The Shanghai Co-operation Organisation", *Asian Affairs*, Vol. 39, 2008.

32. Stephen Grainger, "The Shanghai Cooperation Organization (SCO): Challenges Ahead and Potential Solutions", *Global Science & Technology Forum GSTF*, 2012.

33. Renat Perelet, "Central Asia: Background Paper on Climate Change", Human Development Report 2007/2008, Human Development Report Office Occasional Paper, 2009.

34. Katya Kazbek, Chris Rickleton, "Conflicts in Kyrgyzstan Foreshadow Water Wars to Come", *Creative Time Reports*, 2014.

35. Sandra Postel, *Dividing the Waters: Food Security, Ecosystem Health and the New Politics of Scarcity*, Worldwatch Inst., 1996.

36. Siegfried Grunwald et al. , Asian Dev. Bank, "Central Asia Regional Economic Cooperation: Power Sector Regional Master Plan", ADB Doc. October 2012, ADB project 43549012.

37. R. M. Stephan et al. , "Water-energy-food nexus: a platform for implementing the Sustainable Development Goals", *Water International*, Vol. 43, 2018.

38. Mikael Jedenberg, "Liability of Private Entities for Transboundary Environmental Damage under International Law", Göteborg University, 2001.

39. Thomas Gehring, Markus Jachtenfuchs, "Liability for Transboundary Environmental Damage Towards a General Liability Regime?", *European Journal of International Law*, Vol. 4, 1993.

40. Jutta Brunnée, "The Responsibility of States for Environmental Harm in a Multinational Context- Problems and Trends", *Cahiers de Droit*, Vol. 34, 1993.

41. David Ward, "The Shanghai Cooperation Organization's Bid to Transform International Law", *BYU Int'l L. & Mgmt. R.* , Vol. 11, 2015.

42. A. Sorg et al. , "Coping with Changing Water Resources: The Case of the Syr Darya River Basin in Cerntral Asia", *Environmental Science & Policy*, Vol. 43, 2014.

43. Zhenis Kembayev, "The Silk Road Economic Belt And The Shanghai Cooperation Organization", available at https://km. kazguu. kz/uploads/files/16. Кембаев Ж. М. 98-103. pdf.